子ども文庫の100年

子どもと本をつなぐ人びと

髙橋樹一郎

みすず書房

子ども文庫の100年＊もくじ

子ども文庫の100年

子どもと本をつなぐ人びと

はじめに

敗戦後の混乱がようやく収まり、人々がより豊かな生活を求めて、希望をもって活動しつつあった一九六〇年代から七〇年代にかけて、全国各地で、民間人の手になる子どものための小さな図書室がいくつも芽生えていた。この小さな私設図書室は「子ども文庫」と呼ばれ、公立図書館の総数が一〇〇〇に満たず、図書館のない市町村が七割を超えていた当時、地域の読書拠点として重要な役割を果たした。少子化とは無縁であったこの頃、どの文庫も入りきらないほどの子どもでにぎわい、棚に並んだ本は瞬く間になくなる盛況ぶりで、八〇年代にはその数が四〇〇〇を超え、当時の公立図書館数の三倍近くにもなった。

子ども文庫の普及につれて、文庫同士の連絡会も生まれ、互いに交流を深めていく。その中から、日本親子読書センター、親子読書・地域文庫全国連絡会といった全国的な連絡会が組織され、子ども文庫活動は大きな運動へと成長する。この動きの中から、東京子ども図書館など、法人組織の私立児童図書館も生まれた。

子ども文庫の多くはボランティア――そのほとんどは女性――によって自主的に運営されている。七〇年代は、他にも生協運動や保育所設立運動など、女性が中心となった市民運動が数多く行われた時期である。子ども文庫の活動からは、公立図書館設立運動を行うグループも出てきた。東京都東村山市の「くめがわ電車図書館」を中心とする文庫の女性たちが、昭和四九年（一九七四）、市立図書館の設立を実現させたのはその一例である。

文庫の人々は、自らの活動を誇示喧伝することはないが、その足跡は決して小さなものではない。近年、海外でもその独自性に注目が集まり、「ＢＵＮＫＯ」は、世界に通用する言葉となっている。

本書では、まず子ども文庫の概要を示し、ついで明治時代から現代まで、各地で活動していた子ども文庫の歴史を辿り、文庫活動の背景と、それが及ぼした影響、また文庫に関連する社会現象について述べる。子ども文庫活動は、他国に見られない図書館運動としても、女性の社会史としても、たいへん興味深い。こうした子ども文庫のもつ様々な側面を捉え、それが果たしてきた役割や、運動の意義を明らかにしたい。

なお本書は、公益財団法人伊藤忠記念財団と公益財団法人東京子ども図書館が共同で、平成十三年（二〇〇一）から、三年間かけて行った「子どもＢＵＮＫＯプロジェクト」をもとにして執筆された。プロジェクトの概要については、あとがきを参照されたい。

第一章　子ども文庫とは――その多様性

「子どもBUNKOプロジェクト」は、平成十四年（二〇〇二）四月から平成十六年（二〇〇四）五月にかけて、「文庫行脚」と称して、長年活動を続けている全国九十の文庫を訪ねた。所在は全都道府県にわたる。プロジェクト終了後も、筆者は、機会あるごとに各地で文庫を訪ね、また文庫の発行する数多くの印刷物に目を通してきた。その体験からいえるのは、文庫は実に多彩だということである。設置場所、運営母体、規模、活動内容、どれをとっても千差万別である。子ども文庫の開設は、役所の許可は必要ない。蔵書数や、床面積について、基準が設けられているわけでもない。「いつでも、どこでも、だれでも」始められる。子どもに本を手渡したいと願う人がいて、ある程度まとまった本――数十冊でもよい――と、本を読みたい子どもがいれば、文庫は成立する。設置する人たちの抱くイメージによって、「百あれば百の顔を持つ」ほど、子ども文庫はひとつひとつが個性的なのである。

子ども文庫はどこに設置されているか

まず設置場所から見てみよう。全国の子ども文庫を調査した報告書『子どもの豊かさを求めて』(一九八四)の「文庫のひらかれている場所はどこか」という調査項目の回答には、実に様々な場所が示されている(表1)。

これを見てわかるように、設置場所は、大きくいって、個人宅と、公民館や集会所といった公共の施設の二つに分けられる。前者を「家庭文庫」、後者を「地域文庫」と呼んで区別することもあるが、この区別は運営母体の違いでもある。家庭文庫は、その家に住む個人が、地域文庫は、主にボランティアグループが運営する。「子ども文庫」はこの両者をひっくるめた名称である。

家庭文庫は、多くの場合、家の一部屋を文庫として開放しているが、一戸建ての住宅の一階部分をすべて文庫専用にしている例、庭に別棟を建てて文庫にしている例もある。福井市で訪ねた「まじょ文庫」は、敷地内に専用のログハウスをもっていた。木目の美しい室内は広々としていて、訪問した日には、図書館や文庫関係者二十名ほどが会合を開いていたが、狭さをまったく感じさせない空間だった。

その一方、九州のある町では、家の玄関先に置かれたダンボール箱をさして、「これがうちの文庫です」と紹介された。箱をのぞくと、乱雑に放りこまれた数十冊の児童書と、表紙にマジックで「かしだしノート」と書かれた大学ノートが見えた。この文庫には名前さえなかったが、ノートにはたくさんの子どもの名前と書名がつたない文字で書かれており、この箱から子どもたちが絵本や読み物をひっきりなしに借り出していることが分かった。

家庭文庫は、家族の生活空間の真っただ中で開かれる。ふだんは居間だったり、書斎だったりする場所が文庫になるのである。「文庫の日」には、門柱や玄関に「たんぽぽ文庫」とか「おひさま文庫」と書かれた手作りの小さな看板がかけられる。看板に誘われて中に入ると、本棚や、貸出カードなどが置かれた机があり、そこが文庫だ。室内のインテリアや棚に並ぶ本などには、文庫を開いている人の人柄が自然に、そして濃密ににじみ出ている。

玄関だけ、階段だけ、縁側だけの文庫もあるが、たいていは一室、もしくは二室を文庫の部屋と決めている。それ以外の場所には子どもを立ち入らせないようにしていることが多いが、中には家中を開放して、どこへ行ってもいいことになっている文庫もある。子どもたちがかくれんぼをして、寝室

設置場所	文庫数
個人宅	834
町内会・自治会の施設	325
団地・マンションの集会施設	166
その他の集会施設	26
公民館	133
児童館	29
コミュニティーセンター	28
学校	13
出張所	4
その他の公共の施設	49
宗教施設	61
幼稚園	19
生協	16
その他	64
文庫専用施設	99
不明	4

表 1

のたんすにかくれたりもする。
家庭文庫に通う子どもたちは、その家の家庭生活を垣間見ることになる。仏壇、テレビ、冷蔵庫はもちろん、家の中のそこここに、洗濯物や、常備薬などが置かれているのが自然と目に入る。本来はプライベートな空間であるはずの場所が、不特定多数の人が出入りするオープンな場所になるという点で、家庭文庫は地域文庫と大きく異なる。好奇心旺盛な子どもにとっては、よその家に入ること自体にある種の楽しさがあるのだろう。
歌人の俵万智は、子ども時代に通った文庫の思い出をこう書いている。

小学校時代は、私はもっぱら「ウツミ文庫」にお世話になった。近くにウツミさんという素敵なおばさまが住んでいて、その家にはそれはそれはたくさんの本があった。気さくなウツミさんは、本のある部屋を開放し、子どもたちに貸しだしてくれていた。(1)

歌手の新沢としひこは、次のように述べている。

僕の家から歩いて10分ほどのところに、長嶋茂雄の家があった(その後そこには、中曽根元首相が住んだ)。[…] 僕は毎週土曜日、長嶋邸のある桜並木から1本奥に入ったところにある家に通っていた。その辺は有名な高級住宅街で、いわゆるお金持ちのお屋敷がたくさん並んでいる。そのうちの一軒、つちやさんという家が、お屋敷のひと部屋を、近所の子どもたちのために週1回「文庫」として開放していたのだっだ。

自分の家からほんのちょっとしか離れていないのに、ここは別世界みたいだなあ、と僕はいつも思っていた。こげ茶色の木のドアを開けると、メルヘンチックなドアベルの音、チリンチリン。大学生のアルバイトのおねえさんたちがやさしい笑顔で「こんにちは」と迎えてくれる。じゅうたんを敷きつめた10畳くらいの部屋に入ると、一面の本棚。そこには絵本や児童文学がぎっしり。本好きの子どもにしてみたら夢のような場所だった。奥にもうひとつちいさな部屋があり、そこでは毎週決まった時間に、おねえさんがろうそくを1本だけつけていて、いろいろなおはなしをしてくれる。(2)

つちやさんの「文庫」がそうであったように、家庭文庫は、通常週一回、数時間開かれる。しかし、中には、家に人がいるときならいつでも来てよいという文庫もあった。家庭生活が営まれている現場にあるだけに、家庭文庫には気楽さ、あたたかさがあり、文庫の大人と子どもたちとの関係もおのずと親密になるのが特長だ。しかし、文庫活動は必然的に家族を巻き込むことになるので、家族の理解と協力がなければやっていけない。

有志が何人かでグループをつくり共同で運営する地域文庫は、そのほとんどが団地やマンションの集会所、公民館で開かれている。それ以外では、お寺、教会、幼稚園、学校、廃車になった電車やバス、スーパーマーケットの一角、医院の待合室など、多彩な場所に設置されている。福岡市では、公立小学校の学校図書館を活動場所にしている文庫もあった。特殊な例では、長崎県、壱岐島の「いきのしま・おやこ文庫」のように、公立図書館の中にある文庫もある。公民館で長く活動を続けていたので、公民館が改築されて町立図書館に生まれ変わった後も、文庫として図書館内で活動を続けているのである。

公民館に文庫が設けられる場合、一室を文庫専用に使用でき、活動日以外は施錠されているのは恵まれた例で、廊下やホールに本棚が置かれているだけのところも多い。不特定多数の人がたえず出入りする中での本の管理には苦労するという。本をダンボール箱や、プラスチックのかごなどにいれて倉庫に保管し、文庫を開くたびに、出してきて並べるという作業をしているところもある。重い本の出し入れは、女性の世話人にとっては、かなりの負担である。公的施設の利用は、原則として無料だが、利用料を払っている文庫もある。

筆者が訪問した中で、施設として印象に残っているのは、長崎県、五島列島の福江島にある「福江こども図書館」である。ここはかつて病院であった二階建ての建物をそのまま使っていた。一階の受付や待合室であったスペースが、改装されて居心地のよい文庫になっている。二階は多目的のギャラリーとして活用されていた。以前はレントゲン室だった部屋に通じる分厚い扉があったり、リノリュウムの床があったりと、病院の名残りがそこかしこに見えるのが興味深かった。

先に家庭文庫と地域文庫の区別について述べたが、文庫の中には、団体によって運営されている文庫が個人の家の中にあったり、個人のボランティアによって運営されている文庫が公民館の中にあったりと、両者の間にはっきりした線を引くのが難しい例もあった。ある地域の子ども会が開設した文庫は、畳屋の作業場の一角にあり、そこに本棚が置かれているが、この家の主は文庫活動にはタッチせず、貸出しや返却などは会の人たちが交代で行っている。ここは、自宅を開放している点では家庭文庫だが、子ども会が運営している点では地域文庫といえる。

これとは反対に、公民館で一人の女性が主宰している文庫の例を、北陸地方で見た。その女性は、所用があって訪れた公民館の図書室が、管理する人もいないまま放置され、本がただ乱雑に積み重ねられていた状態を見て、ボランティアを志願。公民館長の許可を得て、ここで子どもを主な対象とした文庫をはじめる。公民館の予算で本を購入したりしていることから、これは私設か公設か判断しにくい例である。

文庫は誰によって運営されているか

文庫を運営する人のことは「世話人」と呼ぶことが多い。世話人は圧倒的に女性が多い。地域文庫では、世話人は個人ではなくグループであることが多い。仲の良い友人たちのグループ、子ども会、町内会、青年会、婦人会、ＰＴＡなどのメンバーが集まったもの、教会の信徒たちなど、その構成も多様である。

彼女たちはなぜ文庫を始めたのだろうか？「文庫を開いたきっかけは」と問いかければ、返ってくる答えは多様だ。子ども文庫についての調査を見ると、「子どもが好きだから」「子どもの本が好きだから」「子どもの読書に関心があったから」といった動機が挙げられていることが多い。これは、あらかじめアンケート用紙にそうした選択肢が用意されているからでもあろう。

文庫を始める人には、本好きな人が多いことは事実である。ただ、筆者が出会った人の中には、子どもの頃や学生時代にはあまり読書に興味がなく、自分の子どもに本を読んでやっているうちに、絵本の楽しさを知り、子どもの本の魅力に惹かれ、文庫を始めることになった人が少なからずいた。また、子ども会や町内会の役目として、いやいや文庫の世話人を引き受けていた人が、文庫で子どもと接したり、読み聞かせをしたりしている間に、本が好きになっていった例もあった。ただ、どの人も、それぞれの人生のある時から、子どもに本の楽しさを知ってもらいたいとの願いを持ち始め、その願いがごく自然に、文庫活動へとつながっていったと見ることができる。

筆者が会った世話人の中には、かつて学校の教師をしていた人が多かった。定年後に文庫を始めた人もいるが、途中で退職して文庫活動や図書館設立運動に力を注ぐ人もいる。また、児童文学者で子ども文庫を開設している人も多い。坪田譲治、石井桃子、瀬田貞二、いぬいとみこ、岩崎京子、寺村輝夫、長崎源之助、松谷みよ子など、すぐに思いつくだけでもかなりの数の作家が文庫を開いている。

筆者は、文庫訪問の際、主宰者に文庫を始めたきっかけを尋ねることにしていたのだが、そこで気がついたことは、ある人をして文庫を開かせ、それを何年もの間続けさせる要因はひとつではなく、いくつもの要因が重なっているということである。

横浜市の横溝フミは文庫を始めた経緯を次のように述べている。

上の子が生まれたころ、石井桃子さんの「子どもの図書館」を読んだのに、ずっと忘れていたんです。それが何かのときにとりだしてみたら、本の後ろに将来こども図書館をやってみたいと書いてあるんですよ。子どもが大きくなったし、外に出たいと思ったんですが、[…] たまたま図書館の母親教室で、中川李枝子さんの講演があるというのできにいったんです。2回目が長崎先生でしたが。そういう中で、ますます文庫がやってみたくなったんです。〔…〕私の所はいなかで本屋がなく、雑誌もバスにのって行かなければ買えないような所でしょ。だから、なるべく大勢の子どもに利用させてやりたいと思って始めたわけ。(3)

「石井桃子さんの「子どもの図書館」」というのは、児童文学者の石井桃子が著した『子どもの図書館』(一九六五)のことで、石井が自宅で開設した「かつら文庫」の活動を詳しく紹介したこの本は、多くの人を文庫開設へと向かわせた。この本については、五章と七章で詳しく述べる。

当然ながら、文庫を開く人は、子どもが好きで、読書についてもその人なりの意味を見出しており、本と子どもをつなぐことに楽しさを感じている。文庫活動を続けている人びとに共通しているのは、自らが書物に親しむことによって得た喜びを、子どもたちにも伝えたいという素朴な願いだと思う。

文庫にはどんな本がどのくらいの数あるか

子ども文庫の蔵書数は、日本図書館協会による調査『子どもの豊かさを求めて3』(一九九五)によると、一〇〇〇冊から二〇〇〇冊以内のところが多い。これは、私たちが「子どもBUNKOプロジェクト」で平成十三年(二〇〇一)に実施した調査でも同じである。蔵書数は、活動年数、予算規模、それから開設場所の面積などに影響される。

文庫の蔵書数を正確に知ることは難しい。おそらく一般の人でも、本の購入記録をノートに残し、自宅の蔵書数を正確に摑んでいる人はあまりいないと思う。それと同じように、文庫で新刊の受け入れ記録や廃棄本の記録をこと細かに残している人は多くはない。「子どもBUNKOプロジェクト」で行ったアンケートでも、蔵書数についての質問に対する回答は、「二〇〇〇冊」「三〇〇〇冊」のように百の位以下が正確に書かれていないものが大部分で、「一五二三冊」や「二一〇三冊」のように一の位まで正確に冊数を書いてくるケースは稀であった。

ほとんどの文庫は、蔵書数数百から二〇〇〇といったところだが、時に、小さな公立図書館の児童室より数も内容もずっと豊富な文庫に出会うこともある。蔵書の多さでは、二つの文庫が忘れがたい。ひとつは北海道帯広市の「あおやぎ文庫」、もうひとつは宮城県仙台市の「のぞみ文庫」である。あおやぎ文庫は家庭文庫であるが、文庫の部屋の四面の壁に設けられた棚という棚には床から天井まで本が溢れ、それはまるで、そそりたつ本の絶壁のようだった。部屋の中央には大きなテーブルが置かれ、そこがまた本の島であった。全部で五〇〇〇冊を超えていたろうか。その量には圧倒される思いがした。のぞみ文庫もやはり家庭文庫であるが、玄関を入ってすぐの部屋と奥の部屋が文庫の部屋として使われていて、部屋一杯に本が溢れ、二階に上がる階段にも本が置かれている。お話会は、その階段を上がったところにある世話人夫妻の寝室で行われる。

このように膨大な蔵書の文庫がある一方、できるだけ子どもに厳選された本だけを手渡したいという思いから、意図的に蔵書数を一〇〇〇冊以下に抑えている文庫もあった。どの文庫の人も、子どもに「良い本」を手渡したいという点では一致している。ただ、「良い本」の基準は各々異なる。

文庫の棚は、その運営者の価値基準や選書方針を反映して、いろいろな姿を見せる。児童文学の古典と言われる欧米の児童書だけを並べた文庫もあれば、日本の児童文学作品中心のところもある。ノンフィクションを中心に集めている人もいれば、伝記をたくさん置いている文庫もある、といったふうに。

本の選び方も様々である。新聞や雑誌の書評を参考にしている人、書店で本を手にとって吟味してから本を購入する人、子どもが読みたい本を与えるという方針のもと、子どもを書店に連れていって本を選ばせている人もいる。

公立図書館の「団体貸出」を利用している文庫も多い。「団体貸出」とは、公立図書館から、大量の本をまとめて長期間借り受けることである。貸出される冊数は、図書館によって一〇〇冊程度のところから冊数無制限のところもあり、貸出期間も一ヶ月から一年と幅広い。

子ども文庫ではどんな活動をしているか

子ども文庫で行われるのは、基本的には本の貸出し、お話会、本の読み聞かせや紙芝居など、公立図書館の児童室で通常行われているサービスである。しかし、中には、手作り遊び、料理教室、科学実験教室、時には、文庫祭りやバザー、野外でのキャンプなど様々な活動が実施されている。本以外の活動を展開して、地域のミニ子ども文化センターとなっている文庫もあれば、最近では、ベテランの母親である文庫の世話人が、乳幼児をもつ若い母親の相談相手をして、実質的な育児支援センターの役割を果たしている例もある。

文庫から出発して、大きく飛躍して新たな活動を展開した特別な例として、横浜市の日吉にあった

「ひまわり文庫」がある。世話人である徳村彰は、文庫の活動を描いた『子どもが主人公』と『子どもの村へ』という二冊の著書を残している。そこには、徳村夫妻が住む2DKの借家全体が文庫として使われ、そこにどっと波がおしよせるように子どもたちがやって来ては、我が物顔で家の中を自由に遊びまわっている姿が描かれている。家の中に文庫があるというよりも、文庫の中に徳村夫妻の生活空間があると思えるほどである。

徳村が残した文章には「本はなくても子は育つ」との言葉がよく見られる。著書の中でも、本を貸したり読み聞かせたりといった場面より、野外での大規模なキャンプについての記述に力がこもる。準備から実行まですべて子どもの手によって行われるキャンプでは、三〇〇人から四〇〇人もの子どもが、爆発するようなエネルギーでもって野原を駆け回る。子どもたちは、「子どもの家」を作るため、街頭で署名を集める。さらには、文庫の運営を手伝っていたお兄さんとお姉さんの結婚式を主催者となって取り仕切り、見事に成功させてしまうエピソードなどが描かれる。毎年春と秋に行っていた「子ども市」は、慶應義塾大学日吉キャンパスを借りて行われ、少ないときでも六十から七十、多いときには一〇〇を超える子どもの店が立ちならび、三〇〇〇から四〇〇〇人の人が集まってきたという。何を売るか、いくらで売るかもいっさい子どもまかせである。徳村の本には、どのページにも、全身に力を漲らせて動き回る子どもたちに、徳村もまた全身でぶつかっている様子が描かれていて、ただただ圧倒されるばかりである。

徳村は、「8年前、わたしたちも子どもに本を与える場として、ひまわり文庫をつくり、それが子どもたちへのわたしたちの善意のあらわれ、と信じて疑いませんでした。しかし、文庫に集った子どもたちのほんとうの願いは、文庫が自由の場であってほしい、遊びがあり、友だちがつくれる、子ども自身の自由で豊かな発想をいかせる場であってほしい……というものでした。［…］大切なものは、本でも、場所でも、建物でもなく「生きていまここにいる子どもたち」であり「その生《なま》の願い」なのだ、と悟らされたのでした。わたしたちは「本へのこだわり」をすてなければ（本を捨てることとはちがいます）子どもとはほんとうにはであえないということを知りました」と書いている。(4)

徳村は、その後北海道に居を移し、「子どもの村」を建設、夏のキャンプを中心に活動を続けており、『森はマンダラ』等の著書を著している。各地で文庫をしている人の中には、徳村と直接出会ったり、その著書を手にしたりして影響を受けた人も多く、高松市で家庭文庫を開いていた松崎洋祐もその一人だった。話をしていると、たびたび「本はなくても子は育つ」という言葉が出てきた。そして、その文庫も、やはり野外活動に力を入れており、松崎が宝物のように大切にしまっていたアルバムには、楽しそうにキャンプで飯盒炊爨をしている子どもたちの写真がいくつも貼られていた。

一方で、筆者は、ある文庫の女性から「私のところは純粋に本を貸出す文庫なんです。行事なんかはしません」と強く言われたことがある。この言葉には、行事にばかり力を入れて、子どもに本を手渡すことを怠っている文庫もありますが、といった非難が言外に含まれていたと思う。本を手渡すこと以外の活動をどれくらい文庫に取り入れるかは、蔵書の内容が世話人の個性を反映して多様であるのと同様、文庫それぞれである。だが、このことが、異なる意見をもつ人の間で論争に発展したことがある。

親子読書・地域文庫全国連絡会発行の機関紙『親子読書』（一九七六年九月号）に、児童文学作家長

崎源之助が文庫は「本のある遊び場」「本を仲立ちとして共に遊べ［…］子どもが大人管理の社会から解放される〝場〟でなくてはならない」と主張したのに対し、(5) 同誌一九七九年六月号で、京都の「修学院子ども文庫」の川端春枝が、信用金庫の職員食堂の一角を使っている自分たちの文庫では、子どもたちが遊ぶことは叶わないが、本を貸すだけの文庫にも存在の価値は十分にあると反論している。(6)

世話人の考えによって運営されている文庫は、子どもにとって良い文庫とは何か、という文庫観も、一致しているとは限らない。考え方の違いは、行事をするかしないかのみならず、文庫にどんな本を置くべきか、ストーリーテリングはどのようにするべきか、といった点にも見られる。開設場所や、蔵書の内容といった目に見える点だけでなく、文庫を運営する人々の考え方もまた多様なのである。

文庫の経費はどのようにまかなわれているか

子ども文庫は、ボランティアによって運営されている。ボランティアで運営している以上、必要な経費は自分たちで用意しなくてはならない。本や棚の購入に必要な費用、本の表紙を保護する透明なシートや図書カードなどの購入費用も、自分の家計から捻出するか、運営に当たっているメンバーが共同してお金を工面することになる。

多くの文庫は無料で開放されている。子どもから入会金や会費を集めたとしても年間数十円や数百円以内のケースが多い。こうした会費は文庫の運営費用のわずかな足しにはなるかもしれないが十分ではなく、基本的に運営に要する費用は世話人自身でやりくりすることになる。世話人がピアノ、そろばん、書道などを教えて、その謝礼を文庫の費用に充てる、バザーを行って、その売り上げを用いる、などの工夫をしているが、印象に残っているのは、滋賀県のある住宅団地の中の文庫で、世話人が年間を通じて団地内のバスの停留所の清掃を引き受け、その報酬で文庫の経費をまかなっていたケースである。

「子どもBUNKOプロジェクト」で行ったアンケート調査では、年間五万円程度の予算の文庫が最も多かった。これは、いかにも少ない。一冊一五〇〇円の児童書なら、三十冊ほどしか購入できない額である。すべてがボランティアであるため、人件費がゼロということがいちばんの理由であるが、これだけの経費で、あれだけの活動を行っているのかと考えると、公的助成への道がつけられないものかと思わずにはいられない。

事実、自治体の中には、子ども文庫に対して助成を行っているところもある。公立図書館、社会教育課、また社会福祉協議会などから助成を受けている文庫も見られる。助成には、現金支給、または本や棚など活動に必要な物品を提供する現物支給の、ふたつの形態がある。いずれの場合も、額としては微々たるものである。

自治体の助成は、まだ公立図書館数が少ない時代には、文庫が子どもに本を提供する唯一の拠点であったため、必要性が認められていたが、図書館の普及や、自治体の財政悪化の中で、助成額が大幅に削減されたり、助成そのものが消滅したりしている。自治体と子ども文庫との関係については、第八章で詳しく触れる。

全国に文庫の数はどのくらいあるか

子ども文庫は全国に一体いくつくらいあるのだろうか？

公益社団法人読書推進運動協議会（以下、読進協）が発行した『全国読書グループ総覧』二〇一三年度版には、各地で活動する子ども文庫が一二一五挙げられている。読進協は、定期的に子ども文庫、読書会や読み聞かせや紙芝居を行う実演グループなどの全国調査を実施している。過去の調査では三〇〇〇を超えることが多かったのだが、近年かなり数が減少している。これまで様々な機関が実施した調査の中で、最も多くの文庫数を示したのは、『年報こどもの図書館 1981年版』（日本図書館協会、一九八一）で、四四〇六もの文庫が挙げられている。

全国の文庫数を正確に摑むことはほぼ不可能である。全国規模でなく都道府県レベルでもかなり困難である。例えば、読進協の『全国読書グループ総覧』一九九八年版は、ちょうど筆者が各地の文庫を訪ねて歩いていた時期に発行されたものであるが、筆者の調査では既に活動を中止していた文庫の名が掲載されていたり、逆にその時点で活動をしていたとわかる文庫の名前がいくつか漏れていたりした。読進協の調査は、かなりの時間と労力をかけて作成されているが、それでも完全に全国の文庫を網羅しているとは言えない。

数の特定が困難である理由のひとつに、文庫を開設するにあたってはどこにも届け出る必要がないため、記録が残らないことがある。子ども文庫は、誰でも好きな時に好きな場所で始め、好きな時に閉めることができる。開庫または閉庫時に、どこにも知らせる義務がなく、役所に名簿があるわけでもない。例えば、筆者がどこかで文庫を始め、三年程経ってから閉じても、その痕跡は公式の記録には残らない。公立図書館の中には、地域で活動している文庫をかなり正確に摑んでいるケースもあるが、それでも絶えず新しく生まれては消えていく文庫を追跡調査し続けることは至難の業である。

文庫の名前が、文庫数の特定を困難にすることもある。例えば、京都市には「西陣土曜本を読む会」という会があった。名前だけを見ると、読書会にしか思えないが、これは個人の自宅に設けられた家庭文庫である。また、文庫はその名を変えることがある。例えば、福岡市には、もともと地域の集会所で開かれていた「土井団地文庫」という名前の地域文庫があった。この文庫は、その後、集会所の新築に伴って開設場所を個人の家に移し、「ブルーベリー文庫」という名前の家庭文庫に変わった。「土井団地文庫」と「ブルーベリー文庫」は同一の文庫で場所が移っただけなのである。しかし、もし、福岡県の文庫一覧なるものがあったとすると、名簿上、ひとつの文庫が消え、新たな文庫がひとつ生まれたようにも見えるだろう。文庫は消長が激しく、名簿上にあっても、実際に活動しているかどうかは、その場所に行ってみなければ分からない。

近年、プライバシーの保護意識が高まったため、文庫調査がしにくくなっている。特に個人の家庭で開かれている文庫の住所を特定し、そこに調査票を送付することは難しくなった。また、調査票の住所欄に住所を記入しない文庫も増えたため、文庫が設置されている場所や、代表者の名前を特定することができなくなっている。その結果、文庫数を正確につかむことは、将来ますます難しくなると思われる。

文庫をつなぐ組織はあるか

個々に出発した文庫ではあるが、数が増えるにつれて、互いの情報交換や協力のため、連絡会を組織して、相互に連携を図るようになった。はっきりと記録に残る初期の連絡会は、昭和四四年（一九六九）に設立された「長流文庫連絡会」（東京都調布市）、「市川市子ども会文庫担当者連絡会」（千葉県市川市）、「ねりま地域文庫・読書サークル連絡会」（東京都練馬区）の三つである。長流文庫連絡会は図書館からの働きかけをきっかけとして始まった。一般的には、連絡会は、文庫の設立と同様、世話人たちが何らかの必要性を感じ、自主的に設立、運営を行っていることが多い。

連絡会を構成する会員は、文庫の世話人以外に、読み聞かせやお話グループの人、子どもの本や図書館に関心を持つ人など、直接文庫活動に関わらないメンバーが含まれていることもある。連絡会は、「～市文庫連絡会」「～町文庫の集い」というように、市区町村を単位としているものが多いが、「京都家庭文庫地域文庫連絡会」「石川子ども文庫連絡会」「かごしま文庫の会」などのように、府県全域の文庫を対象としているものもある。「大阪府子ども文庫連絡会」の場合、その会員には、府下で活動する家庭文庫、地域文庫、個人のほか、連絡会も含まれており、連絡会の連絡会としても機能していることがわかる。全国規模のものとしては、各地の文庫や親子読書会などの連絡会である親子読書・地域文庫全国連絡会、日本親子読書センターなどがある。

連絡会では、定期的な会合や交流会のほか、会報の発行、講演会や研修会の開催など、様々な活動を行っている。多くの会では会費を集め、それを活動費用に充てている。詳細な会の規約を設け、代表者の任期、議決の方法（例えば、会員の半数以上の参加を以って会議の成立とするといった条項）、参加資格について厳密に規定している連絡会もあるが、規約といってもほんの数行程度の約束事だけを記している場合もある。一般的に、会員数が多く、対象となる地域が広域になるほど、規約は細かく整えられる。狭い地域で世話人が互いに顔見知りであれば、規約の必要はないだろうが、会の規模が大きくなり、いろいろな考えを持った人が多数参加するようになると、代表者の選定や意思決定の手順、会費の管理などについて明確な規則を整えておく必要が出てくるのだろう。

文庫連絡会を対象にした調査報告書『子どもの豊かさを求めて 2』（一九八九）では、調査を受けた各地の一二一の文庫連絡会のうち、実に約八二%が行政に対し要望や陳情を行ったことがあると回答している。また、同報告書によると、議会に対して請願・陳情を行った連絡会が三六ある。働きかけの内容としては、団体貸出の拡充、文庫への補助金や図書館設立の要求が多く、他には、図書館の開館時間の延長、司書資格のある館長の配属、図書館の除籍本の文庫への払い下げなど、様々なものが見られる。このように、連絡会は情報交換や交流の場にとどまらず、ひとりの世話人だけでは手に負えない大きな問題や課題を共に解決し、自治体や議会に対し要望を訴える母体ともなる。

子ども文庫という言葉

現在、日本各地で活動を続けている文庫は、多種多様な形を見せている。しかし、家庭文庫、地域文庫の違いはあれ、文庫に携わる人に共通しているのは、子どもに本のたのしさを伝えようとする志である。このように多彩な子ども文庫を一言で定義するとどうなるか。子ども文庫に関していくつもの評論を残した清水正三は、「文庫とは、民間の個人やグループが自由に設置し、運営している、子どものためのミニ図書館のことである」[7]と、簡潔に定義している。基本的には、これでよいと思う。だが、文庫をする人にとっては、定義は問題ではない。地域の実情によって、また、開設者の創意工夫によって、今後も様々な形態の文庫が生まれ続けることであろう。

一九六〇年代から後、急激に全国に広まり、戦後長い間、公立図書館を上回る数で存在し、日本の子どもたちの読書を実質的に大きく支えてきた文庫は、海外の注目も集めるユニークな活動として日本社会の中に深く根を下ろしてきた。その結果、今日、文庫という言葉には、従来のふみくら——本を収める倉庫、図書館という意味や、文庫本という意味に加えて、子ども文庫活動という意味も広く認識されることになった。これは、文庫活動の大きな成果と言わねばならない。

（1）俵万智「「がらがらどん」にはじまって」『三省堂ぶっくれっと』no. 75（1988. 7）
（2）新沢としひこ『言葉少年』、クレヨンハウス（2004）p. 33
（3）「文庫のいま・これから」よこはま文庫の会編『ひろがる読書の輪——横浜の文庫』、よこはま文庫の会（1976）p. 89
（4）徳村彰「子どもらが自分の場だと思うところに花がさく」『現代の図書館』vol. 17, no. 2（1979. 6）
（5）長崎源之助「すべての子どもに読書の喜びを」『親子読書』no. 61（1976. 9）
（6）川端春枝「子どもたちにとって文庫とは」『親子読書』no. 82（1978. 6）
（7）清水正三「私の文庫観」『季刊子どもの本棚』no. 19（1976. 12）

第二章　子ども文庫の先駆け——明治時代の私立子ども図書館

日本最初の公開図書館は、奈良時代、石上宅嗣《いそのかみやかつぐ》によって開設された「芸亭《うんてい》」だとされている。その後、貴族、僧侶、武士などが開設した図書館が各地に拡がっていった。明治時代になると、法律、経済、教育などの諸分野と同じく、図書館も西欧諸国の制度に倣って新たな発展を遂げた。明治五年（一八七二）、日本ではじめての官立図書館である文部省書籍館（国立国会図書館の前身）が創設され、明治十年以降には、多くの府県で公立書籍館（公立図書館）が設立されている。明治の後半には、山口県立図書館の佐野友三郎や京都府立図書館の湯浅吉郎のように、アメリカでの先進的な図書館サービスを見聞した人々によって、児童へのサービスも始められた。その一方で、西欧の図書館を見たこともなく、図書館の専門知識もない民間人によって、子ども文庫の前身ともいえる小さな子どもの図書館が日本の各地に生まれていた。手に入る限られた記録から、そのいくつかを取りあげてみたい。

竹貫少年図書館

日本最初の子ども文庫は、いつ、どこで、誰によって始められたのだろうか。たしかなことは分からないが、記録に残っている最も古いものは、明治三九年（一九〇六）、東京青山に設立された「竹貫少年図書館」である。設立者は、竹貫佳水《たかぬきかすい》。明治時代絶大な人気があった少年向け雑誌『少年世界』で活躍した作家で、後年は同誌の編集者でもあった。竹貫少年図書館については、比較的多くの記録が残っている。それによると、開館は明治三九年（一九〇六）十月七日である。その一週間前の『少年世界』には、開館を告知する次のようなコラムがある。

例の竹貫育児園の副事業として新たに少年図書館と云ふもの起れり、尤も之は図書館と云ふ程の大規模のものにはあらずと雖、其組織の完備せると其主旨の時勢に適切なることは普通図書館以上にありと云ふを得べし。広き東京市中に一の少年図書館なきことは記者の常に不思議に思ふ所にして又市内児童の不幸を歎ぜしが今此少年図書館起りて聊か其欠を補ふを得たるは最も愉快なることなり。竹貫氏の少年図書館は名こそ図書館と云へ実は善良なる少年児童の遊び場なり本がよみたくば読み絵が見たくば見るべし日曜の休暇にこゝに遊ばゞ必ず利する所多かるべし。(1)

開館二日前には、「東京朝日新聞」にも予告が掲載されている。

少年世界記者竹貫直人氏は昨年来独力経営せる千駄ヶ谷隠田四番地（大山元帥邸隣家）育児園の副事業として今回少年図書館の設立を計画し其準備として来る七日日曜日午前十時より少年図書縦覧会なるものを開催し午後には巌谷小波氏のお伽噺其他の余興もありとのことゆえ定めて面白きことなるべし。(2)

二つの記事には、ともに少年図書館が「育児園の副事業として」開設されたとある。「讀賣新聞」の記事によると、育児園は竹貫が自宅で開設していた養護施設であったことがわかる。

昨日午前八時頃新宿停車場へ六部姿の二人の少女が下車し駅長に書状を差出せしハ山形県米沢市字上通町青木おつね（九年）と妹おつぎ（七年）にて両人ハ昨年両親に病死されて孤児となり米沢停車場の駅長秋山右之助が情けにて赤坂区青山北町の竹貫孤児院に入院させんと金まで與へて福島、赤羽、新宿、渋谷の各駅長に宛てたる書状を渡し無賃にて出京せしめたるが新宿駅長も同情を表して駅員より幾分の醵金をして姉妹を慰め竹貫孤児院に送り届けしと云ふ。(3)

竹貫が、少年図書館に先だって、児童養護施設を開設していたことは興味深い。開館日の様子は、「国民新聞」に次のように報じられている。

予記の如く少年図書館は七日午前十時府下千駄ヶ谷村隠田の竹貫邸に於て其第一回を開会せり。市内の各中小学校生徒及び府下幼年児女等遠きは鶴見辺より腰弁当にて来会し入替り立ち替り一々入館者所属の学校及び姓名を記さるべく帳簿を作られ各自が愛らしき筆もて認めし者無量七十名館内は八畳六畳二間より成り此の広間の左右に図書棚を造られ名々勝手に之れを閲覧する可く閲覧書式等を認むる煩もなく、児童には最も適切なる図書館といゝ可く、「ゑんりょなく取て御覧なさい」「便所はここですよ」式の貼紙は何処迄も小児式で館主竹貫佳水氏は例月第一日曜を以て開会日と為すべき挨拶を為し武田桜桃、巌谷小波氏等のお伽談あり其間々に蓄音機を挟みて変化好く小児を遊ばせ撮影等ありて散会したり。(4)

当日の盛況ぶりがしのばれる。これほどの人数が集まったのは、人気雑誌『少年世界』や新聞での告知があったからだろう。ゲストとして招かれた巌谷小波や武田桜桃は、『少年世界』で竹貫とともに活躍していた人物で、当代屈指の「口演童話」の語り手であった。

竹貫が『少年世界』誌上で、イラスト付きで紹介している記事を見ると、本棚は、上から下まで三段で、本の表紙が見えるように並べられている。着物を着た男の子が七人。長机の前に座り本を広げて読んでいる子。二人で一緒に一冊の本を見ている子。立ち上がって棚から本を取り出している子もいる。ここは、当時ではまだ珍しかった開架式で、利用規則もきわめて簡単だった。竹貫は言う。

けれども現在《いま》の図書館は、あれは皆《みん》な大人の為に設けられた図書館であって、ちょっと一冊書籍を借りたいと思ってもなか〳〵面倒だ。先づ初め用紙を貰って、それから目録から其見たいと思ふ書籍の番号やら函数やら探し出して、それをちゃんと用紙に書いて、さて掛員に出して貰ふ、容易な手数では無いのである。［…］僕も少年の折に覚えがある。上野の図書館へ行って、例の通り面倒な手続きをして、さて漸くにして貸して貰った其書籍は、書名こそ同一なれ、僕の読みたいと思ったのとは、似ても似つかぬものであった。其時の失望落胆！　今も猶ほ思ひ出される。斯様なことの無いやうに、僕の少年図書館では書籍は皆な並べてある。閲覧者は自由にそれを手に取って見ることが出来る。何と手軽な図書館ではないか。少年の図書館は之で無くっては駄目である。ねえ諸君、左様ぢゃないか！［…］

だから別に六ヶ敷《ママ》い規則なども無い。次に掲ぐる処の三ヶ条。

一、遠慮なく手に取って御覧なさい。

一、成るべく丁寧に御覧ください。

一、分からぬことは何でもお尋ねなさい。

閲覧者の心得はただ之だけである。[5]

華々しい開館のあと、竹貫少年図書館は、どのように運営されていたのであろうか。明治四十年（一九〇七）十月六日の「讀賣新聞」には、巌谷小波による「少年園遊会」と題する創立一周年の記念行事についての記事がある。

例の子供好きの少年世界記者竹貫直人氏は予て氏が経営せる育児園附属少年図書館創立一周年を

祝する為め今六日午後一時より青山隠田なる同育児園内に於いて少年園遊会を開会する由巌谷小波江見水陰桜井忠温三氏の面白きお話を初めとして甘酒屋おでん屋団子屋などの模擬店もある由なれば定めて愉快なることなるべし。(6)

『日本帝国文部省年報』の「公私立図書館別一覧」には、竹貫少年図書館のデータも記録されている(7)(表1)。

これを見ると、今日なら小規模の家庭文庫といったところである。開館日数が年間四十日足らずなのは、日曜、祭日のみ開かれていたからだと思われる。一日の来館者が平均六、七名は、開館日の賑わいと比べてかなり少ない。維持費は、最高で十八円。当時児童書の平均価格は五十銭程度で、全額図書購入に充てたとしても、年間四十冊である。

竹貫少年図書館は、明治四四年(一九一一)以降は、活動中止のような状態が続く。これは、おそらく竹貫が、明治四一年(一九〇八)から、東京市立日比谷図書館の児童室に嘱託として勤務しはじめたためであろう。『文部省年報』によると、竹貫少年図書館は大正二年(一九一三)まで存続しているが、小河内芳子『児童図書館と私』上巻(日外アソシエーツ、一九八一)によれば、竹貫は、嘱託就任と同時に、少年図書館の蔵書を日比谷図書館に寄贈し、その活動を終えたとある。

竹貫は、大正六年(一九一七)に『少年世界』の編集主任となり、児童文学者と編集者による「少年文学研究会」を始めている。また、日比谷図書館の館頭であった今沢慈海と共に『児童図書館の研究』(博文館、一九一八)を出版し、図書館の世界でも成果を残している。児童文学者で編集者でもあ

		図書冊数			開館日数	閲覧人員	経費（円）
		和漢書	洋書	計			
明治40年	1907	714	6	720	39	238	18
明治41年	1908	518	15	533	39	256	12
明治42年	1909	632	27	659	31	165	10
明治43年	1910	不明					
明治44年	1911	473	51	524	12	32	不明
大正１年	1912	560	35	595	12	49	3
大正２年	1913	460	17	477	9	21	6
大正３年	1914	以降記述なし					

表１

り、自宅で児童文学の研究会を主宰し、文庫を開いていたことなど、石井桃子と共通点が多い。大正十一年（一九二二）四七歳で没した。

竹貫佳水の経歴には不明な点が多い。東京湾築港調査掛、陸軍省測図手、東京市水道部助手と毎年のように職を変え、その間『独学実用制図法自在』（建築書院、一八九九）、『英和対訳実用土木字典』（建築書院、一九〇三）を編集しているかと思えば、突然アラスカに渡り、製缶工場で働いたりしている。竹貫本人は何も書き残していないので、どういう経緯で博文館へ就職したのか、なぜ自宅で育児園や図書館を開設したのかについては不明のままである。

弘前少年図書館

竹貫少年図書館が設立された明治四十年代から大正にかけて、わずかであるが、新聞や雑誌などに子ども文庫の記録を散見できるようになる。このことから、この時期、数は決して多くはないが、子ども文庫が各地に少しずつ拡がっていったと推測できる。例えば、青森県には、竹貫少年図書館の影響を受けて設立された弘前少年図書館がある。その開館を伝える明治四二年（一九〇九）一月十二日の「弘前新聞」には、開設者（氏名不詳）の「弘前少年図書館の開設に付　少年少女諸君に告ぐ」という挨拶が記録されている。

私の愛する弘前の少年少女諸君

此間博文館の雑誌記者竹貫先生が少年世界誌上に少年図書館の必要を説き、少女世界では又少女図書館の開設を促されて御出の事は御覧になったでございませう。［…］近頃方々に御伽倶楽部だとか談話会だとか少年図書館だとかが出来て少年少女を喜ばせ、又其ためを計ってをる事は真に慶賀すべきことでございますが、千百の小学生を有する此弘前にこんなものの一つも出来たのを聞かんのは私の常に残念に思ふて居た所でございます。(8)

この開設者は、地域の少女会の運営に関わっていた人物のようで、当初は少女会の付属事業として自らの蔵書中より、少年少女に適したものを三〇〇余選び、前年の一月、元寺町会堂の二階に図書館を設立した。毎週日曜日の正午から四時まで開館、お伽話の会も行っていた、とある。

弘前少年図書館の誕生は、当時の出版流通網の発展と無関係ではない。(9) 明治時代前半に、鉄道網や陸運輸送の発達、郵便制度の確立によって、全国的な出版流通が盛んになり、東京から遠く離れた弘前で『少年世界』の記事から新しい文庫が生まれる程、博文館の雑誌は各地に浸透していたのである。

次々に誕生した児童雑誌も、全国の読者に子ども文庫（図書館）の設立を促したのであろう。

函館の「千代見園」

明治四三年（一九一〇）、函館に私立児童図書館「千代見園」が設立された。開設者は寺井四郎兵衛という商人である。四郎兵衛は、慶応三年（一八六七）函館に生まれた。父は、漆器の商いを皮切りに次々事業を拡げ、一代で財を成した人物で、寺井はその長男である。父の死後、十七歳で事業を受け継ぎ、商才にまかせて鉄鋼、機械、電気など事業の多角化をすすめ、若くして函館の高額納税者の十傑に入るほどの莫大な財を築いた。

函館は、明治維新以降、港町として大いに栄えていたが、明治二九年（一八九六）、三二年（一八九九）と二度の大火に襲われた。寺井は、被災者の救済のため、寺井家の菩提寺の住職上田大法、人力車夫仲山与七と共に「函館滋恵院」を設立する。このとき三三歳。自らの土地一四二八坪と、設立資金一五〇〇円を提供、その後の運営資金も負担した。開設後の一年間、入所者数は一八七名、うち三一人が子どもであった。

明治四三年（一九一〇）一月六日、寺井は、母千代子の古希を記念して、滋恵院の隣の二三〇〇坪の敷地に、児童図書館「千代見園」を開設する。[10]「函館区東部方面児童の為めに［…］館の内外共に児童の遊楽に供せんとし、遊楽に伴う読書の趣味を涵養せんことを期し」てのことである。建物は三十坪程の洋館で、広い敷地には大きな池と四十株の青松、さらにブランコ、遊動円木等の遊具も備えられていた。毎週日曜には、お伽噺の会が行われた。

図書館には、グリムやアンデルセンなどの童話、日本の昔話の絵本や講談本、まんがや少年向けの雑誌が置かれていたようである。ただ、直接の運営者が誰なのか、蔵書数や貸出冊数は不明である。千代見園は、その後、あまり活発には活動していなかったようで、大正十三年（一九二四）頃に再興を計ったものの、二年後には園の建物が保育所に転用されることになり、図書館としての活動を終えている。

なお、寺井は、大正七年（一九一八）に、同じ敷地内に、大人を対象にした図書館「彰善館」を設立、私費で運営していた。彰善館については文部省に記録があり、大正十三年（一九二四）には、蔵書四一〇一冊、閲覧者六九六九名、経費二八一五円となっている。その後、経済不況の影響で昭和初期には閉館したが、青年団の有志によって通俗図書館として再開されたという。

東京四谷、西念寺の少年図書館

開設年は特定できないが、四谷伊賀町（現 新宿区若葉）の西念寺に少年図書館があったことが、明治四二年（一九〇九）の「東京朝日新聞」の記事からわかる。

こども倶楽部

四谷伊賀町の浄土宗の西念寺の坊さんが近所の子供を集めて少年図書館を開いたと伝ふ事は其当時報道して置いたが、図書室と云ふのは離れの六畳二間を打ち抜いた見晴らしの可い高い部屋で、其中にはオルガン、文字カルタ、ピンポン、碁盤等を供え付け、子供の出入は一切自由で誰が来ても構はぬと云ふので毎日五六十人宛《づゝ》来る相だ、是等の連中は重《ママ》に附近の貧民の子供で、初めはあまり規則が寛大なので、書物が毎日のやうに紛失して困ったが今は非常に成績が可い相だ、其中で一番の勉強家は四谷第一小学校の池上竹雄君（十二）で毎日一生懸命に読書してゐる記者の参観した時もピンポンの台に凭れてお伽草紙を一心に読み耽ってゐた、学校の成績も非常に好い相だ。此処に来る子供は毎週日曜に会があつてお伽話を聞くか又は市中を連れて歩いて貰ふのだが、今次の日曜には芝の増上寺に行く相だ。(11)

記事からは、正式名称が「こども倶楽部」なのか「少年図書館」なのか分からないが、大勢の子どもで賑わっていたのは確かだ。来ていたのは「附近の貧民の子供」とあるが、これは、伊賀町の西にあった鮫河橋地域に住んでいた子どもたちのことを指していると考えられる。鮫河橋一帯は、横山源之助の『日本之下層社会』（一八九九）で、東京の三大貧民窟のひとつとして挙げられているところである。記事の最後には、毎週日曜日にお伽話を聞く会や、「市中を連れて歩いて貰ふ」遠足のような会が開かれる予定であると書かれているが、こうした活動については、明治四三年（一九六八）十一月十四日の「讀賣新聞」に以下のように紹介されている。

「こどもの集り」

西念寺のコドモ会午前八時から四谷寺町の同寺で催され運動会に行かずに坊ちゃん嬢ちゃんが集まつて久留島武彦氏の朝鮮土産のお伽話をドッサリ頂戴して［…］西嶋主任のお話で子供ながら人生を

達観し面白可笑しく半日を楽しんだ。(12)

現在の西念寺の住職は西嶋姓であるので、西嶋主任は当時の住職で、文庫の主宰者であったのであろう。

お寺で開かれている子ども文庫は少なくなく、筆者も何か所か訪ねたことがある。山梨県では、戦前、近隣の子どもたちをお寺に集め、口演童話をしていた住職がいたという話も聞いたことがある。寺と子どもの教育活動が結び付きやすいのは、江戸時代、寺子屋の主宰者に僧侶が数多くいたことからも容易に理解できる。

明治三十年代の日本の図書館界

西念寺の文庫が活動していた前後の十年間は、日本の図書館界にとって画期的な時期である。明治三二年（一八九九）に、日本初の図書館単独の法律である図書館令が公布され、それまで小学校令の第四十条において簡単に触れられているだけであった図書館は、公立と私立も含め、ようやく法的な基盤を与えられた。この頃、府県立の図書館が相次いで設立、町村図書館も多数設立された。公立、私立ともに図書館数の増加は目覚しく、図書館令が公布された年には全国で三八館であったのが、五年後の明治三七年（一九〇四）に一〇〇館となり、西念寺の文庫の記事が掲載された大正元年（一九一二）には、五四一館、さらに大正五年（一九一六）には一〇九二館と急増している。

この時期から、山口県立図書館の館長佐野友三郎、京都府立図書館の館長湯浅吉郎らによって、児童に対しても先駆的なサービスが始められた。明治四一年（一九〇八）に開館した東京市立日比谷図書館では開館当初より児童サービスが行われ、館長の渡辺又次郎が、翌年七月の『図書館雑誌』の記事で「児童室に立錐の余地を見出しかねた」と表現する程、児童室は活況を呈した。こうした状況は、各地の図書館活動に大きな影響を与え、児童図書館サービスの大きな推進力ともなった。

明治時代の図書館には、教育会、青年会主導の私立図書館が、思いの外多かった。この時代に設立された図書館の多くは、小規模な町村の公立、および私立の図書館であった。私立図書館の割合は非常に高く、大正元年（一九一二）の全国の図書館数五四一館のうち、実に六〇％、三二八館が私立の図書館である。日本全体の図書館数において、公立図書館が私立を上回るのは、ようやく大正六年（一九一七）になってからである（明治二三年（一八九〇）以前、全国の館数が二十館程度の頃は除く）。

これほど私立図書館が数多く設立されているならば、その中に、私立の児童図書館――つまり子ども文庫――が含まれている可能性が高い。それを調べるには『文部省年報』が役に立つ。年報には「公私立図書館別一覧」が掲載され、そこには蔵書が一〇〇冊にも満たない小規模なものを含め、所在地や創立年だけでなく、蔵書数、開館日数、利用者数まで記載され、活動の概要が把握できる。

文部省の年報に、私立図書館の活動記録が載っているのは、図書館令第五条に「図書館ノ設置廃止ハ其ノ公立ニ係ルモノハ文部大臣ノ認可ヲ受ケ其ノ私立ニ係ルモノハ文部大臣ニ開申《ママ》スヘシ」と規定されていたからである。[13] 届出は、自発的なものだったようで、西念寺の文庫は一覧に見当たらない。この規定がどれほど厳しく運用されていたのかは不明である。

一覧に列挙されている私立図書館には、名前から子ども文庫ではないかと推測されるものがいくつかあり、それらを別表に挙げる（表2）。

石川県能美郡大杉谷村の少年図書館は、滑川道夫の「日本最初の図書館」でも触れられている。[14] 設立者は亀淵亀次郎である。表に見られる石川県能美郡杉谷村の「私立少年図書館」と「私立大杉谷少年図書館」は、同一のものと思われる。これらの図書館について、何か資料がないかとずいぶん探索したが、結局、これ以上の情報は得られなかった。従って、これらが本当に子ども文庫かどうかは断言できない。

また「児童文庫」と呼ばれる、学校図書館の前身となる図書館も存在する。例えば、明治三五年（一九〇二）に京都府の生祥尋常高等小学校に「生祥児童文庫」が設立されているが、その「要領」を見ると、同校の生徒のために作られた学校図書館であることがわかる。

「児童文庫」には、学校図書館でもあり地域文庫でもあるようなケースもある。そのひとつの著名な例は、明治三八年（一九〇五）、京都府の修道小学校で開かれた「修道児童文庫」である。これは、修道小学校の同窓生が、各々の蔵書を学校に持ち寄って始めたもので、その後、職員室を閲覧所として子ども向けの本を置くことにしたところ、これが生徒たちに大変盛況で、後日、校門前の土地に間口一間半、奥行四間の独立した図書館専用の洋館を建て、生徒はもちろん、一般の大人も毎日自由に来館していたそうである。

表に挙げたもの以外にも、年報には「〜文庫」といった名前が数多く見られる。だが、それが子どものための文庫か大人のための文庫（図書館）なのかを判断するのは難しい。判別をさらに困難にするのは、当時は、学校の敷地内や校舎の一部を使って作られた「〜小学校附設文庫」や「〜教育会文庫」といった名前の小規模な図書館が多かったことである。

永末十四雄は、「戦前の図書館統計に用いた公立、私立の区分は余りに大雑把すぎ、歴史的な区分としては実質的な意味が希薄である」と述べている。[15] 小規模な町村図書館の場合は、とりわけ公立、私立の別はつけにくい。永末は、町村図書館を設立主体によって、①郡立図書館②教育会図書館③青年会（団）図書館④個人経営図書館⑤町村立図書館の五つに分類している。このうち、①と⑤は公立で、残りが私立図書館となる。②の教育会は、教育の普及を図るための教員や教育関係者、地方の名望家などよりなる民間の団体で、今日の公立図書館の中にも、教育会図書館にその淵源を持

名称	**所在地**	**蔵書冊数**	**設立年**	**年報掲載年度**
私立少年図書館	石川県能美郡大杉谷村	四三〇冊	明治四〇	明治四二、四三
私立大杉谷少年図書館	石川県能美郡大杉谷村	八〇三冊	明治四〇	大正二、四、五
大正記念児童文庫	岡山県浅口郡玉島町	六五〇冊	不明	大正九
與板学童図書館	新潟県三島郡與板町	七六一冊	不明	大正九、十一
私立新潟毎日少年団図書館	新潟県新潟市	二五〇冊	不明	大正十一
大竹児童図書館	広島県佐伯郡大竹村	一一〇四冊	不明	大正一五、昭和二、三

表2

＊「年度」とは、年報に掲載された年度を表す。複数年にわたって記述が見られる場合、「蔵書冊数」には、初年度の蔵書冊数を書いている。

つものが多い。

明治後半のこの時期には、民間から盛り上がる教育的関心の高まりにつれて、急速に私立図書館が設立されており、今日の子ども文庫の先駆けといえる竹貫少年図書館、千代見園、西念寺の少年図書館なども、その流れの中で生まれてきたことがわかる。記録を探し当てることはできなかったが、こうした「文庫」は、他の地方にも少なからず存在していたことだろう。

ひとつ注目したいのは、これら明治の文庫が、設立の背景に、社会福祉的な意味をもっていたことである。竹貫少年図書館も、千代見園も、それに先だって孤児院が設立されていた。西念寺も、近隣にスラムを抱えており、その地域の子どもたちの教育、福祉が背景にあったと思われる。つづく大正時代にも、関東大震災を契機として文庫活動が始まる例もあり、人をして文庫の開設へと向かわせる動機には、教育、娯楽への要求だけでなく、深いところでヒューマニスティックな促しがあったのである。

(1) 『少年世界』vol. 12, no. 13 (1906. 10. 1)「少年新聞」欄
(2) 「東京朝日新聞」(1906. 10. 5) 六面
(3) 「讀賣新聞」(1906. 1. 10) 三面
(4) 「国民新聞」(1906. 10. 9) 四面—五面
(5) 竹貫直人「少年図書館」『少年世界』vol. 13, no. 9 (1907. 7. 1)
(6) 「讀賣新聞」(1907. 10. 6) 三面

（7）『日本帝国文部省年報』（復刻版）、宣文堂、各年度版を参照

（8）「弘前新聞」（1909. 1. 12）

（9）清水文吉『本は流れる』、日本エディタースクール出版部（1991）p. 34-36, p.47-48

（10）「函館毎日新聞」掲載の「千代見園参観記、上・下」という記事には（大正二年八月十五・十六日）、寺井が児童図書館の設立を思い立った動機はずいぶん久しいもので、「都新聞とかに連載された児童図書館を読んで感じた事で、其後上京の際予て旧交のある小波先生に面会して、其の記事の記者に紹介されたのが抑の起因で」とある。開館式の席上、寺井は「数年前にも、知己の御方と御相談を致し、又其準備にも着手致し」「上京の上、〔…〕巌谷小波、〔…〕久留島武彦等の諸君に詢り、御懇篤の指導を得て、計画の上工事に着手致しまして、ここに本日開館式を挙行した次第で御座います」と、挨拶している。「千代見園」という名前も、寺井の母の千代子の名にちなんで巌谷小波が命名したもので、園内には、小波の句碑「竹の春　雀千代ふる　お宿かな」が建てられた。

（11）「こども倶楽部」「東京朝日新聞」（1909. 5. 31）

（12）「こどもの集り」「讀賣新聞」（1910. 11. 14）三面

（13）「竹貫少年図書館」の竹貫佳水は、「去年十月七日、第一回閲覧会を開いた僕の少年図書館は、爾来月々第一日曜日ごとに開会し来つた処諸君の非常なる賛成を得て、開会毎に盛大に赴くので、此分ならば公設しても、決して一朝一夕に滅亡して了ふやうなことはなかろうと、僕は決心して今回いよいよ正式に文部省へ竹貫少年図書館設立のことを開伸《ママ》した」と述べている。竹貫直人「少年図書館」『少年世界』vol. 13, no. 9（1907. 7）p. 108-110

（14）滑川道夫「日本最初の児童図書館」『日本児童文学』vol. 31, no. 11（1985. 11）p. 70-72

（15）永末十四雄『日本公共図書館の形成』、日本図書館協会（1984）p. 141

第三章　民間人による私設図書館——大正から昭和のはじめにかけて

明治時代には、民間の手になる図書館が、公立図書館を上回る数つくられており、その中に、今日の子ども文庫の先駆けとなるような、子どもを対象とした図書館があったことが明らかになった。大正時代に入ると、企業が設立・運営する図書館も現れる。これらは、個人の自発的な意志による文庫とは違うけれども、民間の図書館活動のひとつとして注目したい。民間人による図書館の活動は、大正時代から昭和初期へと引き継がれていく。大正時代に開設されたいくつかの文庫を取り上げ、その流れを辿ってみよう。

青森の「私立児童図書館」

そのひとつは、「東奥日報」の記者であった一戸岳逸《いちのへがくいつ》によって、大正七年（一九一八）の夏、青森県青森市に設立された「私立児童図書館」である。一戸は、明治六年（一九七三）に青森県中津軽郡で生まれ、「陸奥日報」、その後「東奥日報」で約三十年間記者として働いた人物である。千代見園の寺井四郎兵衛のように豊かな財力を持っていたわけではない。その一戸が、図書館に関わりを持ちはじめたのは、大正二年（一九一三）、青森を襲った大凶作がきっかけであった。

この凶作は未曽有の大凶作として歴史に残るものであった。記者として県内の取材にあたっていた一戸は、多くの児童が教科書も買えず、日々の食事に事欠くほど貧窮の中にあるのを知り、「市内小学校貧困子弟に学用品を供給し［…］体力増進、学業奨励の援助をなし、又は時々天下の名士の本市を過ぐるある毎に其の講演を請うて児童の精神修養に寄せる」との目的で「教育後援会」を設立した。この後援会を母体として、市内寺町（おそらく一戸の自宅敷地内）に設立したのが「私立児童図書館」である。設立時の予算は一五〇〇円で、内訳は図書購入費一〇〇〇円、器具や新聞購入費二〇〇円、営繕費三〇〇円であった。これだけの経費を一人で賄うことはできず、一戸は、記者の仕事で知り合った地元の著名文化人に頼んで色紙を書いてもらい、それを売ってお金に換えた。

一戸は、記者としての一日の勤務を終えてから、自ら大きな風呂敷に図書を包んで、地域の四つの小学校へ本を届ける巡回文庫も行っていた。しかし、子どもたちは、巡回文庫だけでは満足せず、大挙して寺町の図書館へやって来た。そのうち、大人たちも図書館へ足を運ぶようになり、大正九年（一九二〇）、蔵書数が児童書、一般書あわせて約五六〇〇冊になった時に「私立青森通俗図書館」と改称した。

『文部省年報』によると、毎年一二〇〇円近くの経費が使われているのがわかる（表1）。大正八年度（一九一八）は年間経費一二三五円であるが、これは同じ年の青森市立図書館の経費一一五一円よりも

私立児童図書館（大正9年からは、私立青森通俗図書館と改称）						
	図書冊数			開館日数	閲覧人員	経費
	和漢	洋	計			計
大正8年	5310	199	5509	335	73143	1235
大正9年	9942	280	10222	330	85999	1039
大正10年	11268	380	11648	334	81837	1205
大正11年	16916		16916	335	79591	1250
大正12年	17451	388	17839	321	65994	1250
大正13年	17951	390	18341	328	65153	1200
大正14年	18311	395	18706	321	55240	1450

表1

多い。蔵書冊数も、当時の青森の公立図書館と比べて遜色ない規模である。ほとんど年中無休であったようで、どの年も開館日数が三三〇日前後もある。年間閲覧者数が八万人を超えている時もあり、非常によく利用されていたことがわかる[1]。これほどの規模の活動を、記者が本業の一戸がひとりで運営することはできなかったはずで、図書館の館則第七条に「退館せんとするときは借受けたる図書を係員に返納すべし」（傍点筆者）とあるので職員がいたのかもしれない。一戸の弟は、「図書の増加もあったろうが、利用者が増えていたことに多少音をあげていたのではないかと思う。それでも次から次と後をたたない利用者の便宜を考えて妻と二人きりで徹夜して図書の整理に働いていたのを覚えている[2]」との言葉を残している。

　図書館は、大正十三年（一九二四）には、十二坪三階建ての書庫を新築した。建物の一階には事務室、図書館、新聞閲覧室、二階には一般閲覧室、婦人閲覧室、特別室、さらに食堂まで備わっていた。

このように順調な歩みを見せていた図書館であったが、昭和十四年（一九三九）に一戸が亡くなると、残念ながら図書館も活動を終え、最終的に蔵書は四散してしまった。ただ、貴重な郷土資料は遺族によって県立青森商業高等学校の図書室に寄贈され「一戸文庫」として残された。

小笠原鉄太郎と「正進会文庫」

一戸と同じ青森県に小笠原鉄太郎という人物がいた。小笠原は、中学二年で学業を中断し家業である魚屋を継いだ。向学心に富み、独学で書物から多くの知識を身につけ、「英語のわかる魚屋さん」として知られていた。「魚屋仲間ではインテリとして一目おかれていたし、まじめで情熱的な気風《ママ》…行動は、仲間だけでなく、茂森町、覚仙街町の人々からも深い信望をあつめて」いたという(3)。

大正十三年（一九二四）、小笠原は、正進会という少年団を組織する。夏休みに町の天満宮で林間学校を行ったり、地元の大学生が子どもの勉強をみてあげたりなど、現在の子ども会やボーイスカウトのような活動をしていた。小笠原は同時に、店の中に「正進会文庫」という文庫を開いていた。この文庫を利用していた三上まさが、その想い出を語っている。

私も正進会と小笠原鉄太郎様のおかげでとても本の好きな少女時代を送りました。小学校一年の時から茂森町の魚屋の前を通る時は「[…] オドサ居るべガナ?」と思ってそっとみました。アッ居る！　最敬礼するのです。オドサは眼を細くしてニコニコ笑って、「ちょっと中村さん（旧姓）」と呼びます。そして店の奥の片方のカベ際に何段にもならべられた文庫の中から、一冊取り出してかしてくれました。私は大事にかゝえて大急ぎで家へ帰り息もつかずによみました。返しに行くと、「もうよんだの、えらいなあ」とほめてくれました。小公子、あゝ無情、ほんとに〳〵なつかしい本です。おかっぱ頭で一所懸命読んでいるあの頃の自分がいとほしく目に浮びます。(4)

小笠原は、一日の魚の売り上げをふところに自ら書店に出向いて、「自分の息子たちにはこの本を、あの家の、あの子には、あの学生には、そしてあのズルスケには、この本を」と言って買っていた。本は「自由貸し出し」で貸出簿などつけずにいたため、かなりの本が返却されずに終わったのだが、「みんな本を食べて育っている」と、相好をくずして喜び、平気であったと言う。

一時期盛んであった正進会の活動も、大正から昭和へと時代が変わるにつれ、子どもたちがひとりまたひとりと巣立って少しずつ下火になり、程なく終焉を迎えた。正進会文庫も同様の道を辿ったと思われる。

残念なことに、晩年の小笠原は、あまり幸福ではなかったようである。学生時代に正進会の手伝いをしていた庄司初郎は、「私財を投じて献身した小笠原鉄太郎さんは、ある人の保証人になったため家屋敷を取られてしまい晩年はみじめでした。[…]酒もタバコも飲まずにその分を文庫にまわしていた人なのに、酒気を帯びて私の家を訪ね、愚痴ひとつこぼさず、〝正進会の思い出だけが人生さ〟」と、正座し、武士を思わせる姿勢で話していたのが、痛々しくて忘れられないという。(5)

しかし、小笠原の精神と活動は、庄司と同じく学生時代に正進会の活動に参加し、その影響を受けて、後に「本町こども文庫」を設立した医師坪田繁樹に受け継がれた。坪田とその活動については、第四章で詳しくふれる。

加藤源三の「記念児童文庫」

青森県の藤坂村（現十和田市）には、元校長による文庫があった。設立者の加藤源三は、明治十八年（一八八五）、藤坂村の相坂小学校に訓導として赴任、以後、四二年間教職にあり、藤坂小学校の校長も務めた。加藤は、「信仰ノ念薄シ、迷信深シ、飲酒ノ風普シ、賭博盛ニ行ル」と、酒と喧嘩にあけくれる、当時の荒廃した農村を憂える言葉を残している。非常に生真面目な明治の教育者だったようである。加藤は、地域の青年団の活動に関わり、自ら団長として、明治四十年（一九〇七）に相坂青年団、大正三年（一九一四）に藤島青年団を組織した。この時代には、明治三八年（一九〇五）の内務省地方局の通牒「地方青年団体向上発達ニ関スル件」により、各地に官製の青年団が多数組織されていた。団長は、地元の校長に任され、運営には教員や地元の有力者などがあたることが多く、加藤の青年団組織も、こうした政策の一環として行われたのであろう。

先に明治期の私立図書館には、教育会図書館、青年会（団）図書館が多かったと述べたが、加藤も、大正十年（一九二一）に、自身の蔵書をもとに、「私立藤坂図書館」を設立している。これは青年団の団員の学習と修養のための図書館だった。子どもの図書館ではないが、その五年後の大正十五年（一九二六）三月、すでに退職していた加藤は、「記念児童文庫」を設立した。何を記念したかは、設立趣意書によってわかる。

記念児童文庫寄贈ニツキテ

我等、日本臣民ノ常ニ心中ヲ往来スルモノハ我ガ皇室ノイヨイヨ栄エタマヒ、我ガ国運ノマスマス進展サレルヨウニトノ希望デアル。

大正十四年十二月六日、第一皇孫殿下（筆者注：東久邇宮成子殿下のこと）御降誕アラセラレタ。実ニ国家ノ大慶事ニシテ、国民歓喜ノ極ミデアル。

私ハ、記念トシテ児童文庫ヲ諸子ニ贈ル所以ノモノハ、諸子ハ将来国民トシテ、我ガ国ヲ富強ナラシムル任ニ当ル準備中デアルカラ、今ヨリ諸子ヲシテ読書趣味ヲ有セシメ、終生修養ヲ怠ラヌ習慣ヲ養ハシメタイ微意ヨリ出タモノデ、皇恩ノ万一ニ報イ奉リタイタメデアル。(6)

この時代は、国家的慶事を記念して図書館が設立されることは珍しくなかった。日露戦争の勝利を記念した「〜征露記念図書館」や「〜戦捷記念図書館」、大正天皇の即位を祝した「〜御大典図書館」、皇太子の行啓を記念した「〜行啓記念図書館」など。函館の寺井四郎兵衛の「彰善館」も、大正天皇御即位記念事業として設立されたものである。

加藤の文庫について特筆すべきは、詳細な蔵書目録が残されていることである。間山洋八の『青森県読書運動明治大正史』の記載によると、昭和六年（一九三一）の時点で、総数二七四冊を「童話」「国語」「地理」「理科」「雑」の五部門に分類している（表2）。加藤が元教師だったことを反映してか、「国語」部門には育英書院の『綴方十二ヶ月』、児童文学会の『国語副読本』、平凡社の『イギリス小学読本』、「雑」には第一出版協会の『算術学習書』『学習書六年三期』といった副読本が数多く入っ

部門	冊
童話	85
国語	101
地理	13
理科	38
雑	37
計	274
出版社	冊
興文社	100
アルス	70
博文館	29
育英書院	17
平凡社	20
第一出版協会	16
玉川学園出版部	5
児童文学会	2
敬文館	1
実業之日本社	1
不詳	13
計	274

表2

ている。

特徴的なのは、博文館の本が少なく、興文社の「小学生全集」とアルスの「日本児童文庫」が大半を占めていることである。この二つの全集は、当時盛んだった円本の一種で、菊池寛編集の「小学生全集」は全八十巻、一冊三五銭で月三冊配本、アルスの「日本児童文庫」シリーズは、全七十巻、一冊五十銭で月二冊配本されていた。同時期に同じような内容の全集を刊行していた興文社とアルスの間には拡販競争が起こり、新聞紙上で激しい広告合戦を繰り広げていた。

『雑誌と読者の近代』（一九九七）の著者、永嶺重敏は、「明治中後期には、就学率の上昇こそ目につくものの、日常的に読書習慣を身につけた読者は地方においてはまだ微々たる数でしかなく［…］読書人口の絶対的な少なさゆえに、地方においては書店自体が存立し得なかった(7)」と指摘している。青森に児童書を豊富にそろえた書店があったとは思えず、児童書や絵本のリストが身近にあったとも考えられない。加藤は、大々的な新聞広告を見て、これらの全集を注文したのであろう。いずれにしても、加藤の文庫の蔵書内容を示す記録が残されていたおかげで、この時代の子ども文庫にどのような本が置かれていたのか、その一端を垣間見ることができるのは興味深い。

財団法人興風会図書館

ここで、今日の子ども文庫と直接は繋がらないかもしれないが、民間企業が設立・運営した私立図書館として、興風会図書館について触れておきたい。興風会図書館の始まりは、大正十年（一九二一）、地域の青年団体「戊申会」によって設けられた私設の図書館、野田戊申会簡易図書館である。実は、この興風会図書館は、以前から千葉県野田町にあった野田町立図書館の活動を引き継いだものであった。

戊申会は会員数若干十名程度の小規模な会で、会員同士の親睦をはかる傍ら、毎月「おはなし会」として様々な内容の講習会を主宰する等、会員の自己修養活動や社会教育活動にも力を入れていた。そして、大正九年（一九二〇）九月、恒例で行われていた観月会の席上、かねてより懸案であった図書館建設が討議され、その後の総会で決議された。町内にあった庭園、鳴鳳園内に実現した図書館は、十二畳の板間と八畳の和室だけの簡素なもので、蔵書は、寄贈された三八〇〇冊。設立や運営に必要な資金は寄付で賄われ、運営業務はすべて会員の奉仕であった。

開館の翌年の大正十一年（一九二二）は学制制定五十周年にあたり、記念事業として全国各地で盛んに図書館設立が行われた。野田町でも図書館設立の気運が起こり、大正十二年（一九二三）、戊申会簡易図書館は野田町に移管され、野田町立図書館となった。同館は、後に文部省から優良図書館として表彰されるほどの実績を見せ、活動をより広げるために、昭和に入ると、図書館改築が検討されはじめた。昭和二年（一九二七）には、建築費の捻出のため募金運動が行われ、わずか一年で約三〇〇〇円にものぼる募金が集められた。

ちょうど時を同じくして、野田醤油株式会社（現キッコーマン株式会社）が財団法人興風会を設立、その事業の一環として図書館運営が計画されていた。十七世紀頃から、味噌、醤油の製造が始まった野田では、大正六年（一九一七）、地元の醸造家八家が合同して野田醤油株式会社を設立する。その設立前の明治十八年（一八八五）、創業者たちは、千秋会という講（互助的な金融組合）を組織。災害や経営難に備えるだけでなく、商売で得た利益を、子女の教育等、地域社会に還元することも事業のひとつに考えていた。その後、合名会社千秋社となり、昭和四年（一九二九）、昭和天皇即位の大典事業として、「世運の進歩と日進の大勢とに顧み教化・救済・社会事業の後援其他共同生活を円満ならしむるに必要なる事業を遂行し、以て風を興し俗を更へ麗しき社会事業の実現に裨補するを以て目的」とする財団法人興風会を設立。五五万二五〇〇円を投じて、活動拠点となる興風会館を建設した。

新しい会館の中に図書館が設けられることを知った野田町立図書館は、蔵書のすべてを興風会に寄贈し、運営を移管することを決定した。ここで、図書館は、再び公立から私立になる。

興風会の活動拠点として建設された興風会館は、鉄筋コンクリート造り地下一階、地上四階建てで、県下でも有数の規模を誇る建造物であった。会館の一階奥の三室が図書館として活用されることになり、それぞれ、開架書庫、成人用閲覧室そして児童用閲覧室にあてられた。

興風会図書館は、町から寄贈された図書三二二五冊を元に、昭和四年（一九二九）十一月二十日に開館した。館長は興風会の主事が兼務、司書には野田町図書館の司書であった関根智三郎と助手であった田中四郎治が務めた。わずか三部屋の規模ではあったが、興風会図書館の運営費は当時の千葉県内の公立図書館の予算をはるかに凌いでいる。『千葉県図書館史』に掲載されている昭和五年（一九三〇）時点の県下公私立図書館一覧を見ると、銚子町図書館の図書費五十円、木更津町図書館三五〇円など、ほとんどが十円台、多くても一〇〇円前後であるのに対して、興風会図書館では年間図書費が一〇〇〇円と桁が違っている。同じ規模の図書費の館には、石川照勤僧正が設立した成田図書館の四〇〇〇円、銚子の山サ醬油の公正図書館の二二〇〇円等、私立図書館の充実ぶりが目立っている。[8]

こうした潤沢な運営費のおかげで、興風会図書館は蔵書数と利用者数を順調に伸ばした。やがて興風会館内では手狭になり、千秋社から寄付された五万円をもとに、昭和十五年（一九四〇）、独立館が建設された。この年は皇紀二六〇〇年に当たり、全国各地で奉祝のための記念図書館が設立されている。

新設された図書館は、木造モルタル二階建（建坪一四一坪）であった。一階に事務室、目録及び出納室、児童室（二七坪、定員九二名）、新聞室、二階には、一般読書室（二七坪、定員七二名）、婦人読書室及び特別読書室（二七坪、婦人定員四十名、特別三二名）、休憩室が備わっていった。これとは別に、大谷石造、防火仕様の二階建て（中は三層）の立派な書庫も設けられた。建設に当たって、建築委員になった興風会の理事たちは、小田原や鎌倉、東京の駿河台や京橋といった先進地の図書館を見学し、松本喜一帝国図書館長、廿日出逸暁千葉県立図書館長らを招いた座談会まで開催して、案を練った。さらに、図書館の運営には専門的知識を備えた人物が必要であると考え、松本喜一から推薦された仙田正雄を、奈良から破格の待遇で招聘した。

仙田は、明治三四年（一九〇一）奈良県に生まれ、興風会図書館に赴任する直前の昭和十四年（一九三九）から昭和十六年（一九四一）まで、ワシントンの米国議会図書館の東洋部で勤務した。ここで貴重な経験を重ねた仙田は、帰国後、目録や分類法、学校図書館、児童図書館に関する多くの論文や著作を残し、日本の図書館界に大きな足跡を残している。

興風会図書館に着任した仙田は、アメリカで学んだ最新の知識を活かそうと、強い意気込みをもって仕事に着手する。仙田が力を注いだのは、当時としては最新の図書整理方法である、十進分類法と辞書体目録を用いて、館内の図書を編成しなおすことであった。「図書館活動の一切は畢竟図書の運用に還元されねばならぬ。〔…〕図書運用の鍵はいふ迄もなく目録にある。図書の整備にある。〔…〕この基礎の上にのみ、図書館本来の面目へ体系化される」(9)と仙田は説いた。仙田はまた、児童サービスにも力を注いだ。昭和十七年（一九四二）の夏期図書館講習会で行った講演で、その重要性を強調している(10)。

> 公共図書館児童事業は、児童に利益を与ふると共に図書を読む国民を作ることとなのである。而してこの国民はその図書館を利用する如く習慣化せしむるところに児童事業の具体性を発見する。幾年か児童室に於いて養育したる貴重なる成果を、その図書館の成人部に於いて引続き読書する国民たらしむるところに、具体的な教育活動の姿を観る。児童室は成年期に入る準備として極めて重要部面を担当せるもの「成人図書館への入口で、児童室存在の結果を示すべき」でさへある。〔…〕

我々は尠くとも、その児童室卒業生がその図書館成人部へ常の如く通ひ得る如く習慣づける如く建築、施設、運営すべてが一図書館として一貫したる図書館精神の発現したるものでなければならぬと思ふ。

さらに、児童室の職員体制についても言及する。

同一職員をして常に担当せしめて、児童及び児童図書に親しましめたること。貸出事務、読書案内、指導を懇切に行はしむると共に、あらゆる機会を通じて児童個々人及びその読書傾向を知らしめん為で、女学校を卒へたる婦人館員之に当り、多忙時の助手として、国民学校教員検定征服途中の婦人助手を以て之が補佐を行はしめてゐる。又司書は随時児童応接に出で、図書館訓練乃至躾指導を行ひつゝある。

このほか、子どもが本棚で自由に本を手に取ることができる開架式書架の重要性、子どもが利用しやすい目録の方法、貸出業務の在り方、また、子どもへの対応の仕方や読書クラブの重要性など、講演内容はたいへん具体的で詳細にわたっている。

深い経験と知識に基づいた図書館経営理念のもと、様々な改革に取り組んだ仙田であったが、就任からわずか二年後の昭和十八年（一九四三）に興風会図書館を離れることになる。しかし、その二年間に、興風会図書館は図書館としての組織・体制が整い、その進むべき軌道が敷かれた。(11)

興風会図書館は、開館当初から無料で公開されていたが、戦後の財政難で、昭和二一年（一九四六）から有料になる。しかし、諸物価の高騰したこの時期でも、児童室の入館料は一円にすえおかれる。子どもたちの間では、「いちえんとしょかん」という愛称で呼ばれていたという。

地域の人々に愛されていた興風会図書館だが、昭和四八年（一九七三）のオイルショックによって興風会自体の運営が厳しくなり、事業の継続が困難になった。昭和五一年（一九七六）七月、図書館は、財団法人興風会から分離し、財団法人興風会図書館として、新たな公益法人として生まれ変わることになるが、昭和五四年（一九七九）、法人は解散し、図書館は、再び野田市へ譲渡された。

現在、野田市立興風図書館は複合施設「欅のホール」に設置されている。図書館の入口すぐの所にガラスケースの展示コーナーがあり、そこに、かつて野田戊申会簡易図書館に掲げられていた利用者心得の注意書きと興風図書館の看板が展示されていた。木製の注意書きは、畳一枚より少し小さいサイズの横長のもので、心得として六カ条が列挙されていた。最後の一条には力のこもった毛筆で「本館は閲覧者が本館に於て修養の結果益々向上発展せん事を期待す　大正十年六月五日　野田戊申会簡易図書館」とあった。私立、公立と目まぐるしく変転した野田の図書館は、現在もなお健在である。

なお、企業の図書館として設立され、その後公立図書館として運営されている図書館に、滋賀県近江八幡市の近江兄弟社図書館がある。同館は、メンソレータムの製造販売で知られる近江兄弟社の創設者で、建築家としても有名なメレル・ヴォーリズによって、昭和十五年（一九四〇）に設立され、昭和五十年（一九七五）まで、私立図書館として運営された。一般向けの図書館であるが、児童奉仕に力をいれていた。現在は近江八幡市立図書館となっている。

東大セツルメントの児童図書館

大正十二年（一九二三）、関東大震災が起こる。当時、東京帝国大学法学部の教授であった末弘厳太郎は、東大生の学生救護団を組織し、罹災者の救援、物資の補給のほか、都内各地の被災地域の焼失や被災状況を調べ、焼失区域地図や収容者のリストを作成した。さらに、リストをもとに震災の被害状況や罹災者に関する地方の人からの問い合わせにも応じるなど、被災者救済に大きな役割を果たした。

震災後、東京府では、震災の被害が大きかった工場地帯、住宅密集地帯に隣保館を設置したが、救護団の学生たちも、セツルメント設立を計画し、大正十三年（一九二四）、本所柳島元町（現 墨田区）に独自のセツルメントを設立した。セツルメントとは、十九世紀後半にイギリスやアメリカで広まった社会運動で、いわゆる貧民街に住み込み、住民とともに生活向上をはかる活動である。日本でも明治時代からキリスト教宣教師が作った岡山博愛会、片山潜のキングスレー館などが知られている。

東大セツルメントでは、そこに住み込んで生活した学生たち（レジデントと呼ぶ）によって、医療部や労働者教育部など様々な活動が行われたが、児童部もその一つであった。当時の様子を描いた『回想の東京帝大セツルメント』によると、ハウスが落成した頃から「近所の子供が大勢やって来た。安全な遊び場のない処では物珍しさもあろうが、押し寄せて来たのは無理からぬことである。百人も、二百人もの子供が毎日遊びに来る、レジデントは、一緒に遊んだり、時々お話をしてやったりしているうちに、所謂児童部の最初のものが出来た」[12]。ハウスには図書室もあった。当初は、「山の手から貰って来た色々な絵本、単行本なぞにすぎなかった」蔵書も、毎週日曜日に、児童の散髪を行い、その散髪代金の五銭を貯金して児童図書の購入に充てていたという[13]。

児童文学者の菅忠道は、落成から数年後のセツルメントの児童部に所属していた。大学時代はほとんど学校に行かず、もっぱら労働者街に住みついていた、と友人に語っていた菅は、当時を次のように回想していう。

ぼくが力を入れた活動の一つに、おはなし、いわゆる〝実演童話〟の活動があります。これは、ぼくが（筆者注：熊本第五）高校時代に身につけたもので、いってみれば、ぼく自身の児童文化活動の原点ともいうべきものです。〔…〕それで毎土曜日の夜には、おはなし会を開いて、その時には一般公開ということにしたのです。ふだんは、児童学校にしても、おとぎ学校にしても、登録してある子がやって来ます。でもこのおはなし会の時には、友だちを、どんどん連れておいでと誘わせました。〔…〕ぼくも気をよくして、調子にのって長講一席というわけです。「ジャン・バルジャン物語」などは、「あとは来週のおたのしみ」といったぐあいで連続口演です。「ロビンフッド」なんかも、とくいのレパートリーでした。何しろ、今のように誰でもが、世界名作を知っているときではありませんからね。(14)

児童図書室を備えていたセツルメントは、東大セツルメント以外にもあった。東京の向島にあった興望館セツルメントの少年少女部にも児童図書室と児童遊園地があったと記録されている。(15)セツルメントの児童図書室も、今日でいう地域文庫のひとつに数えられよう。後の事になるが、『だるまちゃんとてんぐちゃん』『かわ』など数多くの絵本や、伝承遊びに関する著作で知られる加古里子が、子どもの仕事に関わったのも、川崎のセツルメントでの活動が基になっている。

とんぼの家

では、大正時代には、今日でいう家庭文庫はなかったのであろうか。記録が見つからないだけで、小さな文庫は、日本各地で静かに活動をしていたのではないか。そう思わせる文章がある。書いたのは、昭和三五年（一九六〇）に高知県で家庭文庫を始め、以来、滋賀、兵庫と場所を変えながら半世紀近く文庫活動を行っていた瀬林杏子。父の思い出を綴ったものである。

私には、十才前後の頃の小さな思い出があります。一介の町医者であった父が、私ども四人姉弟の読み終えた本を、はじめは縁側に、やがて小さな家を近所に借りて、本棚もろとも運び込みました。近隣の子ども達に開放、自由に読めるようにしてくれました。第一次世界大戦後しばらくしての頃でした。「とんぼの家」と名づけられたその家は子ども達のたまり場になり、勿論私自身もそこで本を読んだり、お手玉をしたり、なぞなぞ遊びをしました。まさに今の文庫そのものでした。管理はどうなっていたのか？　それは記憶にありません。ふとしたことから一昨年秋「わたしもそのとんぼの家に通いましたよ」という人に出逢うことが出来たことは実に大きな驚きでした。巌谷小波の「日本むかし噺」や「世界のおとぎ噺」などにまじって有本芳水の詩集などがあったと記憶するのは私がいささかの文学少女であったせいでしょうか。二年程して、母が亡くなり、とんぼの家の本は、そっくり小学校に、新しい本と共に寄贈されたことは、よく覚えています。(16)

この時代の記録を丹念に探せば、「とんぼの家」以外にも、子どものために小さな図書室を個人で開いていた例を他にも見つけることができるかもしれない。いつの時代にも、本のたのしみを子どもたちにと願う大人は、どこにでもいたはずであるから。

(1)『日本帝国文部省年報』(復刻版)、宣文堂、各年度版を参照
(2) 間山洋八『青森県図書館運動史』、津軽書房(1967) p. 98
(3) 間山洋八『青森県読書運動明治大正史』、津軽書房(1981) p. 528
(4) 前掲書、p. 534-535
(5) 前掲書、p. 529-530
(6)(2) 前掲書、p. 209-210
(7) 永嶺重敏『雑誌と読者の近代』オンデマンド版、日本エディタースクール出版部(2004) p. 79
(8) 千葉県図書館史編纂委員会編『千葉県図書館史』千葉県立中央図書館(1968) p. 46-50
(9) 仙田正雄「興風会図書館」『図書館雑誌』vol. 35, no. 11(1941. 11)
(10) 仙田正雄「或る児童室経営 公共図書館実験」『図書館雑誌』vol. 36 no. 10(1942. 10)
(11) 鈴木英二『財団法人興風会図書館の五十年』、財団法人興風会(1991) p. 45
(12) 福島正夫、石田哲一、清水誠編『回想の東京帝大セツルメント』、日本評論社(1984) p. 331
(13) 前掲書、p. 341
(14) 菅忠道『菅忠道著作集』第四巻、あゆみ出版(1984) p. 124-125
(15) 瀬川和雄編『興望館セツルメントと吉見静江 その実践活動と時代背景』社団法人興望館(2000) p. 105, p. 112-114
(16) 瀬林杏子「りんごの木を植えよう」『親子読書運動』vol. 66(1990. 3. 15)

第四章　戦争に向かう時期にも、戦禍の中にも——戦前・戦中・戦争直後の文庫

昭和に入り、時代は戦争へ向けて動いて行く。昭和八年（一九三三）には図書館令が改正された。これにより、図書館の設立には公私を問わず文部大臣または地方長官の許可が必要になる。政府による思想統制が強まり、「国民精神総動員文庫」とか「陣中文庫、傷痍軍人文庫、出征家族慰安文庫」といった官製の文庫がつくられる。これは、民間の自発的な意思による子ども文庫とは全く性質の異なるものである。官製の文庫の設立が盛んになる戦時中は、民間人が私設の文庫をつくるのが困難な時代だった。そんな中でも、いくつかの文庫の存在が記録されている。そして敗戦。未曾有の混乱と惨状の中からも、子ども文庫は生まれる。この章では、そのいくつかを紹介するが、そこには市井の人々のたくましさと、本の力に対する信頼が自ずと表れており、心打たれずにはいられない。

伊那の「青少年図書館」

戦前から戦中にかけても、民間による私立図書館や文庫は活動していた。

ぼくの小学校は、信州、伊那谷のちいさい村にあった。昭和のはじめだったのに、こんな、ちっぽけな学校にも、一教室をつぶした、学校文庫があった。あとになって、調べたのだが、昭和の初期に、東京の学校では、学校文庫のあるところは、二、三校にすぎなかったのだが、とにかく大正デモクラシーの流れを汲んでいたのであろうか、当時の信州の学校には、山間僻地に到るまで、ほとんど、学校文庫はあったし、青年団の自主運営による「青少年図書館」「青年文庫」があった。[1]

これは、戦後、日本子どもの本研究会を創設し、親子読書運動を推進した代田昇の文章である。代田は大正十三年（一九二四）に長野県下伊那郡で生まれ、下伊那郡河野尋常高等小学校に通っていた。青年団図書館は、本来青年から大人を対象にしたもので、子どものものではないが、代田の言葉から、子どもも利用していたことが分かる。戦前の私立図書館の中には、青年会（団）が設立したものがかなりの数あったことは先に述べたが、長野県では特にその数が多かった。大正十年（一九二一）の文部省の調査によると、県内一一二五の図書館のうち、私立図書館が一〇七館を占め、その多くが青年団によって経営されていたという。また、この頃、下伊那郡青年会は、郡立図書館設立運動をすすめていた。実現はしなかったものの、計画では、当時としては珍しい開架式書架方式を採用し、児童閲覧室も備えることになっており、図書館について先進的な考えをもっていたことがわかる。

久保貞次郎の図書開放

戦時中、疎開先の村で文庫に出会った思い出を語る人もある。

太平洋戦争中、私は北関東のある田舎町の小学生だった。［…］その当時、同じ町の住人だった久保貞次郎氏（美術評論家）が私たち小学生のためにお店の一角を開放して本を貸出してくれた。私は大きな蔵構えのお屋敷に毎日のように通いつめて、せっせと本を借りたものである。そこで読んだ本の中には漱石あり、講談本ありで、小学生にふさわしくない本もあったが、本に飢えていた私にとってそこがどんなに楽しい場所であったことか。考えてみると、この私設図書室は現代の児童文庫の草分け的存在であり、私は文庫一期生であったわけである。

当時読んだ本の中で、私を夢中にさせたのは講談社の少年倶楽部に連載されたロフティングの「ドリトル先生アフリカ行き」だった。こんなに自分の想像力をはばたかせてくれた読物は後にも先にもないくらい素晴らしいものだった。(2)

久保貞次郎は、栃木県に生まれ、跡見学園女子大学長や町田市立国際版画美術館長を務めた美術評論家である。

縁側の文庫に講談社の『少年倶楽部』が置かれていたのは、当時の児童文学の状況を反映していて興味深い。明治から大正にかけて人気を博した博文館の『少年世界』は、昭和八年（一九三三）に終刊。代わって多くの子どもの支持を得たのが、講談社の『少年倶楽部』と『少女倶楽部』である。池田が読んでいた『少年倶楽部』の昭和十六年（一九三一）六月号を見ると、「ドリトル先生」の他には、サトウハチローの少年詩、海野十三の「愛国科学小説　怪鳥艇」、山手樹一郎の「勤皇小説　錦の旗風」といった作品が並ぶ。「少年写真新聞」には、外務大臣松岡洋右がリッペントロップ外務大臣と並んで車に乗っている写真が大きく載っていて、その下にヒットラー、スターリン、ムッソリーニの顔写真が見られる。記事には「松岡さん御苦労さま　日本を代表して、ソビエト、ドイツ、イタリヤへ行った松岡外務大臣は、重い役目をはたして、四月二十二日、東京に帰りました」と書かれている。時代を映すこうした記事の中で、「ドリトル先生」が連載されていたのは注目に値する。

寺屋敷文庫

各地の文庫を訪ねていると、戦前、近所に子ども文庫があったという話を何度か聞くことがあった。愛媛で会った女性は、子どもの頃、岡持ちのような箱に本を入れて近所の家々に配達していたおじさんを見た記憶があると語った。この他にも、近所で子ども文庫のようなことをしている人がいた、と話してくれる人がいたが、記憶が定かでなく確かめようがなかった。文献に残っていたために確認できたのは、佐世保の「寺屋敷文庫」である。

かつての軍港の町、佐世保市原分町に井出清臣さんが、自ら本を買って自宅8畳の部屋に本棚を据えて文庫を開設したのが昭和10年であるという。それから36年間、月づきの給与を割いて家族の協力を得ながら、地域の人びとに図書の貸出しを続けてきた。(3)

原分町の隣町にあたる小野町の公民館にある地域文庫を訪ねた折、何人かの人に寺屋敷文庫について尋ねてみたところ、ひとりだけ文庫のことを知っている人がいた。多少曖昧な記憶だと断りながら、その人が話してくれたところでは、井出清臣という人は、元教師で、地元の大野小学校（もしくは大野中学校）の校長を勤めた人で、すでに何年か前に亡くなり、文庫の本は、公民館かどこかへ寄贈したと思う、とのことであった。

石井桃子の「白林少年館」

昭和十年（一九三五）から十二年（一九三七）にかけて、新潮社から「日本少国民文庫」という全十六巻のシリーズが発行された。軍国主義の風潮が強まっていく中で、それに抵抗するヒューマニズムを基調とした良心的な刊行物として大いに歓迎された。山本有三は、このシリーズの責任編集者で、石井桃子や、『君たちはどう生きるか』の著者吉野源三郎は編集同人であった。山本と石井が、それぞれ文庫を開いていたことは注目される。

日本女子大卒業後、昭和四年（一九二九）に文藝春秋社に就職していた石井は、その後すぐ、菊池寛の紹介で、犬養毅首相が所蔵する漢籍の整理を任された。この仕事を通して犬養家の人々と親しくなった石井は、かねてから抱いていた夢——小さな子どものための図書館を開く——を犬養夫人に打ち明ける。後に石井が家庭文庫研究会の会報に記したところによると、

［…］その人は、即座に、その人のもっていた借家を、一軒無料提供してくれました。私は、それ

こそ夢中で、本をかき集め、家の掃除をし、壁に絵をはり、そして、子どもをかき集めました。土曜日ごとに、子どもが本をよみに通ってくるようになりました。

しかし、それは、もう中国との戦争がはじまっている頃でした。つぎつぎにおこる悪条件のため、すべりだした小図書室は、何ヶ月かでおしまいになりました。(4)

「日本少国民文庫」の仕事が終わった昭和十三年(一九三八)、石井は子どものための私設図書館を開設する。場所は現在の新宿区南元町。名前は「白林《はくりん》少年館」、犬養の別荘の名をとった。ごく短期間で終わったものの、戦前に女性によって設置された子どものための図書室の、おそらく唯一の例である。後に「かつら文庫」を開き、文庫活動に大きな影響を与えた石井が、それより二十年も前に、すでに文庫を試みていたことは注目に値する。

石井は、この三年後、詩人の飯塚未與志らとともに「白林少年館」という出版社を起こし、『たのしい川邊』(ケネス・グレアム作、中野好夫訳、一九四〇年刊)、『ドリトル先生「アフリカ行き」』(ヒュー・ロフティング作、井伏鱒二訳、一九四一年刊)の二冊を刊行している。

山本有三の「ミタカ少国民文庫」

山本有三は、昭和十一年(一九三六)から終戦まで約十年間、三鷹市に住んでいた。住まいは、煉瓦の壁とゴシック風の尖塔に西洋風の門構えを備えた二階建ての洋館で、内部にも暖炉やアーチ型の窓がある立派な大邸宅である。その一階の応接間が文庫に充てられた。部屋の前の大理石のテラスからは、広い庭が広がっている。
山本は、昭和十七年（一九四二）七月二七日、自分の誕生日に「ミタカ少国民文庫」を開いた。山本と旧知の仲で、ヘッセやケストナーなどの翻訳で知られるドイツ文学者高橋健二が開館時の様子を回想している。

開館に先だって、山本さんの所属していた隣組に回覧板をまわし、10歳から16歳までの子どもに、土曜と日曜との午後、自由に読書するよう、案内した。7月27日の開館日には11名の子どもが来た。そのころは、ミッドウェー敗戦後だんだん暗いニュースを聞くことが多くなっていたので、少国民文庫開館は数すくない明るい話題として、新聞や雑誌がこぞって取り上げた。そのため、広く知れわたり、ずいぶん遠くから来る子どもがあって、いつも満員という盛況であった。庭が広いので、本にくたびれれば、外でのびのびと息をすることができた。(5)

この屋敷は現在「三鷹市山本有三記念館」として保存されている。展示物の中に、昭和十八年（一九四三）一月三日に行われた新年会の様子を写した写真があった。高橋健二、吉田甲子太郎、久留島武彦らが出席し、久留島が大きな日の丸の旗を背にテラスに立って、庭に集まった子どもたちに口演童話をしている場面が写っている。
戦火が激しくなっていた当時の東京で、よくこんな平和な新年会を持つことができたものだと驚かされる。しかしこの後すぐ、同じ三鷹にあった中島飛行機の工場が空襲の対象になり、二年間の活動の後、文庫は閉鎖となった。山本は昭和十九年（一九四四）に栃木に疎開し、約二〇〇〇冊の蔵書は三鷹市と栃木市の小学校に寄贈され、文庫の活動は一旦中断する。

終戦後、山本有三邸はGHQによって接収された。昭和二六年（一九五一）に解除されるが、山本は三鷹には戻らず、邸宅を国立国語研究所に提供し、その分室として一時期使われる。その後、昭和三一年（一九五六）、すでに湯河原に移っていた山本は、邸宅と土地とを東京都に寄付した。都は、二年後の昭和三三年（一九五八）に、ここを都立教育研究所とし、その中に「有三青少年文庫」を設置する。公立ではあるが、再び子ども文庫として公開されることになる。

再開後、教員であった増村王子《きみこ》、代田昇らがこの研究所に赴任し、ここを拠点に親子読書会を始めた。これが後の日本子どもの本研究会の活動へとつながり、さらに、研究会の活動の中から、全国的な子ども文庫の連絡会組織である親子読書・地域文庫全国連絡会が誕生する。元の所有者は全く想像していなかったかもしれないが、山本邸は、六〇年代から大きく発展する親子読書運動の創生の地のひとつとなる。それについては第六章で触れる。

図書館令の改正で文庫設立は許可制に

この時期特筆すべきは、昭和八年（一九三三）図書館令が改正され、公私立を問わず、図書館を設立するには地方長官の許可が必要になったことである。それまでは文部大臣に開申（報告）するだけでよく、それも「竹貫少年図書館」の例で見たように任意であったが、改正図書館令では、次のように規定されている。

第五条　私人ハ図書館ヲ設置スルコトヲ得

第七条　図書館ノ設置廃止ハ道府県立ノモノニ在リテハ文部大臣、其ノ他ノモノニ在リテハ地方長官ノ認可ヲ受クベシ

図書館ノ設置廃止ニ関スル規定ハ文部大臣之ヲ定ム

図書館令施行規則には、認可申請書に記載すべき七つの事項が列挙されている。すなわち、一、名称、二、位置、三、用地建物ノ面積及ビ図面（他ノ建物ヲ充当スル場合ハ其ノ使用スベキ場所ノ面積及図面）、四、開館年月、五、館則、六、閲覧所ノ設備ナキモノハ其ノ事由、七、経費及維持ノ方法、である。館則については、開館時間、利用者、貸出閲覧の方法、経費等、記載すべき事項が細かく列挙されている。こうした厳しい法令の下、人々はどのように図書館を設立したのであろうか。その例として、浪江虔が南多摩郡鶴川村（現町田市）に設立した「私立南多摩農村図書館」を見てみたい。同館は、地元の農村民のためのもので、子ども文庫ではないが、当時の文庫を巡る状況を考える上で参考になると思い、ここに紹介する。

浪江は、戦前から、鶴川村での私設図書館「私立南多摩農村図書館」（後に「私立鶴川図書館」）を運営していた。浪江の著書『図書館運動五十年』（一九八一）には、図書館設立の認可を求めて、浪江がとった手順が細かく記されている。東京府知事、岡田周造宛に提出した手書きの申請書の写しも掲載されている。申請書が受理されると、府の社会教育課から係員が派遣され、実地検分が行われた。駐在所からも巡査が来た。表向きの理由は、当時警察の所管であった衛生状態のチェックで、便所に手

ふきの布をさげてはいけないという指示があったが、警察が図書館の査察を公衆衛生上の見地からだけ行ったと考えるのは、真実から遠いことであろう。その後、浪江が館報を出すと、すぐ町田署の高等係（特高係はまだ町田署にはいなかった）が来て、「次号からは正式に届け出なさいよ」と告げられたという。

浪江は、生前多くの農業書を著し、農村部の生活改善に関心を持ち続けていた人物だが、もともとは農家の生まれではない。東京で育ち、東京帝国大学美学科に進み、音楽の研究者を目指していた。在学中にプロレタリア音楽家同盟に加入、さらに全国農民組合東京府連合会の書記になった。小作争議中の鶴川村を訪れた浪江は、村の農民組合運動に関わり、東京府連鶴川支部の書記として村にとどまり、大学も退学した。その時に、「何軒かの組合員家庭に、家族の一員のようにして置いてもらったから、つぶさに当時の貧農小作人の生活にふれることができた。どの組合員の家にも本らしい本が一冊もなく、読書が生活の中にまるっきり入っていないことに驚いた(6)」とある。こうした体験がやがて農村図書館の設立へとつながってゆく。

昭和七年（一九三二）、共産党に入党、翌年、検挙されたこともある浪江だから、警察に厳しく監督されたということはあろう。だが、図書館令改正後は、私立図書館を設立するには、以前よりずっと面倒な手続きが要求され、様々な審査が行われたと思われる。社会全体に厳しい思想統制がはかられた状況の中では、子ども文庫を開くことも困難になっていったのである。

戦時中の官製文庫

戦時中、民間人が私設の文庫を作るのが困難になった一方、官製の文庫が数多く設立された。昭和十二年（一九三七年）日中戦争勃発の一ヵ月後、近衛内閣によって国民精神総動員実施要綱が閣議決定され、昭和十三年（一九三八年）には国家総動員法が公布される。こうした状況の下、同年五月に全国図書館大会が開かれた。文部大臣からは大会に向けて「国民精神総動員ノ徹底ノ為図書館ノ採ルベキ具体的方策如何」との諮問があった。図書館側は、これに応えるため、あらゆる図書館を総動員して、次の四つの方策に力を入れ、読書層の拡大を図ると回答した。すなわち、

一、国民精神総動員ニ関スル図書目録ヲ編纂シ汎ク之ヲ頒布シ以テ読書ニ依リ大国民タル創造的実践的訓練ニ資セシムルコト
二、時局ニ鑑ミ特ニ国民精神ノ作興、東亜問題ノ認識、科学的知識ノ涵養、職業的実生活ノ修練ニ資スル図書ハ勿論軍事、国防、産業、経済、資源及列国事情ニ関スル良書ノ選択ニ留意シ之ガ活用ヲ企画実施シ殊ニ貸出文庫ノ普及ニ努ムルコト
三、青年学校及青年団ト協力シ大ニ青年ノ読書教育ヲ盛ニシ以テ国運進展ノ基礎ヲ鞏固ナラシムルコト
四、銃後ノ施設トシテ陣中文庫、傷痍軍人文庫、出征家族慰安文庫等ヲ実施スルコト

である。つまり時局に適う書物のリストを作成し、「読書教育ヲ盛ニシ以テ国運進展ノ基礎ヲ鞏固」

にして、「陣中文庫、傷痍軍人文庫、出征家族慰安文庫」を組織する、ということである。陣中文庫等の具体的な運営方法は地域によって異なるが、兵隊や傷痍軍人またはその家族のもとに、数十から数百冊ほどの本をまとめて配本する巡回文庫といってよい。

昭和十三年（一九三八）九月、文部省は各道府県に対し「国民精神総動員文庫」の図書購入費に三五〇円を交付した。各道府県では、文部省選定の同文庫用図書目録に掲載されている図書の中から、希望するものを選んで購入し、それを各地域に巡回させた。大阪市には「町会児童文庫」があった。名前だけをみると地域文庫のようだが、私設の子ども文庫ではない。戦時行政組織の下部機構として作られた町会によって運営される町会文庫の児童書コーナーで、『町会児童文庫　その運営と読書指導』（一九四三）では、運営方法や子どもへの読書指導方法が具体的に説明され、巻末には文部省の推薦児童図書目録が掲載されている。官製文庫は、ボランティアによる草の根の教育・文化活動とは全く違うものだが、政府が思想統制、戦意高揚の目的で、小規模の図書館をその道具としようとした事実は記憶にとどめておいてよい。

戦後の図書館状況

昭和二十年八月、戦争が終わる。未曾有の敗戦で、他のすべてと同様、図書館も大打撃を受けた。戦時中から、戦局の悪化に伴う予算の緊縮や人員削減によって閉館に追い込まれた館や、罹災者の収容施設や託児所に転用された館もあった。激しい空襲で蔵書が灰燼に帰した館も多く、全国の公立図書館は、戦災によって所蔵資料の半数以上を失ったとも言われる。[7] 召集されて戦地に送られ、命を失った図書館員も少なくなかった。統計を見ると、昭和十七年（一九四二）、全国の公立図書館数は三一六七館である。しかし、昭和二一年（一九四六）には二五四四館、昭和二二年（一九四七）には一三八三館と減少し、昭和二七年（一九五二）には七〇四館と、一〇〇〇館を割るに至る。再び一〇〇〇館を超えるのは、終戦から実に三十年経った昭和五十年（一九七五）のことである。

戦時中、思想統制の一端を担わされた図書館も、戦後、教育の民主化の動きの中で、法律や制度の改革が進み、昭和二五年（一九五〇）には図書館法が成立・公布された。新法では、図書館の設置に許認可の必要はなくなった。

石島きよの家庭文庫

食料、その他の生活物資は不足し、人々は生きることに精いっぱいだったが、それでも廃墟で目を輝かせて生きる子どもたちに希望を託し、文庫を開設する人々はいた。昭和三七年（一九六二）十一月号の『図書館雑誌』に「〝家庭文庫〟に思うこと」と題する短い記事がある。(8) 執筆者は石島きよ。東京大学の図書館に勤務する女性である。

焼跡で一日中騒ぎ廻る腕白小僧たち、ことに日曜日は大へんなものだった。私はこどもたちと言葉を交わす機会が多かった。1人、2人とこどもたちが家まで遊びに来るようになった。そのうちに家庭環境にめぐまれぬこのこどもたちと、ただ時間を費すだけでなく、何かを育てていきたい気持ちになった。本来のこども好きと、職業意識も手伝ってか、そんな極めて素朴な気持ちから1、2

冊と子どもの本を買って来ては、遊びに来るこどもに読ませたりした。いや読ませたというより、その場においておいたにすぎない。

石島の自宅があったのは本所である。昭和二十年（一九四五）三月十日、東京大空襲の絨毯爆撃で壊滅的な被害を受け、『東京大空襲・戦災誌』(9)（一九七三）には、死者は二五〇〇〇名、全焼家屋五二五〇〇戸、罹災者数十六万二〇〇〇とある。廃墟と化した土地で、文庫を開こうとした人がいたことには驚かされる。しかも、その開設者は女性である。

文庫は、自宅の六畳一間を開放して、最初は毎日開いていた。ところが、瞬く間に近所の子どもたちの知るところとなり、大勢の子どもが押しかけるようになり、家族への配慮もあって、開館日は、土曜と日曜だけとした。

私は一時、ハナタレ小僧たちの不遠慮なおしかけに戸迷《マ》い《マ》ながらも嬉しかった。もうのんきに1冊2冊とは言っていられない。お腹の空いている子に肉でなくては、たまごでなくては、というのは二の次である。まず質より量であった。私は本を選択する余裕もなく、数をそろえるのに手一杯だった。給料日には最低生活もかえりみずそのころで千円ほどを持っては、神田の古本屋へ月参した。新刊書1冊買うより、古本3－4冊の方が、急場には役立った。またいらなくなったこどもたちの本をせっせともらい集めた。どうやら、二百四、五十冊ばかりになった。

「神田の古本屋へ月参した」とあるが、古書街がある神保町は、奇跡的に空襲を免れており、終戦後、かなり早い時期から、多くの古書店が営業を再開していた。昭和二二年（一九四七）十月十五日発行の『日本古書通信』を見ると、露店を含め、実に一〇〇近くもの古書店が既に営業をしていた。[10]

石島は、文庫の本について、「今から考えると、内容はまったく粗末なものが多く、まんがもかなりあった（40－50冊ほど）。それと講談社刊のものが主で、中には昔の『小学生全集』などもあった。現在のような豪華本も少なく、絵本などの印刷もあまりよいものではなかった。私自身にも、児童図書に関する知識などなにもなく、児童の読書教育の知識もなかった」と述べている。内容はどうであれ、とにかく本があれば、子どもが集まってきた。子どもたちは、食べ物と同じように、本にも飢えていたのだ。

昭和二三年（一九四八）に横浜市街で行った「今一番欲しいものは何か」という児童への街頭調査の結果がある[11]（表1）。

今一番欲しいものは何か		
1	家	545
2	本	452
3	靴	435
4	お金	396
5	洋服	384
6	遊び場	378
7	菓子	163
8	野球の道具	61

表1

「家」「靴」「お金」「洋服」など、日常生活に欠かせないものばかりが挙げられているのは、やはり戦後であるが、何と二位に「本」が入っている。同じ調査を農村部でも実施しているが、やはり「本」が二位に入っている。

『図書館雑誌』によると、石島の文庫は、結局二年ほどで閉じられてしまったようである。文庫の様子をもっとくわしく知りたいと思い、石島のことを調べたが、消息を知る人も、さきの『図書館雑誌』の記事以外に発表した文章も見つけることはできなかった。

池袋の「雨にも風にもまけぬ教室」と渋谷の「並木文庫」

終戦直後、石島の他にも、東京都内で文庫をしていた人はいたのであろうか。『日本の児童図書館1957その貧しさの現状』には、都内の私設の児童図書館や文庫が七つ挙げられている。後に東京子ども図書館の母体のひとつとなった土屋児童文庫（世田谷区）、再生児童図書館（千代田区）、嶺町図書館（大田区）、前之浦子供センター（大田区）、二子玉川子どもを守る会巡回図書部（世田谷区）、雨にも風にもまけぬ教室（豊島区）、並木文庫（渋谷区）である。いろいろ調べてみたが、「雨にも風にもまけぬ教室」と「並木文庫」以外には、当時の活動を知る手がかりになる資料は見つからなかった。土屋児童文庫と再生児童図書館については第五章で触れる。

雨にも風にもまけぬ教室は、豊島区雑司ヶ谷にあった。設立者は「立石たまえ」となっている。「立石たまえ」はどんな女性だったのだろうか？　たまたま池袋の書店で見つけた、『風の交叉点　豊島に生きた女性たち』という本に「雨にもまけぬ教室　立石多真恵」のインタビューが収録されていた(12)。

今日はうれしいんですヨ。自分でネどうのこうのと言えないけれど、このままあの世に行くんだと思ってましたらネ、何か記録してくださるそうだって、喜んでいます。私は、明治三十六年十二月四日に浅草の妙経寺というお寺で生れました。父は哲学者で顕本法華宗の管長だったんです。

立石は、父の教え子である日蓮宗の男性と知り合い結婚。ハワイから帰国して、昭和七年（一九三二）、豊島区雑司ヶ谷の真乗院に移り住む。ここで、夫妻は「お寺は死んだ人を扱うだけのものでなく、次代の人のためのものにもしよう」との夫の考えにより、「サンデースクール」を始める。寺は空襲で焼失するが、夫妻はバラックを建てて住み続ける。戦後、立石は、労働省東京婦人少年室の協助員になり、働く青少年のために何かをしたいと考え、図書室を開くことを思いつく。たいへん面白いのは、この時、国立国会図書館から団体貸出を受けていることである。立石は言う。

当時、国会図書館は今のように立派なものじゃなくて、赤坂離宮（赤坂の迎賓館）にあったの。そこに死蔵されている本、図書館は入れるのが十五歳以上だから。赤坂離宮の別館に子供向きのマンガでも何でも、何万冊もズラーッとあるんですよ。よし、こん中から一千冊選んで借りましょう、ということになったんです。〔…〕「一千冊　三ヵ月交代でお貸ししましょう」と、新聞に報道されたら、もう日本全国の図書館から「そんな一主婦に貸すぐらいなら、こちらにも貸してほしい」と催促があってお貸しになったんですよ。

現在の国会図書館では、特別な手続きがないと直接書架から本を取り出すことはできない。もちろん文庫への団体貸出も行っていない。当時、国会図書館が、小さな文庫に一〇〇〇冊もの本を貸出したことは興味深く、また、それを実現させた立石の情熱もすごい。ただ、本の配達までやってくれるわけではなく、立石は、知り合いにトラックをだしてもらい、学生や近所の男の子たちを総動員して本の運搬を手伝ってもらった。立石や小さな子どもたちが、あの宮殿のような建物から、トラックまで本を運んでいる様子を想像すると、何ともほほえましい。

雨にも風にもまけぬ教室は、昭和三一年（一九五六）一月に開館し、その後、毎日開けていたようである。

近所の勤労少年少女が午後六時から九時まで、日曜、祭日は午後一時から九時まで来て本を読んでいきました。私が室長、お父さん（夫）が図書司、息子も娘も皆の相談役となって手伝ってくれました。それと婦人会の方たちも手伝ってくださったの、本の整理なんかみんなが帰ってからするので、夜中の十二時近くまでかかったことも大分ありました。

ついには、昼間にも開館するようになり、「どーっと来ましたよ。目白小学校、雑司が谷小学校、高田小学校、雑司が谷中学校と、皆どーっと来ましてね」といった状態になった。場所は、お寺の庫裏を使っていたが、押し寄せた子どもが居間や廊下にまであふれてきた。

この文庫が何年まで開設されていたのかは不明である。地方から住み込みで働きに来た人や、集団就職で来た人たちのための「勤労青少年の母の家」と名前を変えたことが分かっている。

真乗院は今も池袋にある。池袋の繁華街のすぐ裏手とは思えないほど静かな場所で、樹齢何百年もあるような巨木が何本も立っている。近隣には、法明寺、蓮光院、玄静院など大きな寺がいくつもある。文庫はないようである。

並木文庫があったという渋谷区桜丘町は、現在の桜丘一丁目。東急系のビルが立ち並ぶ繁華街である。ここに昭和三二年（一九五七）五月、文庫が開設された。『日本の児童図書館 1957 その貧しさの現状』には、動機と経過として次のように記載されている。

渋谷の盛り場を目捷《ママ》にひかえ、子供たちの遊び場もなく、忙しい商店・飲食店等の家庭では静かに読書も出来ない状態なので、子供たちの不良化防止の一環として、テレビ・読書等を楽しめるよう設備し、又誰でも気軽に使えるよう、すべて無料の私設図書館で、クリスマス、七夕、子供の日等には多数の子供たちを慰める会を催し、プレゼント等を与えて、めぐまれぬ子供たちのささやかな楽しみの行事をしています。(13)

設立者の並木貞人は、昭和二二年、満州から引き揚げて渋谷に帰り着いたものの仕事はなく、はじめは〝担ぎや〟、後には露天商をして家族を養っていた。その後GHQの指導により露店の出店が禁止され、昭和二六年（一九五一）には、公道上の全露店が閉鎖された。『渋谷むかし口語り――区民が紡ぐ昭和』（渋谷区教育委員会、二〇〇三）に載っている並木のエッセイには、閉鎖によって失職の危機に立たされた露天商が協同組合を結成して組合代表となり、困難な折衝を重ねて、「百軒店飲食街」、さらに日本初の地下街「しぶちか」を実現させた経緯が語られている。

文庫の詳細について調べたかったが、並木の書いたものには、文庫に関連したものはなく、文庫があったと思われる場所に「並木貞人事務所」を発見して、問い合わせたが返事は得られなかった。ところが、たまたま渋谷で手にしたフリーペーパーに、平成十六年（二〇〇四）の四月に行われた「第六九回ハチ公まつり」という、ハチ公慰霊祭の記事があり、そこに「渋谷地下商店街振興組合理事長、忠犬ハチ公銅像維持会会長」として挨拶している並木の写真を見つけた。明治四二年（一九〇九）生まれであるから、並木は、この時九五歳である。

本町子ども文庫（坪田文庫）

並木と同様、海外から引き揚げた後、文庫を始めた人に坪田繁樹がいる。第三章で、弘前の小笠原鉄太郎の正進会の活動に参加していた学生のひとりが後に小笠原の志を受け継いだと記した、その坪田である。坪田は、明治三九年（一九〇六）弘前市生まれ。小児科医として診療所を開いていた。早くも弘前中学の時から正進会の林間学校を手伝っており、子どもたちにお話もしていた。この体験が、のちに子ども文庫を含む様々な社会教育的活動へと導いたようだ。文庫設立の動機は次のようなものだった。

比島より昭和23年復員して見ると、郷里の子供は食生活にも窮乏しているほかに、子供たちには遊び場もなく、読書をしたくとも、読む本が充分でなく、それが手に入れることも困難なのを知り、家にある本150冊ばかりで文庫を初《ママ》める。町協会長及び知人の援助により現在、子供書《ママ》に充分でないが子供たちの読書力を援助している。科学書・伝記など、できるだけ、まとまった本をよむよう指導しているのが、設立の当初からの願いである。[14]

『青森県読書運動明治大正史』（一九八一）には「自宅の土蔵を改良し、私財を投じて「坪田文庫」を開設」との記述がある。[15] これが坪田小児科診療所に設けられた「本町こども文庫」のことであろう。『日本の児童図書館 1957 その貧しさの現状』に、文庫の住所が記載されていたので、弘前を訪ねた折、そこに行ってみた。

本町は、弘前大学医学部付属病院の正面入り口前一帯を指す。病院の正面入り口前の道をしばらく西へと向かって歩いていくと、右手に白壁の土蔵と、その隣の一軒の家が見えた。よく見ると、玄関に「つぼた文庫」と書かれた看板が懸かっている。まさか、まだ文庫が続いていることはないだろうと思いながらも訪ねてみると、ひとりの婦人が出迎えてくれた。幸運にも、それが、坪田繁樹氏の娘である庸子氏であった。

突然の訪問だったにもかかわらず、庸子氏はたいへん親切に繁樹氏や文庫について教えてくれた。文庫の活動は中断されていたが、そこは「ギャラリーつぼた文庫」として様々な活動に使われる場となっていた。白壁の土蔵に見えた建物は、かつてお米を貯蔵する蔵としても使われていたもので、中に入るとたいへん広々としていた。庸子氏に案内されて蔵の二階にあがると、かつての文庫の蔵書が今も大切に保存されていた。

庸子氏は、自身が父について記した論文「津軽地方における児童文化運動の成立と展開」が記載された弘前学院大学の紀要をくださった。そこには坪田繁樹が亡くなった時の「陸奥新報」の記事が紹介されている。

弘前市の子ども会の生みの親で、生活に困窮した戦後、私財を投じて青少年育成に尽力した〝弘前の良寛〟とも称されて子供たちに親しまれてきた医者の坪田繁樹さんが二一日午後八時、心筋コウソクのため弘前市内の医院で死去した。七九歳。坪田さんは旧制弘前高校、新潟大学医学部を卒業して、昭和七年海軍に任官を努めた。二三年に復員し、同市本町で医員を開業した。かたわら戦後の混乱期に自宅の土蔵を改造し図書館に開放、「坪田文庫」として多くの子供たちに夢と希望を与えた。その後も私財を投じて青少年育成に心血を注ぎ、二五年に町内子ども会を結成。三七年発足の弘前市子ども会連合会の初代会長に選任、戦争を嫌い、平和を愛してだれからも信頼される子供の集まりにしたいと、会旗に信念である自主、信頼、友情の誓いを込めた三つの輪をあわせ、みんな仲良くすることが大切だと子供たちに教えた〔…〕日本赤十字弘前市建設審議会参与、県社会教育委員会、青少年問題協議会委員、児童福祉委員等を長年努めた。(16)

医師としての坪田は、生活費に苦しむ人からは診察代をとらない姿勢を貫くなど、地域医療に尽くした人のようである。生前、口演童話家の久留島武彦に会っており、ボーイスカウトを広めることに尽力していた久留島の影響で、ボーイスカウトやガールスカウトの普及に努めたのではないかと、庸子氏は指摘している。

宮城の「ふたば図書館」

ここまで都市部の文庫について述べてきたが、農村部に開かれた文庫をひとつ紹介しよう。宮城県大張村（現 丸森町）の役場に勤務していた佐藤峻《さかし》によって設立された「ふたば図書館」である。佐藤は、明治四三年（一九一〇）生まれ、戦前は養蚕技術の指導員として働き、戦後は、大張村の役場で社会教育の仕事に携わった。終戦後の混乱は農村でも見られ、大張村でも、心によりどころを失った青年たちが、夜な夜などぶろくを飲んでは、けんかに明け暮れていた。

青森の加藤源三と同じく、佐藤もこうした状況を変えようとして、昭和二一年（一九四六）に仲間と「文化同士会」を結成、農業書を教科書に勉強会を始めた。この時に使った六八冊の農業書がふたば図書館の源となる。

昭和二八年（一九五三）に、村の社会教育の担当になった佐藤は、村の各地区に夜学の青年学級をつくり、そこに図書館の本を持参しては読書の必要を訴えた。さらに、養蚕技術の指導員として、村の農業を立て直し、農家の収入を安定させる方策として、養蚕と酪農の複合経営を青年たちに説いてまわってもいた。

佐藤が結成した文化同士会は、当初大人だけの集まりだったのだが、そのうち、何か面白そうなことをやっているようだと興味を持った子どもたちも会合に顔を出すようになった。佐藤は、早速、文化同士会に少年部を設けることにした。自宅の一画にバラック建ての建物を作り、それを小さな図書室とした。名前は「栴檀は双葉より芳し」ということわざにちなんで「ふたば図書館」とした。

弘前で文庫をしていた魚屋の小笠原がそうであったように、佐藤も、酒とタバコを断ち、出張手当や宿直手当を蓄えておいては、すべて本の購入に当てた。昭和四二年（一九六七）、役場を退職した際には、退職金の一〇〇万円を図書館の改築に使った。その実直で謙虚な人柄は、接した人すべてに敬愛された。

佐藤は、八十歳を越えても図書館の活動を続け、地域の寝たきりの老人や障害者の家へ本を宅配する配本サービスもしていた。仙台市内で子ども文庫を開いている女性に、晩年の佐藤から送られた手紙を何通か見せてもらった。当時重い病であったためか、やや乱れた文字で次のような言葉が綴られていた。

「いつでも身近に本があるという生活こそ心にうるおいと豊さが生れ文化的なふんいきの中での生活が出来るものと思います　この様な夢を子供達に（筆者注：二文字不明）度いものと念願して参りました。心の健康こそ家庭を明るくし社会を明るくする道程だと思います。その様な社会環境づくりこそ私達の文庫づくりの仕事だと存じます。」

「我が命　神や佛に託してぞ　人世のためにぞつとめ果たさん。」

「これが私に出来る唯一つの奉仕ポ《ママ》ランテア活動だと存じます。」

佐藤は、その生涯をかけて、自らの社会教育理念を貫き、「ポランテア」として人生を全うした。佐藤が鬼籍に入った後、ふたば図書館の蔵書は公立図書館に寄贈されて、文庫の活動は終焉した。「ふたば図書館」を見学した人によると、図書館の棚には、一万冊以上の本に加え、膨大な量の新聞や雑誌のスクラップが実に几帳面にファイルされ並べられていたという。佐藤の「ポランテア」精神は、今もふたば図書館の素晴らしさを知る宮城県の文庫の人々の間で語り継がれている。

再生児童図書館

佐藤が東北の農村で図書館の設立を目指していた頃、戦後の東京で、子どものための図書館に熱を燃やしていた人物がいた。国策パルプ工業株式会社常務取締役（当時）であった水野成夫である。水野は、明治三二年（一八九九）静岡に生まれ、東京大学法学部卒業後、東京毎日新聞社で政治部記者として活躍した。後に共産党に入党、昭和三年（一九二八）に創刊されたばかりの「赤旗」の編集長を務めた。しかし、同年三月十五日の共産党員の一斉検挙、いわゆる三・一五事件で逮捕され、獄中で転向を表明、共産党から離れる。もともと文学への志を持っていた水野は、出獄後、フランス文学の翻訳家として、アナトール・フランスの『神々は渇く』をはじめ、メリメ、モーパッサンなど数多くの翻訳作品を残している。

その一方で、昭和十五年（一九四〇）に、かつて共産党の同志であった南喜一と共に、大日本再生製紙株式会社を設立。同社は、終戦直前に国策パルプ工業株式会社に吸収され、水野は、常務取締役に就いた。その後も実業家として目覚ましい活躍を果たし、戦後の昭和三一年（一九五六）には、国策パルプ工業の取締役社長に就任、文化放送社長も兼務した。翌年には、フジテレビの創設に加わり取締役社長、さらに産経新聞社長にもなり、「マスコミ三冠王」と呼ばれた。

一般には実業家としての姿が印象に残っているだろうが、水野は、戦前から子どもの読書に関心をもっていた。事実、終戦直前、友人の尾崎士郎らと共に、「大日本青少年文庫」という子ども向けの叢書の発行を計画していた。戦局の悪化によってこの計画は頓挫したが、その思いが図書館へと繋がったのであろう。水野は述懐する。

終戦直後の某月某日、ぼくは神田の再生ビルの屋上に立ち、見渡す限りの焼野原と化した帝都を見下ろしながら、読む本もなく防空壕の中で文字にかつえている少年達の上に思いを馳せた。大日本青少年文庫！　そんな大それた計画は今は昔の夢物語。せめて、われわれは、有り合わせの本を少しでも買い集めて、子供たちの知識欲の何分の一でも満足さすべきではないか。そうだ、この焼けビルの中に児童図書館を作ろう。というわけで、津末宗一、北島織衛、川田喜十、二宮善基、尾崎士郎、南喜一、加藤英夫、今井仁、清水康雄といった方たちの絶大な援助をうけることになり、ぼくの恩人の辰野隆先生を名誉館長にお願いして、再生児童図書館は誕生したのであった。(17)

開館は、昭和二二年（一九四七）八月十一日。場所は、国鉄神田駅から程近い、東京都千代田区鎌倉町（現 千代田区内神田）にあった再生ビルであった。終戦からまだ間もない神田周辺は、闇市の本拠で、依然、戦火の跡が色濃く残っていた。喧噪そのもののガードをくぐったところにある焼け残りのビルがあって、法律事務所や診療室などがテナントとして入っていた。その一階が児童図書館であった。総坪数は三五坪、そのうち十九坪を閲覧室に、四坪を書庫に充て、蔵書総数は三九八冊と小規模なものであった。開館時間は午前九時から午後五時まで、最初の二年間は、ほぼ毎日開館、休みは年末年始だけであった。

再生児童図書館には、その運営母体となる運営委員会が事前に組織されていた。メンバーは、水野、館長の辰野隆、釘本久春（文部省国語課長）、檜垣良一（文部省芸術課長）、松尾弥太郎（目黒区立緑ガ丘小学校教諭）等、十二名が務めた（すべて肩書は当時）。そして、これらの委員が、同時に図書館の世話人も務めることになった。当初の計画では、毎日、世話人のうち、誰か一人が図書館に来て運営に当たることになっていた。しかし、多忙な水野や辰野はもちろんのこと、他の委員も皆忙しく、子ども図書館の世話ができる状態ではなかった。そこで、図書館運営の実務を担当する人物が必要になり、図書館主事として大門潔が抜擢された。

大正八年（一九一九）に生まれた大門は、群馬県師範学校、そして慶應義塾大学を卒業後、小学校教員として働いていたが、図書館の経験は全くなかったため、学校図書館協議会の事務局長を務めていた松尾弥太郎(18)がアドバイサーとしてサポートすることになった。就任当時のことを大門は次のように述懐する。

わたしは小さいころから、あまり図書館へはいかなかった。それは、わたしが不勉強であったことに最大の原因があるが、従来の教育が教科書中心主義で、あえて図書館を利用しなくても事足りたというところに、ほんとうの原因があったと思われる。それにもう一つわたくしが図書館ぎらいだったということである。入り口に守衛がいる、はいってからの手続きが煩雑である、絶えず監視されている、借り出すには証文を書かされる……など、わたくしにとってはいやなことばかりだった。そこには、何となく暗い、重苦しい空気がただよっているように思えた。「本のろう屋」、これは少々誇張した云い方だが、たしかにそんな感じもした。

ところが、何の風の吹き回しか、図書館にろくにいかない、まして、図書館ぎらいだったわたくしが、新しく図書館を始めねばならないことになった。図書館の知識はなし、その経験もないわたくしにとっては、いささか当惑した出来事だった。

大門が最初に考えたのは、「いかにしてはいりいい図書館にするか」ということだった。まず頭に浮かんだのは、本屋の店頭で、重なり合って読みふけっている子どもの姿であった。そうだ、図書館は、本屋に閲覧席をくっつけたものにすればいいんだ、そう考えて、ドアをあければ閲覧席、入るのに一々断る必要もない。本は書架にずらっと並んでいる。そこから自由に出し、自由に読み、自由にしまっておけばいい。大門が自己流で始めた図書館経営は、きわめて自由な、子どもの人格を尊重した、開放的なものであった。蔵書が少なかったので、開館当初は貸出しをしていなかったが、二年目から、一人二冊、一週間で貸出しも始めた。また、映画会や幻燈会、「再生読書ニュース」の発行等もしていた。大門ひとりで、ほぼ年中無休の図書館をどのようにこなしていたのだろうか。

図書館は、当初、会員制をとっていた。神田地区の小学校五・六年生の中から、優良生徒と認められた生徒を選んで（選び方は不明）会員とし、「再生児童図書館読書券」を配布していた。地区内の九小学校に配布した読書券は合計二〇二枚になった。各学校ごとに来館日が決められていたため、はじめのうちは来館者数は少なかったが、図書館の活動が新聞等で報じられるようになると、遠方から読書券を持たない子どもが多数来館するようになる。会員制と言っても、もともと会費を徴収していたわけでもなく、それほど厳密なものでもなかったので、やがて小学三年生から中学三年生なら、誰でも利用できるようになった。

しかし、そうなると問題も生じた。開館から三年目、大門が記すところによると、パンツ一枚の裸坊主や、野球バットをかついだ汗とほこりまみれの連中がやって来る、雑談は始まる、本は紛失する……そこで、「はいりいい図書館」と「望ましい図書館」の両立が課題となった。課題に直面した大門は、次のように考える。

しかし、わたくしのところで子どもを追っ払ったら、図書館の成立しようがない。何も知らない子ども、むしろしらないのか《ママ》当然の子ども（今のおとなが、自分の子どものころを思い出してみるといい）を、追っ払らう気持になれない。どうにかして、それらの子どもを、追わなくてすむ子どもに、おとなになって、りっぱに図書館が活用出来る子どもに仕上げたい。これは単なるわたくしの願いではない。子ども図書館は必然的に、そうすることを運命づけられている。図書館兼図書館訓練所には、訓練を要する子どもを、より多く集めなければならない。「望ましい図書館」からは、多少はずれることもやむをえない。この点、子ども図書館はブロークンな存在である。ブロークンなところにその特質と使命を包含している。

思うに、「望ましくない図書館」が生まれるのは、その運営に何らかの欠陥があるからである。わたくしは、それを館員と子どもの、魂と魂の接触の不足に求める。魂と魂の接触の不足は、相互の愛情と信頼の欠如から生まれる。あたたかい、愛情のあふれた、お互いの人格を信じきった図書館、そんな図書館からは、悪い子どもなど現れようがない。子どもたちは、みな、望ましい子どもとして成長してくれるにちがいない。もともと、すべての子どもは、完全なものになり得る、一さいの可能性を包蔵して生れて来ている。わたくしのところに集まる子どもも、すべて善良で、純心で、まじめな子どもなのだ。わたくしは、この子どもたちを限りなく愛し、その人格を信じきっていくところに、「はいりいい図書館」と「望ましい図書館」とが融合統一され、「ほんとうの図書館」が生まれるように思われる。

わたくしは、わたくしなりの図書館経営から、わたくしなりの方針を見いだし、わたくしなりの経営をつづけている。はてしなく遠い「ほんとうの図書館」をめざして。そして、それは、いつになっても尽きない試行錯誤の連続である。(19)

「はいりいい図書館」から「ほんとうの図書館」へ。それは、あらゆる児童図書館員が目指す目標である。

再生児童図書館の運営は、当初、国策パルプや関東紙業等六社から月五〇〇〇円ずつ、合計毎月三万円の寄付を得て賄われていた。しかし、戦後のインフレにより、運営資金は瞬く間に底をついた。

有効な対策が打ち出せず、昭和二九年（一九五四）、遂に図書館廃止が検討され、館の閉鎖が決定される。蔵書は、退職する大門が教頭として赴任する北海道の小学校に寄贈することになった。

しかし、閉館を伝え聞いた人々から俄かに反対運動がおこり、急遽、関係者が協議した結果、国策パルプ本社が一社で経費を負担して、活動を続けることになった。その後、新たに二人の職員を迎えて活動を続け、蔵書冊数は八〇〇〇冊を超え、年間の利用者も一万人を越えるようになった。しかし、やはり財政上の問題から再び経営困難に陥り、昭和三七年（一九六二）に活動を終えた。

都内の公立図書館がまだ復興しておらず、日比谷図書館でさえようやく昭和二四年（一九四九）に焼け跡に木造バラックの仮館舎を建てて再開する状況の中で、無料の原則を守り、専任の職員を配置した児童図書館が存在していた意義は大きい。また、企業の運営する私立図書館の数少ない例としても貴重である。

横浜の「東寺尾図書館」

ここでひとつ、敗戦後の占領政策によって生まれた、この時代ならではの設立経過をもつ地域文庫を紹介しよう。昭和二十年（一九四五）十月、連合軍最高司令官（SCAP）総司令部（GHQ）は、地方組織として各都道府県に軍政部を置き、占領政策の進捗状況の監視や指導にあたらせていた。GHQによる一連の教育改革は、中央においては民間情報教育局（CIE）、地方においては軍政部の民間情報教育課が担っていた。神奈川軍政部の民間情報教育課には、昭和二一年（一九四六）からロバート・マックマナス大尉が課長として赴任した。マックマナスは、県下の学校教育関係者に対して

「マックマナス旋風」と呼ばれるほど強圧的な指導を行ったことで知られている。このマックマナスの下で社会教育関係施設の改革を進めていたのがマーガレット・ヘンセルで、ヘンセルも、ジープに乗って県下の公民館や図書館に乗りこんでは、現場で直接指導にあたった。上司同様、その指導はかなり強引なものであったらしい。平塚市図書館の「図書館のあゆみ」には、「戦後の混乱未だおさまらない昭和23年（1948年）3月24日、神奈川軍政部民間情報教育部の図書館関係担当者ヘンセル女史が突然来庁し社会教育活動に図書館施設の重要性を強調し、至急設置するように強要されたため旧海軍火薬廠内図書庫を使用することに決め四月一日に創立しました[20]」との記述があることからも、その指導ぶりがわかる。

しかし、当時、財政的に逼迫していた自治体には図書館を整備する余裕はなかった。『神奈川県図書館史』（神奈川県立図書館、一九六六）には、ある自治体で、ヘンセル臨席のもとに図書館の開館式をすませたすぐ後で、その図書館の本を、別の図書館へ持っていって開館式をしたエピソードが紹介されている。

横浜市に対しては、人口一万人につき一館の図書館を設置せよという特別な命令がCIEから出された。到底市だけではできず、各区や町内会も図書館設立に協力せざるを得なかった。その結果、民間図書館が次々に誕生したのである。

昭和二四年（一九四九）、鶴見区の東台小学校のPTAに対し、こうした図書館設立の指導が届いた。設立時、館長をしていた森田武之助によると、森田がPTAの厚生委員長を引き受けた頃に、「GHQの方針で日本には図書館が不足しているのでもっと作る様指導があり」厚生委員会の組織の中に子供会があるので、そこで図書館を作る事が一番良いのではないかと考えて実行したと言う。「東寺尾図書館会報」第五十号には、文庫の始まりについて、「最初は、神奈川軍政部のヘンセル広報担当が、民主化政策の一環として、図書館づくりを奨励したことからでした。PTAへ話があり、寺尾の集会場になっていた高橋さんの物置を提供してもらい、中部子供図書館（筆者注：当時の図書館の名前）が、本四十冊からスタートしました」とある。設立に際しては、行政から補助金はなく、図書館は、地域に住む人々からの寄付金七一八〇円と寄贈図書を元に始められた。とりあえずは、共同購入組合「鶴東クラブ」の活動場所として使われていた高橋氏の自宅の庭にある建物が使われ、図書館以外にも、地域の青年や教師による子どもへの夜間学習会や、母親のための料理の講習会などに活用され、地域のコミュニティーセンターの役割も果たした。

やがて活動は大きく広がり、場所が手狭になると、専用の建物を必要とする声が出てきた。その頃、ちょうど運良く、横浜ニューグラウンドホテルのそばにあった進駐軍の郵便局が払い下げられることになり、それを解体して運び、新館の資材とした。敷地は、芝浦タービン株式会社（その後東芝と合併）が社員寮の敷地の一画を無償貸与してくれることになった。そして昭和二八年（一九五三）、総工費三五万円で、図書室の他、学習室、会議室などが備えられた新館が完成した。この時の建設費用も寄付やバザー、また、自主映画会の収益で賄った。市の社会教育課からフィルムを借りて『青い山脈』や『男の花道』を上映し、『男の花道』の上映では、何と純益三〇三四一円を稼ぎ出し、総工費三五万円の約十分の一を稼いだ。

「東寺尾図書館」の運営には初期から女性が数多く関わっていたようである。創立四十周年記念誌に掲載されている新館落成時の写真には、着物を着た女性の姿が目立ち、男性の姿は少ない。歴代役員一覧表を見ても、館長以外の理事長、書記、会計なども、ほとんど女性である。当時、同じような経緯で設立された民間の図書館は多数あったはずだが、今も活動しているのはおそらく東寺尾図書館のみである。

女性による文庫へ

この節では、終戦直後の子ども文庫をいくつか紹介してきたが、終戦後の文庫の多くは、坪田繁樹、立石多真恵、並木貞人、佐藤峻など、明治時代の終わりごろに生を受け、大正期に学校教育を受けた世代によって作られた。やがて昭和四十年代に入り高度経済成長が本格的に軌道に乗り始める頃になると、今度は主に第一次ベビーブームの時に誕生した「団塊の世代」に属する人々によって日本各地に子ども文庫が開かれることになる。

そしてこの三十年代から四十年代へ移る時期を境として、男性によって開かれる文庫がその姿を消し、代わって、本章にも名の挙がった石井桃子、石島きよ、立石多真恵などの女性が、文庫の担い手となってゆく。(21) 昭和三九年(一九六四)に出版された『年鑑こどもの図書館 1963年版』の「全国私設児童図書館」一覧を見ると、四八文庫のうち、名前から男性が代表者であると判定できるものが十七文庫で、それ以外は女性による文庫となっている。

昭和三二年(一九五七)の調査報告『日本の児童図書館1957 その貧しさの現状』には、各地で活動する四七の私設文庫の名簿が掲載されているが、代表者が女性であると思われる文庫が十四ある。

ただ、当時、公の届出では、責任者名を戸主にすることが多かったので、実際にはこれ以外にも女性が運営する文庫があったかもしれない。現在、文庫の世話人はほぼすべて女性である。男性から女性への転換は、この時期にはじまったといえよう。

（1）代田昇『子どもの読書を見なおそう』、岩崎書店（1972）p. 76
（2）池田正孝「私は文庫一期生」『こどもとしょかん』69（1996春）
（3）日本図書館協会編『地域家庭文庫の現状と課題――文庫づくり運動調査委員会報告』、日本図書館協会（1972）p. 9
（4）『家庭文庫研究會会報』1（1958. 1. 28）p. 6
（5）三鷹市文化振興事業団事務局編『三鷹市有三青少年文庫』、三鷹市文化振興事業団事務局発行（1991）, p. 6
（6）浪江虔『図書館運動五十年――私立図書館に拠って』、日本図書館協会（1981）p. 24
（7）小黒浩司編『図書及び図書館史』、日本図書館協会（2000）p. 88
（8）石島きよ「〝家庭文庫〟に思うこと」『図書館雑誌』vol. 56, no. 11（1962. 11）
（9）『東京大空襲・戦災誌』編集委員会編『東京大空襲・戦災誌』第一巻、財団法人東京空襲を記録する会（1973）p. 28
（10）脇村義太郎『東西書肆街考』、岩波新書（1979）p. 202 掲載の昭和二二年の神田の古書店の地図より。
（11）松葉重庸『児童文化概論』、巖松堂（1950）p. 69–70
（12）「雨にもまけぬ教室」豊島区児童女性部女性青少年課編『風の交叉点――豊島に生きた女性たち』、ドメス出版（1992）p. 132–140
（13）日本図書館協会公共図書館部会児童図書館分科会編『日本の児童図書館１９５７ その貧しさの現状』、日本図書館協会（1958）p. 9
（14）前掲書、p. 8
（15）間山洋八『青森県読書運動明治大正史』、津軽書房（1981）p. 530-531

（16）坪田庸子「津軽地方における児童文化運動の成立と展開――図書館運動を通して　リポートⅠ」『地域総合文化研究所紀要』no. 3（1991. 5）
（17）再生児童図書館編『再生児童図書館拾年の歩み』、再生児童図書館（1957）p. 11
（18）大門潔「わたくしの図書館経営」『社会教育』vol. 7, no. 10（1952. 10）
（19）（17）前掲書
（20）「図書館のあゆみ（連載第四回）」『きいぷ』（平塚市図書館の情報誌）vol. 73（2008. 3）
（21）古くは明治四一年（一九〇八）の『図書館雑誌』に掲載された記事に「麻布区飯倉なる南葵文庫員の調査によれば、目下日本各地において小児の為の図書室を開き居るもの少なからずして是等は大抵一室に若干名の小児を容れ自由に室内に備え付ある雑誌および御伽噺の類を閲読せしめ一二名の保婦的婦人をして之を監督せしめ居れる」との記述がある（「小児図書館の利害」『東京日日新聞』一九〇八年十二月八日、七面）。「小児のための図書室」が、子ども文庫を意味するのか、それとも、町村の自治体によって作られた図書室を指すのかはっきりとは分らないが、「保婦的婦人」が働いていたという事実は目を引く。また、大正元年（一九一二）の『図書館雑誌』上では、アメリカの図書館大会に参加した今井貫一が、同国の図書館協会の会員の五分の三が女性であったことを伝え、日本でもより多くの女性図書館員を養成することの必要を説いている（今井貫一「ボストンより」）。また、大正十一年（一九二二）の『都新聞』には「初めて養成された女性図書館員」という記事が大きく載っており、女性が公立の図書館で働くことがまだ珍しいことであったかがわかる（「初めて養成された女子図書館員」『都新聞』一九二二年、二月十四日、九面）。

第五章　女性の手になる文庫の広がり——昭和三十年代以降の勢い

終戦からおよそ十年、日本経済は徐々に復興のきざしを見せ始めていた。一九五〇年半ば以降の経済成長は、戦前と戦後とを画する大きな転機となったが、図書館界はまだ戦前の影から抜け出せないでいた。

昭和二五年（一九五〇）、連合国総司令部（ＧＨＱ）の教育部門を担当するＣＩＥは、アメリカ式の新しい図書館像を日本人に伝えるため『格子なき図書館』という映画を製作した。映画の前半では、網棚（格子）で囲われた書庫に本が納められ、利用者が自由に本を手に取れない日本の図書館、後半では、モデルとしてのＣＩＥ図書館の様子が紹介される。明るく開かれた閲覧室、子どもたちで賑わう児童室、音楽室や映画会の様子が映し出された後、ナレーションが「暗く古く単に書物倉庫に過ぎなかつた日本の図書館も書棚の自由に解放された〔…〕格子なき図書館として生まれ変わってゆくのです」と述べて映画は終わる。[1]

しかし、図書館の「格子」は簡単になくなった訳ではなかった。昭和三十年（一九五五）の時点で、市区町村図書館の蔵書全体の七二％がいまだに閉架書庫に収蔵されており、利用者は、目録を使って本の請求記号を確かめ、閲覧表に記入して職員に提出、本を手にするまで長時間待つのが通常であった。本を借りるにも、居住証明書、印鑑、保証人の承諾書などの提出を求められ、何度も図書館に足を運ばなければならなかった。

児童に対するサービスについても、戦前に比べて大きな変化はなかった。昭和三一年（一九五六）に実施された調査によると、全国の公立図書館の三分の一にしか児童室がなく、その規模も十坪から十五坪の広さで、館外貸出をしている館は全体の半分以下であった。こうした状況にあっても、志を持った児童図書館員たちは地道な努力を重ね、沈滞した状況から抜け出す道を探っていた。昭和二八年（一九五三）、東京神田にあった再生児童図書館に、小河内芳子、長谷川雪江、大門潔、森崎震二、山口玲子、渡辺茂男ら七名の図書館員や研究者たちが集まり、児童図書館研究会を設立する。児童図書館の研究とその発展充実を図ることを目的とした同会は、機関紙『こどもの図書館』の発行、研究会や講演会の開催など様々な活動を通し、その後の児童図書館サービスの発展に大きな役割を果たした。会員には、子ども文庫関係者も多く、機関紙にも文庫の記事が数多く見られる。

昭和三十年頃、子ども文庫は少しずつその数を延ばし、その存在が図書館員の間でも認知され始める。昭和三一年（一九五六）に行われた第四二回全国図書館大会では、「私立文庫に対する連絡及び協力の件」が児童図書館研究会から追加議題として発議された。提案説明をしたのは、「雨にも風にもまけぬ教室」を開いていた立石多真恵である。立石は、福島県郡山市の「クローバー子供図書館」や東京の「土屋児童文庫」など、各地で子どものための文庫が活動を始めていることを伝え、こうした私設の図書館同士が連携し合うことの必要性や活動への援助を訴えた。その結果、大会の全体会議において、今後実行に向けて努力することを目標として、

一、われわれは各地方に於ける各種のまちの図書館をたずねもとめる。

一、われわれは、まちの図書館と密接な連絡をとり、その自主性を尊重しつつできる範囲の協力と援助をおしまない。

一、われわれはその結果を何等かの形で集大成する。

の三点が確認された。

さらに、この図書館大会では、同じく児童図書館研究会から、日本図書館協会の公共図書館部会内に児童図書館分科会を設けることも提案され、設立の運びとなった。初代代表には興風会図書館長の佐藤真が就任。分科会は、設立後すぐに、全国的な児童図書館の調査、および子ども文庫の手引を作ることに着手する。調査は、昭和三三年（一九五八）に『日本の児童図書館１９５７　その貧しさの現状』となって結実する。

図書館界で、児童に対するサービスや、子ども文庫がはっきりと認識される契機となったこの全国図書館大会の前年、日本図書館協会の機関誌『図書館雑誌』に「何百という小さい図書館　母親のねがい」という文章が載っている。筆者は「まつながふみこ」。のちにカニグスバーグの『クローディアの秘密』『魔女ジェニファとわたし』などの翻訳者として知られるようになる松永ふみこである。慶應義塾大学の図書館学科に学んだ松永は、子ども文庫に関心を持ち、昭和四一年（一九六六）から

は、児童文学者いぬいとみこが開設した「ムーシカ文庫」を手伝い、後年には、神奈川県の大磯に友人と「貝の火文庫」を設立している。この文章で、松永は、一人でも多くの子どもが良い本を手にできるよう、新しい時代の図書館が必要であると述べ、どこの町角にもたくさんの図書館があるスウェーデンの例を挙げ、日本もいつかそうなってほしいと、次のような夢を語っている。

何百という小さな図書館――［…］町ごとに、普通の家の小さな部屋と、百冊くらいのコレクション、それだけで充分なのです。――それを東京中にまき散らすことはできないものでしょうか。［…］町ごとに、部屋をよけいに持っている、そして読書に関心のある家庭を見つけて、図書館の代理店になってもらう……そこの家のお母さん、又はお姉さんが、その小さな図書館の館長です。図書館から、百冊くらいの小さなコレクションをまとめて、これらの小さな図書館に送るのです。［…］この小さな図書室は、2、3の書棚が並ぶだけの小さな部屋で充分でしょう。子どもたちがそこから自由に、本を借り出すことができさえすれば、本を読むことのできるわずかな場所と、良い本がありさえすれば、図書館の第一義的な役割は果たされると考えたいのです。［…］

小さな、小さな図書館、きがるに行けて、しかも自分たちにまかされた図書館を、子どもたちは、どんなに愛することでしょう。［…］町中にバラまかれた小さな図書館――それが、母親としての私の児童図書館に対する夢であり、心からの願いなのです。(2)

松永にとって、新しい時代の図書館は、公立の図書館ではなく、子ども文庫のことであったようである。そして、まるで松永の呼びかけに応えるように、昭和三十年代を境に、「普通の家の小さな部屋」や「部屋をよけいに持っている」家や、地域の施設を使って小さな子どもの図書館がいくつも誕生する。公立図書館の整備が一向に進まない中で、草の根の文庫は、それぞれ独自のやり方で「格子なき図書館」を実現させていくのである。

クローバー子供図書館

昭和三十年前後に設立され、現在まで活動を続けている子ども文庫に、福島県郡山市の「クローバー子供図書館」がある。設立者は金森好子《こうこ》。昭和二七年（一九五二）三月の開館である。金森は偶然に、ラジオで、同じ郡山に住む若い女性が「月給の中から二、三百円ずつ子供の本を買って、日曜ごとに近所の子供を集めて見せている(3)」ことを知る。生来病弱で、本と過ごした時間が長く、自宅には昔読んだ本がたくさんある。以前から近所の農家の子どもにそれを読ませてやりたいと考えていた金森は、父母に相談、快諾を得て開設に踏み切る。

開設当初の文庫は、金森の部屋と一間の廊下に本を置いただけの簡素な作りであった。蔵書はわずか一七六冊で、その半分以上が旧仮名遣いの本であった。始める前に、B５版のわら半紙にガリ版で刷ったちらしを作り、二十軒程の家に配った。

小さいとしょかんを　つくりました。
仲よくいらっしゃい。

とき　来る三月八日から
毎土曜日　十時―四時

開館日に来た子どもは十七名だった。だが、一度やって来た子どもが友だちを連れて来る、その友だちがまた友だちを連れて来る、という具合で、来庫者は瞬く間に増えていった。開館から三年が経ち、本の数も子どもの数も増えて、金森の部屋では手狭になり、自宅の敷地に木造モルタル塗り建坪二十坪程の専用の建物を設けることになった。

金森は、月一〇〇〇円ほどの予算で少しずつ本を買い足し、やがて蔵書は一〇〇〇冊を超えた。金森は、独自の十分類で本を並べていた。「科学」「歴史・伝記」「スポーツ・冒険・探検」「外国のお話」「日本のお話」「辞典・年鑑」「どうわ」「伝記」「まんが・おんがく・ゆうぎ・びじゅつ」「雑誌その他」である。本は、東京の様々なデパートの包装紙で包まれ、包装紙の種類が本の分類を表すようになっており、子どもに一目でわかる工夫がされていた。テレビがまだないこの時期、ラジオドラマになった『笛吹童子』『白馬の騎士』『三太物語』などに人気があったようだ。

昭和三一年の『婦人之友』には、「ホームメイドの子供図書館」と題して、開館から数年経った頃のクローバー子供図書館の様子が報じられている。記事の冒頭には、おかっぱ頭の愛くるしい女の子たちが金森と一緒に図書館の玄関前に並んでいる写真が掲載されている。小柄な金森の背は、子どもとほとんど同じぐらいで、玄関の上には「クローバー子供図書館」の白い文字が見える。建物は一見すると、文庫というよりも小規模な町の図書館といってもよいほどである。「たのしい図書室」とのキャプションが添えられた写真には、十人以上の子どもたちがゆったりと机に向かって本を読んでいる光景が写っている。

「クローバー」という名前のとおり、図書館の周辺にはクローバーの原っぱが広がっていた。金森はここで父親と一緒に四つ葉のクローバーを探したものだという。クローバー子供図書館の活動を記録した冊子『子どもたちはこんな本を読んでいた!』（一九九三）には、春先のあたたかい午後なのだろう、咲きほこるクローバーの花畑にまるで花に埋もれるように座り込んで、本に顔を落としている五人の幼い子どもをとらえた写真がある。

クローバー子供図書館では毎年クリスマス会が開かれていた。開設した年に開かれたクリスマス会では、子どもたちによるクイズ大会や本の朗読、お遊戯、手品などが行われ、最後にプレゼントが贈られた。プレゼントは鉛筆やノートといった学用品で、一等賞の子どもには硯箱が贈られた。

金森は「クローバー子供新聞」というガリ版刷りの新聞を発行していた。作業は子どもと一緒にした。新聞には、図書館に入った新しい本の紹介、行事案内、クイズなど、様々な記事がある。日本図書館協会の図書室に保存されている新聞は、紙の酸化が進んで、手を触れるそばから崩れそうだったが、五十年近くも前に、鉄筆でひとつひとつ文字を刻み、子どもたちの手で刷られた紙面からは、当時の金森たちの姿が浮んでくる。

ある号には「本などを寄贈して下さった方のお名前を頂いた順に書きます」として、寄贈品と寄贈者の名前が記載されていた。オルガン、額、花瓶、時計、製本用具セットなど細々とした寄贈品の一覧から、この小さな図書館が実に多くの人によって支えられていたことがわかる。

新聞には子どもの感想文や作文、詩が掲載されている。「あきかぜ　そよそよ／よいてんき／赤トンボも　スイスイ／とんでゆく」といった素朴なものもあれば、生活綴り方を思わせるような、当時の暮らしぶりを生き生きと描いた作文もあり、貴重な資料である。

昭和三十年には、小学生の男の子が書いた「うさぎとり」という作文が載っている。

ぼくと五年のみのるくんだのちゅうがくのさんねんの人（ここから数語破損して読めず）ました。したら、うさぎが五ひきいていました。そしてこれは、めでたいといって、うちへもってきたら、おばちゃんが、おこんなにとってきたのか、ずいぶんとってきたのかとおばちゃんがいいました。あひたおつよ（筆者注：おつゆ）ににくをいれてあげよう、といいましたしたら、おいらがうれしかった。

昭和三二年（一九五七）六月号には「ねえさんのしゅうしょく」という、中学を卒業して東京へと就職する姉の姿を描いた作文が載っている。東北の中学生たちが、金の卵と言われ東京へ集団就職していった時代であった。

うちのねえさんは、中学をそつぎょうしてから一週間ほどたってから、わさい（筆者注：和裁？）にはいりました。その後、いんちょう先生とおく様のおかげで、東京へしゅうしょくにいくことになりました。そして五月一日にいくというその前、おせわになった、いんちょう先生、始めふくいんちょう先生にお礼いって、そこで、おわかれしなければなりませんでした。朝になって、ばあちゃんと一番上のにいさんが駅まで送っていきました。その日は、ちょうど学校が休みでなかったので私は送っていくことはできません。私一同送っていきたいと思いました。ねえさんは、郡山市たつとき、ねえさんは「あやちゃんこんどかえってきたならば、なにかかってきてあげるよ」といいました。私なんだかうれしくなって早くかえってこないかとまちどうしいです。ねえさんが東京へいってから一日たったある日、あそんでいると、「としちゃんがいなくなってさびしいだろうね」と白川のおばちゃんがいいました。私はうなずいたように「うん」といいました。

「いんちょう先生」とは、郡山市で郡山脳病院（後の郡山精神病院、現在、針生ヶ丘病院）を設立し、初代の院長を務めていた金森五郎、好子の父親のことである。

クローバー子供図書館は、昭和三八年（一九六三）から財団法人郡山精神病院の経営となり、金森は館長として運営の任に当たる。財団の運営となったことで財政も安定し、蔵書冊数は一万冊を優に超え、近隣の文庫への団体貸出も始めた。金森は、児童図書館研究会の福島支部の設立、児童文学連続講座の実施など、幅広く活動する。クローバー子供図書館は、福島県の図書館員や子どもの本に関わる人々にとって、中心的な存在となっていった。

平成十年（一九九八）、クローバー子供図書館は施設の老朽化のため一時閉館した。貴重な蔵書は国立国際子ども図書館へ寄贈された。その前年の平成九年（一九九七）までの延べ利用者数は三七万人、貸出冊数は約一三〇万冊にものぼった。金森は、図書館が閉館される前年に館長職を辞職、平成十七年（二〇〇五）、七三歳で永眠した。平成十九年（二〇〇七）、図書館は、財団法人金森和心会によって再開される。針生ヶ丘病院の隣の敷地に新館が建設され、いまも地域の図書館として利用され続けている。

せばやし子ども文庫

金森が郡山でクローバー子供図書館を始めてから八年後の昭和三五年（一九六〇）、高知県本山町で家庭文庫「せばやし子ども文庫」を始めたのが瀬林《せばやし》杏子《きょうこ》である。瀬林は、明治四二年（一九〇九）の生まれ。父が、大正時代、自宅で「とんぼの家」という子ども文庫を開いていたことは第三章で述べた。父も母も無類の本好きで、家にはたくさんの蔵書があり、瀬林は、幼少の頃から読書に親しんで育った。

大阪府女子専門学校（現 大阪女子大学）国文国史学科を卒業後、大阪市立汎愛家政女学校で教職につき国語を教えていたが、結婚後、育児に専念するため教職を退いた。第二次世界大戦が激しくなると、瀬林一家は、大阪から遠く離れた高知県本山町に疎開し、戦後もそのまま本山町での暮らしを続けた。

四国のほぼ中心に位置し、一五〇〇メートル級の険しい山々に囲まれている本山町は、大阪と比べずいぶんと閑散とした町であった。瀬林が住んだ上関地区は町からさらに四キロ程離れ、当時山肌に三十軒程の家が点々と立ち並ぶ小さな集落であった。六人の子どもがそれぞれ大きくなり子育てが一段落した頃、瀬林は父と同じように自宅で文庫を始めることを思いつく。

次々と六人の子どもに恵まれ、着せることも食べさせることも不足がちの中に、わりあいに本だけは買い与えました。終戦後の不自由な日日にも、息子や娘とワイルダーの「砂原《ママ》の小さな家」などを輪読しあったことなど、今もなつかしいものです。子どもたちは何時しか成長し親のもとをとび立ちましたが、その読み古した岩波少年文庫など、なんとなく地域の子どもたちに縁がわに並べて貸出すようになりました。(4)

こうして縁側に本を三〇〇冊ほど並べただけの「せばやし子ども文庫」は始まった。本棚は製材業を営む夫が日曜大工で作ったものだった。瀬林の自宅は、ちょうど近くの小学校の分校へと続く通学路沿いにあり、学校が終わる頃になると我先にと子どもたちが文庫へと飛び込んできた。町の子どもにとって、瀬林の文庫は本に触れる唯一の場所であり、年中無休の文庫には、正月でも子どもが訪ねてきた。

せばやし子ども文庫でも、ガリ版刷りの文庫便りを発行していた。瀬林の文庫を訪ねたときに見せてもらった文庫便り『子どもは本がだいすき』(一九六〇年六月発行)も、「クローバー子供新聞」と同じように、わら半紙が酸化してかなり変色していたが、文字ははっきりと読むことができた。

すべり出し好調の子ども文庫

「本の好きな子よっといで」と呼びかけたのは、ほんの二、三人の男の子たちでしたが、文庫ができて六ヶ月たった今、毎日のように十人前後の子どもたちが本を求めて訪れます。二冊、一週間の貸出しですが、五、六年の上級生がとても意欲的に読みますので文庫の小母さんは「もっと本をふやさなくちゃー」とうれしい悲鳴をあげています。

文庫便りには「文庫にどんな本があるの」という本の紹介ページがある。そこには、光文社の『ノンちゃん雲にのる』『二十四の瞳』、中央公論社の『ビルマの竪琴』といった作品が並ぶ。この他、岩波書店の『ぞうさんばばーる』『ナマリの兵隊』『金のニワトリ』『まいごのふたご』『りすとかしのみ』『やまの子どもたち』など「岩波の子どもの本」シリーズの絵本も見られる。

この当時、本山町には書店がなかった。そこで瀬林は、毎月バスで片道何時間もかけて高知市内まで足を運び、金高堂に本を買い出しに出かけた。瀬林が高知市内から仕入れてくる岩波書店や福音館書店の新刊は、子どもはもちろんのこと、戦前の児童書にしか接したことのない母親や小学校の先生たちにとっても目新しく感じられるもので、文庫は単に本を貸出す場所だけではなく、子どもの本の情報発信拠点ともなっていた。

金森と同じように、瀬林も地域の文庫や、これから文庫を始めようとする人に団体貸出をしていた。瀬林が本山町にいる間に、「ナザレ文庫」「むくどり文庫」「杉本文庫」等の子ども文庫が生まれた。また、瀬林は、自分の蔵書を一〇〇冊から二〇〇冊程のセットにして、幼稚園、保育園などの施設にも団体貸出を行った。さらに、町役場に図書館設立を要望し、後に、公民館の一室に図書室が設けられることになった。大勢の子どもでにぎわっていた文庫だったが、始めて十年近く経った頃から、急速に村の過疎化が始まった。近くの小学校も生徒数減少のため、四キロ離れた町の本校に統合され、子どもの親も京阪神に出かせぎに行くようになった。

最近では山の過疎化は深刻さを加え、山にも鍵っ子がふえました。分校も廃止となり、子どもたちは町の本校へスクールバスで通うようになり、文庫にわざわざ立寄ることには強い意志の働きが要求されるわけです。［…］文庫で育った高校生が何となくおしゃべりしたいらしくてやってくることもあります。家庭のこと、ことに出稼ぎに出たお父さんのこと、学校や友人のことなど、中学生や高校生は話したいことを一ぱい持っているのだなあと、私もしゅんとなるのです。(5)

文庫へ足を運ぶ子どもの数は減少するが、それでも瀬林は、本山町で二十年以上文庫を続けた。敬虔なクリスチャンであった瀬林夫妻は町に小さな教会を建て、夫が製材所を閉じた後、夫妻は滋賀県の近江八幡市へ引っ越した。近江八幡でも六年ほど文庫を続け、その後、さらに神戸市へと転居し、やはり同じように自宅で文庫を始めた。その神戸の自宅で、平成十五年（二〇〇三）に、九四歳になっていた瀬林に会うことができた。

神戸電鉄粟生線さかえ駅で降りて、六甲へと続く斜面を登ったところに瀬林の家はあった。「せばやし子ども文庫」と書かれた看板がかかった門を通り、戸をあけると、玄関から廊下、さらに二階へ続く階段の一段一段にまで本がうずたかく積まれていた。近江八幡にいる頃、あまりに増えすぎた蔵書を見かねた夫から「天国の門は狭い。本を担いで行けないぞ」と言われ、高知や近江八幡で新しく文庫を始める人にずいぶん本を寄贈したというが、それでもまだまだ本が家中に溢れていた。

几帳面な瀬林は、昔からの子どもの読書記録や何十年も前に使われていた図書カードの束を大切に保存していた。本山町や近江八幡時代に文庫に来ていた子どものことも、驚くほどはっきりと記憶していた。五十年近くも文庫を続けた瀬林のところには、かつて文庫に通ってきていた子どもが親となって自分の子どもを連れて来たり、昔、本山町の文庫に来ていた子どもが大きくなって神戸まで訪ねてきたりすることがよくあるという。

瀬林は、本山町時代と同じく、文庫を毎日開けていた。阪神淡路大震災の折には、震災で図書室を破壊された幼稚園の先生が、瀬林を頼って本を借りにきたこともあった。また老人ホームから要望を受けて一〇〇冊ほどの本を貸出してもいた。

瀬林の文庫を訪れたことがきっかけで文庫に興味を持つ人も多い。おそらくその人柄によるのだろうが、特にすすめたわけでもないのに、瀬林の影響で文庫を始めた人が、高知にも、滋賀にも、兵庫にもいる。瀬林は、よく「文庫は二十年やらないとその面白さが分からない」と言っていたが、自身は亡くなるまで半世紀近く文庫を続けた。瀬林が本山町にいる時に新たに生まれた文庫のひとつ、「ナザレ文庫」は今も続いている。

道雄文庫ライブラリー

児童文学者で文庫をしている例が少なくないことは前にも述べたが、『赤毛のアン』シリーズの翻訳で知られる村岡花子も、昭和二七年（一九五二）の夏、自宅の廊下と物置を利用して「道雄文庫ライブラリー」を始めている。道雄は、五歳で亡くなった長男の名である。

村岡は、長女みどりが誕生した昭和七年（一九三二）から太平洋戦争が開戦した昭和十六年（一九三一）十二月まで、東京放送局（JOAK、NHKの前身のラジオ局）の嘱託として、ラジオに出演していた。毎日午後六時から三十分間放送される「子供の時間」の最後の五分を締めくくる「子供の新聞」の担当だった。その時々の社会情勢を、子どもに分かりやすいニュース形式で伝えるこの番組は、村岡の上品で柔らかい口調や、「それではごきげんよう。さようなら」という挨拶が人気を博し、多くの子どもの記憶に残った。当時、ラジオの普及は目覚ましく、村岡が番組に登場した前年の昭和六年（一九三一）には受信契約数が百万件を突破するほどであった。既にこの頃までに『王子と乞食』をはじめとする翻訳や執筆活動によってある程度名前を知られていた村岡は、このラジオ放送によってその名が全国的に知られることになった。後に世田谷区で「わかくさ文庫」を開設する市川早苗は、子どもの頃に村岡のラジオ放送を聞いて、「女の人でも話せるのだ」と知って憧れ、「村岡のおばさんみたいになる」と、母に宣言したと語っている。(6)

放送開始から九年目の昭和十六年（一九四一）十二月八日早朝、「今日は非常に勇ましいニュースがありますから女の声ではいけませんので、いらっしゃらなくて結構です」との電話を受ける。結局、この真珠湾攻撃から始まる太平洋戦争開戦をきっかけに、村岡は番組を降板する。この頃、村岡は、「子供図書館」と題する短い随想を発表している。

簡単な子供図書館があつちにもこつちにも出来ないものかしら。私が今、やりたい仕事は、自分の家の庭の中にでも小さな二階家を建てて、上を集会室にし、下を小学生のための読書室にする。

先づその部屋にはいつて来たら、片隅の洗面器のところへ行つて、手を洗ひ、それから静かに読みたい本や雑誌を読むといふ子供図書館を持つことである。［…］かうした簡単な子供図書館をもよりもよりに作つてやつたら、どんなに子供たちが喜ぶことであらう。大がかりな、完備した設備を持つたものも無論ほしい。しかし、そんなのは一つ出来るまでが大変な仕事である。そして一町に一館といふわけには行かない。あまりむづかしく考へないで、気楽な気持ちでこしらへる子供図書館の出現は私の夢である。(7)

村岡は、この随想を読んだ石井桃子から「先生と全く同じことを考えていました」との手紙を受け取っている。石井が犬養家の書庫で、「白林少年館」を始めていた頃である。村岡の自宅があった大田区は空襲で大きな被害を受けたが、幸いにも村岡の家は壊滅的な打撃を受けず、灯火管制下で密かに訳し続けていた『アン・オブ・グリン・ゲイブルス』の原稿も焼けずに残り、『赤毛のアン』として昭和二七年（一九五四）に出版される。その同じ年、村岡は長年の夢を実現して自宅で文庫を始めた。

慶應義塾大学の図書館学科の一期生で、のちに同校で児童に対する図書館サービスを講じる渡辺茂男は、「文庫のお兄さん」として、この文庫の運営に関わっていた。渡辺は、文庫での様子を次のように回想している。

慶応の図書館学科に入った年の春、私の下宿先が大森の新井宿六丁目で、偶然村岡さんのご自宅の近所だったので、ご挨拶に伺ったときだ。［…］村岡さんは、私が図書館学科で「特に児童図書館と児童文学を勉強するつもりです。」と申しあげると、とても喜んでくださった。［…］応接間と茶の間の間の廊下の片隅に低い書架が二つあり、そこに並べられた子どもの本を近所の小学生達が借りにきていた。幼い弟や妹の手をひいて来る小さいお姉さんもいた。そんな子ども達をみどりさん（筆者注：花子氏長女）が、やさしくお世話をしていた。本を手にとって見ると、どの本にも表題紙の裏に「道雄文庫」という蔵書印が押されていた。小学生の時に亡くなった村岡さんのご長男の蔵書だった。［…］道雄文庫の利用者の子ども達は、「道雄クラブ」という組織を作っていて、みどりさんが会長で、私はいつのまにかそのお手伝いをするようになっていた。慶応の同級生を何人か連れて来て、花子先生がふやしてくださった道雄文庫の蔵書の整理や貸し出しの準備などを手つだってもらった。(8)

文庫では、本の貸出し以外に、ストーリーテリング、遠足、討論会、クリスマス会などが行われ、週一回の英語会（勉強会ではなく歌や会話などを楽しむ会）も開かれていた。道雄文庫ライブラリーは昭和四二年（一九六七）まで続けられた。村岡は、その翌年、七五歳で亡くなっている。村岡文庫のその後を伝える昭和四三年（一九六六）十月二七日の「朝日新聞」の記事「蔵書いつまでも大切に……村岡花子さん悼む児童たち」には、文庫の蔵書が大田区立入新井第二小学校と第四小学校に寄贈されたことが報じられている。

土屋児童文庫

第一章で新沢としひこが通った思い出を綴っている「つちやさんという家」が「土屋児童文庫」である。世田谷区上北沢で、土屋滋子によって、昭和三十年（一九五五）四月に始められた。「戦争やら主人の死などで、夢中で過ごしてしまった何年かの後、一人息子を結婚させ、今までの家庭生活だけで満たされなかった自分の仕事を見つけたいというひたむきなねがいが、本の好きだった自分の幼い日のことを思い、子どもだった頃、こんなところがあったらどんなに愉しいだろうと夢みた文庫の仕事と重なった」という。この時、土屋は四八歳だった。土屋は、近所の主婦浮田恭子の協力を求め、道雄文庫ライブラリーを見学して助言を得たりして、準備をした。

「皆さんは、学校がお休みの日、勉強やお手伝いのない時、近いところに本のいっぱいあるきれいなお家があって、すぐ行って読むことが出来たらいいなあ——と思いませんか。こんど繁の湯の前にそんなお家が出来ました。土屋児童文庫といいます。どうぞみなさん大勢いらっしゃい」という呼びかけに応えて登録した三十人の会員と、五〇〇冊の本、会費月三十円でのスタートだった。

浮田が近くの小学校のPTAに働きかけるなどして、会員の数は増えたものの、最初の数年は、文庫は騒々しい子どもたちのたまり場と化し、貸出した本が返ってこないなど、自分の夢があまりにも「綺麗事に過ぎて［…］次々失望させられる事の方が多かった」状態であった。しかし、この現実はまた、土屋に「自分の夢の文庫が社会的にどんな意味をもっているか」を考えさせ、「文庫は、小さいながらも、しっかりした根をもたねばならず、子ども達は、今の社会にさまざまな環境を生きる、生きている子ども達として」捉えねばならないと覚悟させた。

まだ家庭文庫が珍しかった時代、文庫はマスコミにも注目され、「小さな文化センター」として文化放送で紹介され、同じように文庫を始める人も出てきた。この放送がきっかけでアジア財団の援助が受けられることになり、中央区入船の、土屋家が所有していた事務所に、翌昭和三一年（一九五六）「入舟町土屋児童文庫」という姉妹文庫が誕生する。新しい文庫は、築地の魚河岸に近い下町の商店街の中にあり、遊び場もなく、忙しい親たちにあまりかまってもらえない子どもたちのために、静かなよい読書の場をと願ってのことだったが、ここでも、文庫は喧噪の場になったという。「文庫のきまり」に、喧嘩をしない、机の上に乗らない、食べ物を食べない、窓から出入りしない、などとあるのを見ると、大人たちの困惑ぶりが想像できる。

土屋文庫で働いていたのは、慶應義塾大学の図書館学科で渡辺茂男の教えを受けた学生たちであった。エッツの『もりのなか』などの翻訳者で、のちに神戸で「鴨の子文庫」を開く間崎ルリ子もそのひとりである。間崎らの努力で、文庫は読書の場としての落ち着きを得、蔵書数も会員数も順調に伸び、二つの文庫はその後長く活動を続け、後に発足する東京子ども図書館の母体となる。

土屋は、石井桃子らと共に、後に述べる家庭文庫研究会のメンバーとなって活躍し、平成五年（一九九三）八六歳で永眠する。入船の文庫は昭和六一年（一九八六）年九月に活動を終え、上北沢の文庫も平成八年（一九九六）、四一年にわたる歴史の幕を閉じる。文庫の蔵書は、平成七年（一九九五）の阪神淡路大震災で壊滅した神戸市灘区の教会に送られ「もみの木文庫」として生かされている。

土屋が残した言葉「親しい子ども達の顔を心に浮かべて思うことは［…］少年期の思い出の中に［…］本を読んで楽しかったという思い出をもう一歩すすめて、文庫に通ってほんとうに読書の面白さを教えられたという積極的な思い出にしてやりたい。このような小さな家庭文庫の使命はそこにあるのではないかと思う」は、文庫の関係者の多くに共感されるものであろう。

家庭文庫研究会とかつら文庫

児童文学の世界で、作家・翻訳家としても、編集者としても大きな業績を残した石井桃子が、すでに戦前、子ども文庫「白林少年館」という文庫の試みをしていたことは先に述べた。石井は、戦後五年ばかり、宮城県鶯沢村で農業と酪農に従事する。しかし、「日本少国民文庫」の編集を共にした吉野源三郎からの要請を受けて、岩波書店の嘱託となり、同社で新しく始める児童書出版の編集の任に当たる。ここで「岩波少年文庫」や、「岩波の子どもの本」シリーズを刊行。世界の新しい絵本や児童文学作品を紹介、日本の子どもの本の世界に新しい風を吹き込む。

昭和二八年（一九五三）、石井は、坂西志保から、ロックフェラー財団の研究員としてアメリカへの留学を勧められ、これを受けて、岩波書店を退社。翌年八月から、約一年をかけて、アメリカ、カナダ、イギリスなどの児童書出版や児童図書館を視察、関係者と親交を深める。この時の体験を通して、石井が痛感したのは、公立図書館の児童サービスが、良質の児童書出版に必須だということであった。よく整備された図書館網、よく訓練され、広い知識と高い見識を備えた児童図書館員、彼女たちによってよく選ばれた蔵書、子どもの反応に基づいて、出版社へ送られる図書館からのフィードバック、さらには、よい本ならば、毎年多くの部数を購入して、児童書出版界に対して安定したマーケットとして機能する図書館……その実情は、石井に深い感銘を与えた。

帰国した石井は、二年後の昭和三二年（一九五七）、道雄文庫ライブラリーの村岡花子、土屋児童文庫の土屋滋子らと家庭文庫研究会をつくり、自身もその翌年、自宅にかつら文庫を開く。かつら文庫については、その最初の七年の歩みを記録した『子どもの図書館』（岩波新書、一九六五）にくわしいので、第七章でその紹介をすることにして、ここでは家庭文庫研究会の活動について記す。『家庭文庫研究會会報』第一号には、その目的が次のように記されている。

今度地域の子どもたちのために、家庭を開放し又は他の方法で読書の機会を与えているものたち数人が集まりまして、家庭文庫研究会を作りました。

私たちはたがいに仕事について連絡し、研究しあい、子どもの読書の向上をはかりたいと思っています。また、時どき研究会を開き、将来、月報も出していきたいと思いますので、同志の方々の会友としての御参加をおまちしています。

石井桃子／浮田恭子／土屋滋子／福田なをみ／村岡花子／村岡みどり

〈会報〉

研究会では昭和三三年（一九五八）一月発行の第一号から七年後の昭和四十年（一九六五）二月発行の第四一号まで、毎年六回ガリ版刷りの会報『家庭文庫研究會会報』を発行していた。会報は、毎号各地の文庫の様子、新しく入会した分庫の紹介、人気がある本、利用者数、蔵書冊数の調査結果、文庫活動に関するアドバイスなどを掲載しており、当時の文庫の状況を知る貴重な資料である。「寒くなると、部屋をあたためるのにひと苦労いたします。〔…〕文庫の先輩に、どんな方法で部屋をあたたかくしているか、お聞きし」たいという質問に、子どもが火傷しないように「ガスストーブは廊下に出して、その前のしょうじをストーブの巾だけあけておきます」とか、母親有志が一口五十円で集めてくれたお金で灯油代をまかなっています、といった回答が寄せられていてほほえましい。

はじめ四十か所程へ送っていた会報が、一九六二年十一月発行の二九号には「ずい分お仲間もふえました。この会報が八十カ所の各地に飛び立つようになりました」とある。会報に名前が登場する文庫をみると、会員が北海道から九州まで広がっていることがわかる。

巻頭言は、当初村岡と石井が交代で担当し、さらに、村岡は「子どもへの話しかた」、石井は「ファンタジーについて」の連載をしている。海外の図書館や子どもの本の出版事情などについてのレポートもある。寄稿者の中には、渡辺茂男、清水正三、瀬田貞二、松居直、松岡享子らの名が見える。

〈本のセット貸出し〉

研究会では、子どもの本の貸出セットを作り各地の文庫へ貸出す活動も行っていた。この活動は、アジア財団からの助成によって可能となった。セットは、各二十冊程度で、全部で六セット。ⅠとⅡは文庫を始めてみたい人向けに、絵本、童話、民話、図鑑、Ⅲは小学中高学年や中学生向きの長編読物、翻訳もの、ミステリー等、Ⅳは、うすくて気軽に読める本、Ⅴは、読書に慣れない子ども、小さい子ども、都市から離れている子ども向けに絵本を中心にしたもの、Ⅵは、童話や図鑑、といった組み合わせである。当時、公立図書館の団体貸出を受けられる文庫は少なく、会報に寄せられている地方の文庫の意見を見ると、会報で紹介されているような新しい児童書は近くの書店には全くなく、本の入手に困っている様子がわかる。開始から約二年半の間に各セットがのべ二六回利用されている。発送は鉄道の小荷物便で、会員が駅まで運んでいたようである。

〈外国絵本の出版〉

研究会の活動のもうひとつの大きな成果は、海外の絵本を翻訳編集し世に送り出したことである。道雄文庫ライブラリーや、石井桃子のかつら文庫、土屋文庫には、海外の絵本が置いてあり、大人がその場で翻訳しながら読み聞かせていたが、それらは子どもたちに絶大な人気があった。こうした作品を是非とも日本の子どもたちにも見せてやりたいと願った会員たちは、翻訳出版を計画した。翻訳、編集を研究会で担当し、本の出版と販売を福音館書店が担当する形で、刊行に踏み切った。最初に取り上げられたのは、『シナの五人きょうだい』『一〇〇まんびきのねこ』(ともに石井訳)『アンディとらいおん』『いたずらきかんしゃちゅうちゅう』(ともに村岡訳)『おやすみなさいのほん』(石井訳)の五冊である。

これは当時としては冒険的な試みで、最初福音館書店も躊躇したようだ。原著の大きさ、版型をそのままにした出版は、書店から横長の本は本棚に並べにくいという苦情を受けたり、学校の先生からは、国語教科書がタテ書きなのに絵本の本文をヨコ書きにするとは何事かと叱られたりもしたそうだが、子どもの読者には大いに歓迎され、その後の盛んな絵本出版に先鞭を着けた。

こうした活動を通して、その後の文庫活動だけでなく、児童書出版にも大きな影響を与えた家庭文庫研究会は、昭和四十年（一九六五）児童図書館研究会に合流することで、その活動に幕を下ろす。会の活動が衰退したとか、その必要がなくなった訳ではなく、会の内部で、「日本の子どもの読書環境が全体としてよくなることを目ざすならば、家庭文庫だけでは解決にならない、やはり公立図書館の充実が鍵だ[9]」という認識が育っていたためである。会報最終号の座談会「家庭文庫研究会の仕事をふりかえって」において、石井も「家庭文庫の仕事は大変な仕事です。ですから私は、ここで公共（筆者注：公立図書館）の方向にうつっていくべきと思います。〔…〕家庭文庫はよい仕事ですから、したい人は大いにやっていったらよいのです。エネルギーと財源には限りはありますが[10]」と述べている。

石井の「かつら文庫」と土屋のふたつの文庫はそのまま存続し、その後、松岡享子の「松の実文庫」が加わって、共に東京子ども図書館へと発展していく。家庭文庫研究会の活動は、それまでばらばらに活動していた各地の子ども文庫に交流する場を初めて提供したという点で、大きな意義があったといえる。

悪書追放運動

各地で文庫活動への関心が高まり始めていたのと同じ頃、世の中では、子ども文庫とは違った形で、子どもの読書に関心が寄せられていた。悪書追放運動である。

昭和三十年代は、警察の取り締まりや自治体による条例の制定が相次いだ。その流れの中で、母親たちによる不良出版物追放運動が各地で組織され、悪書追放運動が全国的に広まった。子ども向けの漫画や猥褻な内容を主とする雑誌などが追放の対象となった。経済が復興し、統制が解かれて用紙不足が解消され、出版界も活気づき始めたことが背景にある。その結果、「大衆の好みそうな図書の出版を企画するものが多くなり、娯楽的出版から、エロ的要素が次第に濃厚になった。それを待つようにして、エロ出版の摘発が始まった」と、弥吉光長は述べている[11]。

子ども漫画の出版量も増加し、広く読まれるようになると、それも摘発や追放の対象となった。手塚治虫の回想によれば、「評論家や児童文学者でつくられた良書推薦委員会のようなものがあり、ここで「悪書」の烙印を押されると、たとえ有名出版社のものでも、槍玉に上るのだった［…］〝悪書追放〟は、おもに青年向きの三流雑誌が対象だったが、やがて矛先が子供漫画に向けられてきた。［…］岡山のPTAでは、エロ雑誌などとともに漫画本が、火で焼かれた[12]」という。

戦争中に敵国の図書を焼いた経験や記憶を持っていた人々が多かったせいか、この時期、悪書追放の手段として、頻繁に焚書が行われた。焚書を実行した東京都港区の赤坂少年の母の会の会長は、「焼くということは詮議のまとになろうが、害あっても利のないこの種の本を当局が取締ってくれない以上、こういう自衛手段をとる以外に手はない。いわば子を守る母親の社会に対する怒りの爆発です[13]」と言っている。

昭和二九年（一九五四）、厚生省の中央児童福祉審議会は、有害な図書の販売自粛を要請するため「児童に有害な映画及び出版物の悪影響防止方策に関する決議」を発表する。昭和三十年（一九五五）一月には、総理府の中央青少年問題協議会が「青少年に有害な出版物映画等の対策上の基本方針」を出し、同じ一月に東京都で開かれた第四回青少年問題全国協議会においても不良図書の追放が大きな問題となった。これらの動きを受けて、当時の首相鳩山一郎は第二一回国会の施政方針演説で、不良図書が「わが国の将来をになうべき青少年に対して悪影響を与えていることは、まことに憂慮すべきこと」であり、「政府としては、広く民間諸団体の協力を得まして、早急にこれが絶滅のため適切有効な対策を講じ」たいと演説している。当時、少女の売春や少年非行が社会問題となっており、その原因として、過激な内容の漫画や雑誌が挙げられることが多かった。

青少年に有害な図書や雑誌の出版・販売を規制する法律や条例制定への機運が高まる中、これが出版物への検閲につながりかねないと危惧した出版関係者は、出版倫理化運動実行委員会を結成して自主規制の方向へ向かう。

悪書追放運動は昭和三八年（一九六三）、山梨県甲府の書籍雑誌商組合が不良雑誌の仕入れ拒否を決議したことをきっかけに、再び全国的に盛り上がることになった。昭和三八年（一九六三）十一月七日の「朝日新聞」夕刊に「母の会〝悪書追放〟の一二年　回収、八万冊越える　くず代金で児童文庫」という記事がある。東京の南千住母の会が有害雑誌を追放する運動を続け、会員が一団となって町に繰り出し、各家庭の悪書を回収して回り、それを古紙業者に売り払い、その代金で児童書を購入し、小型の自動車に積んで毎週日曜日に町内を巡回したという。

子どもの読書に母親が関わったという点だけを見れば、悪書追放運動は、子ども文庫の活動と類似していると見られるかもしれない。だが、この運動は基本的に警察や総理府など、行政機関やその関連団体が主導したという点で、自発的な草の根の運動である子ども文庫の活動とは大きく異なる。事実、悪書を廃棄する白ポスト運動を推し進めた東京母の会連合会は、後に社団法人となるが、警察とつながりが強く、事務局は警視庁に置かれている。

横谷輝は、「悪書追放運動が、下から盛りあがった国民運動」であったとしても、それは悪書を追放するという「消極的な要因」によるが、今日の子ども読書運動は、「〝良書〟をすすんで読み、あるいは読ませようとする」積極的な側面を持っている。「すぐれた本を全面に押しだすことによって、結果において〝悪書〟を追放しようとするわけである」(14)と指摘している。子ども文庫の関係者は、なべてここでいう「積極的な」働きを推進する道を選ぶであろう。

(1) 「格子なき図書館シナリオ」『読書相談』vol. 2, no. 7 (1950. 9)
(2) まつながふみこ「何百といぅ小さい図書館」『図書館雑誌』vol. 49, no. 2 (1955. 2)
(3) 「ホームメイドの子供図書館」『婦人之友』vol. 50, no. 1 (1956. 1)
(4) 瀬林杏子「四国の山あいで八年――子ども文庫はとてもやめられません」『こどもの図書館』vol. 16, no.3 (1969. 5)
(5) 前掲書
(6) 市川早苗「幼い日の願いを新たにして」『親子読書運動』vol. 38 (1982. 3. 31)
(7) 村岡花子『母心随想』、時代社 (1940) p. 10
(8) 渡辺茂男「「そのころ、私は」(その4) 道雄文庫のこと」『JBBY』vol. 74 (1995. 2)
(9) 松岡享子『こども・こころ・ことば――子どもの本との二十年』、こぐま社 (1985) p. 50–51
(10) 『家庭文庫研究會会報』41 (1965. 2. 10) p. 4
(11) 弥吉光長「図書推薦と悪書追放――戦後の事情とその問題点について」『日本の読書運動』、国土社 (1962) p. 91–92
(12) 手塚治虫『ぼくはマンガ家』、大和書房 (1988) p. 149, 150
(13) 『朝日新聞』(1954. 7. 17) 夕刊三面
(14) 横谷輝「子どもの本の読書運動の現状と問題点――創造の側から」『日本児童文学』vol. 15, no. 10 (1969. 10)

第六章　親子読書運動と文庫のネットワークづくり

一九六〇年代から七〇年代にかけて、文庫の数は増え、活動も盛んになってくる。それにつれて、子ども文庫の全国的な組織誕生への機運が高まってきた。

この時期、急速な経済成長に伴って人々の生活が大きく変わる。しかし、あまりにも短期間に急成長した産業や工業の発展は、水質汚染や大気汚染などの公害問題、人口の都市集中や住居不足、交通事故の多発やゴミ問題など、深刻な社会問題を引き起こしていた。このような諸問題から自らの生活を守るため、様々な市民運動が起こる。公害反対運動や保育所設立運動、生活協同組合をはじめとする消費者運動など、地域住民による運動は、女性が中心になって進められた。日々の生活に根差した問題提起や要求には力があり、運動は多方面に広がっていく。

このような社会の動きに呼応して、子どもの本の世界でも、親子読書運動と呼ばれる運動が始まった。この運動の提唱者は男性であったが、それを実践し、広めていったのは女性たちであった。

この親子読書運動から、「日本親子読書センター」と、「親子読書・地域文庫全国連絡会（以下、親地連）」というふたつの全国的な組織が生まれた。両者は、それぞれ『親子読書運動』（日本親子読書センター発行）、『親子読書』（親地連発行）というよく似たタイトルの機関紙を発行していた。全国的な組織の誕生は、これまで各地でばらばらに活動をしていた草の根の読書活動に従事していた人々同士の交流を深めることになった。

本章では、親子読書運動の軌跡をたどりながら、日本親子読書センターと親地連がどのように誕生し、その後の子ども文庫の活動にどのような影響を与えたのかについて述べたい。

各地の文庫の人との会話の中には、何度も「親子読書」「親子読書運動」という言葉が出てくる。注意して耳を傾けていると、使う人によって、これらの言葉の意味が違っていることに気付いた。例えば、鹿児島の文庫の人が「親子読書」と言う場合と、日本親子読書センターの設立者の影響で文庫を始めた人が「親子読書」という時とでは、そこに付与されている意味が異なっている。その違いをはっきりさせるためには、「親子読書運動」の発生から、発展の軌跡を辿る必要がある。そこには、三人の人物の名前が浮んでくる。ひとりは鹿児島県立図書館長であった椋鳩十、二人目は日本親子読書センターの斎藤尚吾、そして、三人目は日本子どもの本研究会の代田昇である。

椋鳩十の「母と子の20分間読書」運動

「親子」「読書」「運動」という言葉が合わさって「親子読書運動」という言葉が生まれるのは、昭和三五年（一九六〇）、当時鹿児島県立図書館長であった椋鳩十が「母と子の20分間読書」を提唱した時からである。ただし、椋自身は、「親子読書運動」という言葉は用いていない。著書も『母と子の20分間読書』（一九六一）と題している。

椋鳩十、本名久保田彦穂は、明治三八年（一九〇五）長野県生まれの小説家である。『マヤの一生』『片耳の大シカ』『大造じいさんとガン』など、動物を扱った児童文学作品で知られている。椋は四二歳の時、友人の南日本放送会長の畠中季隆の推薦で、鹿児島県知事の重成格によって県立図書館長に任命される。知事から「お前に全部まかせるから、一つの個性的な図書館をつくれ」と言われ、支援を約束された椋は、新しい読書推進の方法を模索する。「従来の、教養一点ばりの読書運動では、いろいろ壁を突き破っていくことは、むずかしい」と感じ、「大衆運動としてとりあげられていくためには、きわめて単純な形式」をとらねばならないと考えた。その結果が「母と子の20分間読書」であった。「母と子の20分間読書」は、椋自身の言葉によれば、

子どもが、二十分くらい、教科書以外の本をちいさな声で読むのを、母が、そばにすわって、静かに、できるだけ毎日聞く。
たった、これだけのことである。(1)

あまりにも簡単すぎて、「単純な形式」とさえ感じられないかもしれないが、「この中には、ほんとにたくさんな、欲が深すぎると思われるくらい、たくさんな願いがこめられて」いると、椋は言う。椋はまた、幼い子や読めない子には、母が子に読んでやってもいいし、時間も「ある程度の、まとま

った興味や知識が、そのつど感じられるように」と考えて二〇分としているが、それにはこだわらない。十分でも、十五分でもいい、と言っている。

運動の説明をするとき、椋がたびたび母親を子どもの手にとりもどすといった意味の表現を用いていることからみても、この運動の目的は、母子の関係性の回復と強化にあったと見ることができよう（父親については言及がない）。母親たちを惹きつけるためであろうか、『母と子の20分間読書』には、センチメンタルな表現が多い。


子どもが、感激して読むものに、親も感心して耳をかたむける。

子どもが、涙ぐみながら読むものに、親も、じーんと、鼻をつまらせながら聞き入る。

ふろのタキグチにしゃがんで、（筆者注：子どもが本を）願いをこめて読む声が、しみてきたのです。おかあさんには、子どもの心が、ほんとうに、痛いほど、身にしみて感じられるのでした。

「忙しい、忙しい。」

と、いうことを、口実にして、子どもを相手にしてやらなかったことが、ほんとうに反省されるのでした。

ふろにつかりながら、子どもの読む声に、耳をかたむけているうちに、涙が、ポロポロとほほをつたって流れるのでした。(2)

といったふうである。一方、椋は、優れた戦略家としての手腕も持っていた。公式に「母と子の20分間読書」を始める一年前、椋は、県内の流水小学校で実験的にこの読書方法を試している。その時のことをこう語っている。

一年間ずうっと実験してみて、自分が考えていたことの半分ぐらいの可能性が確かめられた。それで何をやったかというと、県下の全新聞とテレビとラジオに、その結果を発表したの。それでも不十分だから、部下の課長三人と課長補佐三人、計六人に対し、三ヵ月間は図書館に来なくてもよろしいし旅費もやるから、毎日全県下を説得して歩けって言ってね。その結果、20分間読書に集まる者が一挙に八万人となった。(3)

椋は宣伝にも充分な配慮をし、メディアを有効に利用した。放送界に人脈があったことも、運動の助けになった。

普通なら大人が子どもに読み聞かせるところを、子どもが母親に読むという新しい発想と、やり方が非常に簡単で実践しやすいことから、「母と子の20分間読書」は、全県に広がる。小学校で、特定の学級、学年に実践する場合、全校生徒にする場合など、様々な実施例もあり、参加者の数は、全盛期で十二万人にも達した。

参加者が増えると必要な本の冊数も増える。だが、当時、学校や地域の図書館の蔵書は乏しく、県立図書館から地域の図書館へ大量に本が貸出された。需要を満たすため、椋は資料費を工面して児童書を購入していく。昭和三八年（一九六三）の統計を見ると、鹿児島県立図書館の年間の資料費は四八〇万円で、これは同じ年の都立日比谷図書館の一八〇〇万円の四分の一に過ぎない。しかし、当時の日比谷図書館では総蔵書数四一万三〇〇〇冊、うち児童書は九七〇〇冊しかないのに比べ、鹿児島県立図書館では総蔵書数が十五万六〇〇〇冊、うち児童書の冊数は四一〇〇〇冊と、日比谷よりも圧倒的に多いのである。このことからも、当時の鹿児島県立図書館がいかに児童書を数多く購入していたかがわかる。

ただ、冊数は多かったものの、質は伴わなかったようである。椋自身「今日考えてみると、まことに悪いもの（再話・翻案・抄訳の旧名作とか安易なノンフィクションなど）もはいっていた」[4]と認めている。ただ、運動が始まった時期、公立図書館で児童へのサービスを行っているところは少なく、また、その質も今日ほど充実していなかった。当時「県立図書館の児童室の不要論を唱える図書館もあった」と、椋自身も述べている。児童への関心が薄かった時代において、他の都道府県に比して、これほど子どもへのサービスに力を入れていたことは評価できる。「母と子の20分間読書」は、官主導の運動であり、民間の自発的な子ども文庫運動と違うのは確かだが、「親子読書」という概念を持ち込んで、子ども文庫運動へ大きな影響を与えた点に注目したい。

運動は全国的な広がりを見せ、静岡の「茶の間ひととき読書運動」や、愛媛県での「母と子の20分間読書運動」など、同様の手法をもとにしたさまざまな読書運動が生み出されていった。「簡単なわりにその効果が大きいことなどが世間に認められ」た結果だと、松尾弥太郎は見ている。

椋は、自らを「図書館の素人」であると公言していた。図書館についての既成概念に縛られていなかったことで、一般の図書館人にはないユニークな発想が得られたのであろう。

斎藤尚吾の親子読書運動

椋の提唱した「母と子の20分間読書」は、「親子読書」とも呼ばれていた。しかし、椋の「親子読書」は、文庫活動とは直接関係はない。椋は、「文庫づくりをすることの意味」と題する短文を書いてもいるが、彼の「親子読書」のねらいは、あくまで読むことを通して母子の結びつきを強めることにあった。しかし、昭和四十年代に入る頃、東京都の教員であった斎藤尚吾によって「親子読書」は子ども文庫と強く結びついていく。

それまで、子ども文庫は、開設者の自由意思や発案によって、自然に発生したもので、地域での連絡網をつくったところはあったが、全国的に文庫を広める運動は存在しなかった。斎藤は、「日本親子読書センター」を発足させた、その運動理念を掲げた「親子読書の手引き10カ条」の一項に、「家庭文庫をつくろう」と明記し、「みかん箱一つの本を、下駄箱の上に置くだけでも、よい本がそこにあれば、文庫活動は始められるのです」と各地で訴え、家庭や地域での文庫づくりを積極的に進めていく。

斎藤尚吾は大正三年（一九一四）東京都の生まれ。青山師範学校を卒業し、昭和九年（一九三四）西多摩郡霞村立霞尋常高等小学校の教員となる。昭和十五年（一九四〇）に、同じ西多摩郡の武蔵野尋常高等小学校に転任。翌年、同校は瑞穂第一国民学校と改称される。斎藤は、昭和十七年（一九四二）、自分の蔵書一五〇冊を提供して、自宅に地域の青年のための文庫「みくに文庫」（「みくに」が「御国」

を意味するのかどうかは不明）を設立している。毎月三回読書会を開き、一回は会員同士の親睦をはかる懇話会、一回は外部から講師を招いて話をきく会、一回は各自の読書について読後感想の話し合いの会としており、これは、後年の斎藤の活動の原型と見ることができる。

昭和十八年（一九四三）、斎藤は一時期、教職を離れた。そして、西多摩郡青少年団の専任指導員となり、郡内青少年の指導に当たる。斎藤の自伝ともいえる『點燈集』（一九八八）によれば、「次第に狂信的軍国主義教師」となり、「少年飛行兵志願生徒の予備訓練。グライダー訓練所の教官」を務めていたとある。戦前十年ほどは、斎藤にとって思想遍歴時代ともいえる時期で、同書の略年譜を見ると、昭和九年（一九二四）の項には、「村の青年運動に興味を持つ。「産業組合青年連盟」に入会し、産業組合運動を知る」「部落問題を知る。〔…〕『破戒』を熟読、差別の根の深いことを知り、水平社運動に関心を寄せる」「精神的動揺からキリスト教入信。宗教教育の道を求めて佐藤定吉氏「霊響会」に入る。（日本精神とキリスト教の結合を教えられる）」。昭和十八年（一九四三）には、「村の青年・学生・教師たちと読書会をつくる。（皇国精神・吉田松陰研究）」、昭和二十年（一九四五）には「誘われて全日本教員組合結成に参加。東京都教員組合結成世話人。（労働組合についての無知から、その後意欲を失う。）」とある。

若い一途な気持ちで社会を改良するための何らかの答えを求め、戦中には「軍国主義的教師」となり、戦後には、組合活動へと向かう。こうした斎藤の歩みは、この時代に生きた人たちの辿ったひとつの道のりであったろう。斎藤は、後年、講演会などで、戦時中に軍国主義の担い手となる教師であったことを、悔恨を交えて語ることがあった。日教組が戦後掲げたスローガンに「教え子を再び戦場に送るな」があったように、多くの教育者たちは、戦中、熱心に軍国主義的な教育を行い、自らの生徒を戦場へ送り出したことについて強い悔いを抱いていた。斎藤も、ある講演で、戦時中、少年飛行兵志願の少年の訓練に当たっていたことに触れ、「ぼくは戦犯教師なんです」と言い、「この道ひとすじに——私の教育宣言」という自作の詩を紹介している。

［…］
私の手は　汚れている。
それは　再びきれいになることのない手だ。
その汚れた手で　私は再び　チョークをにぎり、
君たちの前に　立っている。
私の教育は
「死ぬことの教育」から
「生きることの教育」へ　転向した。
［…］
自分の力で　心ゆくまで読み、
読んでは　しっかり考える。
考えたことを　はっきり書いてみる、
読書の教育が　はじまった。(5)

戦時中の体験と後悔の念が、「読書の教育」に繋がったと見ることができる。戦後、斎藤は瑞穂第一国民学校へ復職し、再び文庫を開設している。場所は、瑞穂第一国民学校のすぐ側にあった下駄屋の店頭で、文庫の名前は「みづほ文庫」という。この文庫については、今村秀夫の「みづほ文庫創立のころ――みづほ文庫と私」という記録がある。今村秀夫は、慶應義塾大学の図書館学科を卒業し、教員として読書指導や、学校図書館の運営に実績を挙げた人物である。

終戦後一年もたたない頃だった。

私がまだ二十才の学生であった頃である。この町の国民学校訓導であった斎藤尚吾氏が音頭取りで、「「みづほ懇談会」なる文化団体を作ったから是非入るよう。今晩その会合があるのでまぁ出席してみてくれ」ということであった。[…] 恐る恐る顔を出すと、既に会は始まっていて十四、五名程度の青年が来ていた。女子も数名見える。奥の隅には自炊道具の鍋と茶わん等がほうり出してあり、ベニヤ板で間じきりをした壁には「閑迷荘」と書いた紙が貼られていた。その下に当の斎藤氏が長ぎせるをくわえ、小柄だがでっぷりした体を正面に置き、車座になって他の人が座っている。[…] 幾つかの活動計画が出たあと、斎藤氏の提案で「この町には書店一つない。町の人々も読書にはおよそ縁遠い。一つ吾々の手で持寄文庫を作って、この町の人々にも吾々と一緒に利用してもらおうじゃないか」ということになった。(6)

「みづほ懇談会」を母体として生まれた「みづほ文庫」は、六〇〇冊ほどの蔵書を揃えた会員制の私立図書館で、会員には入会金五十円と、月二十円の会費の納入が求められた。会員以外の者が本を借りるには、三十銭から一円の貸本料を支払わなくてはならなかった。蔵書は、大半が斎藤自身のもので、大人向けの難しいものが多く、子どもが読める本はなかったにもかかわらず、学校のすぐ近くにあったため、かなりの数の子どもたちが来ていた。

斎藤の親子読書運動のはじまり――小金井と練馬での活動

戦争が終わって二年後の昭和二二年（一九四七）、教育基本法、および学校教育法が公布され、新学制の小中学校が発足する。教育制度が刷新された一方、戦争中、軍国主義教育に加担した教師たちは、新しい教育現場で、過去の自分とどのように折り合いを付けて生きていくべきかを模索していた。斎藤と同じ東京青山師範学校の六年先輩である金沢嘉市は、その著書『ある小学校長の回想』（一九六七）の中で、敗戦後、再会した小学校時代の教え子から、この度の戦は、「道義で負けたのです。結局は教育の不徹底ではないかと思います。見えない物に対して心をつくす教養を身につけるようにしなくてはならないと思いますね」と言われ、衝撃を受けたことを記している。(7)器用に変節を遂げて新生日本再建を説く気にもなれず、組合運動に身を投じて教育改革の旗を振る気にもなれず、悩みながら日を過ごしていた金沢は、敗戦後の精神の荒廃を救うのは文化ではないかと考える。「焼け跡の荒れはてた中にも一輪のたんぽぽに人々の心はしばしの安らぎを感ずるのである。荒れていく子どもたちの心に一輪の花を咲かせ、何とか少しでも暖かい文化の環境をつくってやらなくては……と思うようになった。そしてそのことが戦後の子どもたちにつくす私の道である」(8)と思い、有志の教員たちと共に東京児童文化連盟を発足、音楽、人形劇、童話、映画などの文化活動を始める。

同じ戦中の体験をもつ斎藤も、金沢のように、新しい時代の子どもたちのために「何とか少しでも暖かい文化の環境」を作りたいという思いを強く持ち、それがやがて子どもの読書への運動とつながったと考えられる。斎藤が子どもの読書に本格的に関わりはじめるのは、昭和二三年（一九四八）小金井第二小学校に着任してからである。同校で図書館係をやることになり、それまでほとんど読んでいなかった世界名作や児童文学を読み、子どもの本に目を開かれたという。

昭和二八年（一九五三）、議員立法で、学校図書館法が成立する。それ以前より、斎藤は「北多摩郡小学校教育研究会」という研究組織に所属し、同会の図書館運営を研究する部門である「教育問題研究部」の部長を務めていた。化成小学校の教員で、同会の会員でもあった西川至は、「斎藤さんはそのころまだ親子読書ということは口にせず、ただ新しく発足した図書館法に基づいて学校図書館作りや読書指導に意欲を燃やしていた[9]」と言っている（傍点筆者）。

昭和三一年（一九五六）の日教組第五次教育研究全国集会で、斎藤は、小金井第二小での実践報告を行っている。発表は四十ページにおよぶレポートにまとめられており、斎藤がこの発表にかけた意気込みが感じられる[10]。ここで、斎藤は「読書指導は生活指導である」と主張する。読書指導のねらいは、「図書館を中心とする読書指導で、作文教育や他教科と結んで子どもたちの読み・書き・考える力をしっかり」つけることであり、「自分の生活目標（理想）をつくり上げることに役立つような文学作品」として、小学校低学年には、岩波子どもの本の『ちいさいおうち』（自然や社会が変わっていく――人間が変えていく）、『もりのおばあさん』（集団の力や団結の勝利）、『はなのすきなうし』（平和を求める）を紹介している。斎藤は、後には、「ためにする読書が子どもをだめにする」と訴えるようになるが、この時期は、読書指導を生活指導と結びつける、一般の教師と同じ考えに立っていた。

斎藤が親子読書の活動を始めるのは昭和三七年（一九六二）頃からで、その経緯を書いた『文学教育サークル年報』（北多摩文学教育の会編）の記事に「親子読書」という語が登場する。

読書週間の後、子どもの一人よみがようやく軌道にのりはじめた頃、親子読書の構想が、ぼくの心にわいた。一つは椋鳩十氏による〝親子二十分間読書〟のこと、もう一つはサークルの仲間の一人が「雨の日文庫」を使ってクラスの読書文集をつくり見せてくれたこと、この二つをぼく流に組立てて実行にうつした。

・期間は一ヵ月間　・親子交代で読みきかせ　・毎日一冊貸出す

・雨の日文庫五、六集50冊　・むりに読ませない――叱ること厳禁

・教室では毎日カードに記入、数人ずつ報告（担任はここで全体の状況をキャッチし、いい本を発見しながら紹介してやる）(11)

「雨の日文庫」とは、二、三十分ぐらいで読み終えられる本五十冊をセットにしたものである。斎藤は、子どもに本を一日一冊ずつ家に持ち帰らせ、親子おたがいの読み聞かせを一ヵ月の間つづけさせた。家庭には五十冊の目録とカードを配り、読んだ本の名、読書している時の子どもの様子、また母親の感想などを書き入れてもらった。親への注文は「子どもが読んでいる時にお説教をしないこと、

静かにそばにすわってきいてやること」であった。

筆者が調べた限りでは、「親子読書」「親子読書運動」という言葉が一般の目に触れる文書に現れたのは、鹿児島の椋の活動を報じた昭和三五年（一九六〇）四月二六日付「南日本新聞」夕刊の記事が最初である。斎藤は、もちろん椋の二十分間読書については知っていたはずで、それを自分なりに組み立てて、新たな親子読書を始めたのであろう。そして、この新しい親子読書の形をとることから、斎藤は活動範囲を学外へと広げていく。

高知県の香我美町（現 香南市）で「出会い文庫」を開いていた西内巳佳子は、東京都三鷹市に住んでいた昭和三七年（一九六二）、新宿の伊勢丹で行われていた読書相談会で、会場でガリ版刷りの〝親子読書の十ヶ条〟を配っていた斎藤を目にしている。これは「日本読書指導研究会」によって、新宿の伊勢丹六階の書籍売り場を会場に、毎週土曜日の午後二時から四時まで開かれていた読書相談会のひとつで、滑川道夫をはじめ、読書指導、学校図書館、児童文学に関わる人々が相談にあたっており、後に、斎藤もメンバーの一員となった。そこで、斎藤がビラを配っていたのは、外部の人に自分の考えを広めようとしていた証として着目したい。

斎藤は、昭和三八年（一九六三）に、練馬区立北町小学校に転任する。ここで、十四条からなる「親子読書憲法」を作っている。斎藤の考えがよく現れているいくつかを挙げると、

読書のよろこびを共にする〈むりなおしつけ読書は長つづきしない〉
子どもの読書は必ず伸びる〈読書ぎらいの原因をさぐる〉

親が感動してみせる〈「何読んでいるの」と子どもが寄ってきて本に誘われる〉
お説教の材料にしない〈いきた感動がこわされる〉
感想は息が合ってから〈しぜんにでてくる感想を話し合う〉
タイミングを考える〈親と子の心の落ちついた時をえらぶ〉
たまにはお父さんを引っぱり出す〈お父さんのとくいなものを引き出す〉
親子で愛読書をつくる〈たくさんの本の中から人生案内の北極星を指す北斗七星にあたる本をえらびだす〉
家庭文庫をつくる〈となり近所の子どもをさそい、わが家を楽しい子どもの読書の場としよう[12]〉

「家庭文庫をつくる」とあるのが注目される。この時期から、斎藤独自の、子ども文庫と結びついた親子読書がその輪郭を現してくる。昭和四一年（一九六六）の日教組の第十五次教育研究全国集会での実践報告で、斎藤は、「親子読書を成功させる10の鍵」のひとつとして「茶の間を読書センターに、小さい家庭文庫」を作ることを挙げている。ここでの「家庭文庫」は、広く一般に公開された家庭文庫というよりは、親子で読書を楽しむために家庭に備えられた蔵書といった意味で使われている。

昭和三二年（一九五七）に「文学教育の会」として発足した日本文学教育連盟（以下、文教連）が発足し、斎藤も入会した。昭和三七年（一九六二）に、文教連の第五回全国集会が小金井で行われた際には、地元の責任者となって親子読書の活動について発表している。昭和四十年（一九六五）には、文教連主催による親子読書研究集会が北町小学校で開催された。参加者は教員の他、一般の母親たちなど二〇〇名にものぼった。この集会で、斎藤は、「各校ＰＴＡや地域で母と子の読書グループがふえ、相互の交流をのぞむ声がおこっていること」に気付く。

昭和四二年（一九六七）三月、斎藤は北町小学校を退職し、日本親子読書センターの設立に取り掛かった。斎藤の同僚で、共にセンターの仕事に携わった西川至は「日頃の子どもの読書活動が、家庭にまで及ばず永続しないのは、家庭における読書環境が十分でないことであり、この啓蒙のために身体の動く間、自分の後半生を捧げたい。そのために五十三才を一期に学校を辞め、一介の民間人としてこの運動にはいりたい[13]」と斎藤の決心を述べている。斎藤自身は「学校の枠をこえ、ヒモつきでない、地域の母親を中心とした読書運動を推進するために学校を辞めました」と述べている。ここで言う「ヒモ」が何なのかは不明であるが、斎藤は、学校内だけでの活動に何らかの限界を感じ、教師としてではない自由な立場で読書運動を広げたいという思いが強くなっていたと考えられる。

日本親子読書センターの設立

日本親子読書センターは昭和四二年（一九六七）に創立された。センターの創立宣言は次のようなものである。

創立宣言

一冊の本、ひとつの作品を親子が読みあって、そこに描かれた世界や人間について語りあい、思いを交流しあう親子読書は、もともと家庭という個人的なわくの中での教育、文化的な営みであります。

しかし、「わたしの子ども」は同時に「わたしたちの子ども」であるとすれば、個人的なものの中にとどまっていることはできません。

悲惨と荒廃の戦争をくぐって、親となった「私たちの世代」は、日本の歴史の中の、どの世代よりもかつてないほど、親であることの意味と価値を問われていると考えます。

だからこそ、わたしたちは、次の世代に何をこそ託すべきかを真剣に追求しなければならないはずです。

親と子が心を交わしあう親子読書は、この社会のこころの土壌を静かに深く耕すことです。「日本親子読書センター」は、この個別的な営みに、教育文化運動としての形態を与えより深く、より広くしていく連帯としての鍬をとりたいと思います。


センターを設立して運動を本格的に始めた、といっても、専任といえるのは斎藤だけであり、事務局長の任に当たった志々目彰《ししめあきら》によれば「センターの活動を支えている人達はみな自分の生活、文庫の活動、その人以外には出来ない各種のボランティアと、おそらく三人前の仕事をした上で、なおかつプラスアルファーに親子読書センターの運営や編集を引き受けている集団」(14)だったという。志々目自身も、平日には勤め先で働き、休日は自宅で家庭文庫「どよう文庫」を開き、さらにセンターの様々な事務的な仕事、親子読書研究集会の会場場所の下見、機関紙に掲載する記事の執筆等を一手にこなしていた。

斎藤は、自らも家庭文庫「たんぽぽ文庫」を開設しており、センター設立から晩年にいたるまで、全国各地で何度も講演を行い、足を運んだ先々で子ども文庫の開設を訴えた。

みかん箱一つの本を、下駄箱の上に置くだけでも、よい本がそこにあれば文庫活動は始められるのです。［…］あなたが燃えていればまわりの人があたたまります。あなたの心に明かりがともっていれば、まわりが明るくなります。しぜんに、そこに子どもと親が寄ってきます。(15)

センター設立七年後の、第十二回親子読書研究集会で、斎藤は次のように述べる。

私たちは「ポストの数ほど図書館を」といいます。また一方で文庫の粗製濫造を戒める声のあることも知っています。手間ひまかけて能率のあがらない文庫などせずに、そのエネルギーを図書館づくりだけに注げばよいのにという意見があります。まことにそのとおりといいたいのですが、旧い体質のまま、長い間眠りこんだままの大部分の自治体や図書館には、何の痛みも感じさせないでしょう。すこしきついことばですが〝文庫はゲリラだ〟と私はいいたい。市民の手で市民のための施設（筆者注：公立図書館のこと）を要求する声を育てながら旧い殻の中にとじこもっている自治体・行政の体質をつくり変えるためには、文庫は時にはゲリラのように神出鬼没の対外行動をとらなければならないのです。住民参加の図書館づくり運動は、文庫の手で夜明けを迎えることになるのです。この流れを誰も阻止することはできず、だれも否定することはできないでしょう。

私たちは今一度「ポストの数ほど文庫を!!」ということばをかみしめてみたいと思います。(16)

この基調報告を収録している『親子読書運動』十号の記事には、片手に本を持ち演台の上に置かれたマイクに向かって熱心に語りかけている斎藤の写真が添えられている。センター設立から七年経ち、各地で文庫づくりが行われ、文庫連絡会が発足し、「地を這うような広がりをみせるようになった」状況の中、さらに運動を充実させ「文庫の手で夜明けを迎え」ようとしている気力溢れる斎藤の姿が見られる。

日本親子読書センターの活動

センターから発行されていた『親子読書の展望』(一九七六年版)に掲載されている「日本親子読書センターの事業と運営」には、「しごと」として、機関紙「親子読書運動」の発行、年一回の親子読書研究集会の開催、研究会の開催(親と子の野外教室、文庫・図書館づくり講座、文庫・図書館見学会)、子どもの本の紹介、普及(展示会・読書相談)、講師の派遣が挙がっている。

志々目が「(筆者注:センターは)純粋に交流機関であった(17)」と述べているように、センターは子ども文庫関係者の交流・情報交換のためのプラットフォームとして大きな役割を果たした。その活動の軸となったのは、機関紙『親子読書運動』の発行と、年一回開かれる親子読書研究集会であった。研究集会は、夏、三日間にわたって開かれ、児童文学者や図書館関係者の講演会、図書館設立運動についての講座、図書館見学と盛り沢山のプログラムで、二〇〇から四〇〇名の参加を得ている。職域別に見ると、母親が大半で、次いで教師、図書館員、他に作家、書店員などとあり、職域を越えた集まりであったことがわかる。集会では、毎回図書館づくりの分科会が設けられ、第八章で述べる図書館づくり運動に従事している文庫の女性たちが互いの活動を報告し、刺激しあう貴重な場となった。

機関誌『親子読書運動』は、『親子読書通信』ガリ版 第一号―八号（一九六七・五―一九七〇・三）、『親子読書の展望』A5版 第一集―第九集（一九六八・八―一九七六・八）を経て、B5版で刊行される（第一号―七三号、（一九七二・八―一九九二・一二）。毎号、五十ページほどの分量で、「私たちはこういう図書館がほしい」（創刊号）、「児童図書館を考える」（第五号）といった特集記事、研究集会の報告、集会での講演録、その他、図書館づくりや児童文学などについての評論や座談会、各地の文庫だよりの紹介など、様々な記事が掲載されている。編集には、斎藤の教員時代の仲間である西川至等があたり、会報として会員に配布された。

昭和五二年（一九七七）、『親子読書運動』二十号には、「センターの役割は終ったか？」として「斎藤さんから、この十年の間に出すべき手は全部出しつくした。自分としてはこれ以上のビジョンは湧かない。というような述懐をきく［…］」といった言葉が見られる。[18] 昭和四九年（一九七四）の「ポストの数ほど文庫を」「文庫は時にはゲリラ」と訴えてからわずか三年ほど後のことで、かなり唐突な印象を受ける。斎藤は、この頃大病を患っており、七十歳を迎えようとしていた斎藤の肉体に疲れはまだ重く残っていただろう。昭和六十年（一九八五）にはセンター辞任の弁を述べている。

素手で大海を泳ぐ決心をしたぼくに対して、ぼくの所属していたそれぞれの組織の人や、ぼくを個人的に知りぼくを理解してくれた人たちが、ちゃんとした舟ともいえぬ、いかだのようなものを組みあげて、一緒に櫓を漕いでくれたのである。それがこの「日本親子読書センター」なのである。ぼくは明確な海図ももたぬ水先案内人となり、またいかだをおし進める櫓の漕ぎ手でもあったのである。(19)

昭和六二年（一九八七）に斎藤は正式に代表を辞する。その五年後の『親子読書運動』七一号の巻頭言には、西川が「日本親子読書センターに栄光ある終結を」の一文を寄せている。

越し方を振り返って見るとき、多くの感懐がないわけではない。今を去る二十数年前の昭和四十二年（一九六七年）四月に、斎藤尚吾さんが野に出てこの運動を始め、まだ当時は若かった同志の教員や、文庫にめざめた母親がこれに共感して、その運動を拡げていった。当時の世相や我々の志を思うとき、やはり感慨なくして回想することはできない。しかし時が移った。子どもをとりまく社会環境も変わってきた。母親の意識も変わった。それは我々が望んだ方向より、むしろ心配を深くする方に突っ走っているようにも思える。［…］しかし如何せん、わが親子読書センターは、それに対応する力を既に失っている。［…］私は今こそ決断をもって、この二十五年続いた日本親子読書センターに、栄光ある尊厳死を与える時が来たと思うのである。(20)

『親子読書運動』は七三号が最終号となり、ここで一旦、初期のセンターは歩みを終えた。その後、第二期日本親子読書センターとして活動は引き継がれる。斎藤は、代表を退いた後も一会員としてセンターの活動に関わっており、柏市の自宅の「柏たんぽぽ文庫」の運営や、講演などの活動は続け、平成十三年（二〇〇一）に永眠した。

斎藤は、センターの代表であった時期、実に精力的に全国の子ども文庫を訪ね歩いた。訪ねた文庫の数は数百にもなろう。出会った人は、さらに多い数になるだろう。読書運動の旅と呼ばれた各地の文庫への旅と、そこで講演をしている姿こそが斎藤を最も特徴付けるものである。

斎藤は、文字ではなく自らの声を使って自分の考えを伝えようとする人であった。追悼集『タンポポの種を蒔いた人』には、「説得力のある情熱的な講演が得意であった斎藤尚吾さんは、やはり弁論の人であったというべきか、〔…〕体系的な論考として残っている文章は意外に少ない[21]」とある。斎藤の自伝的な書物『點燈集』が出版されたのは、斎藤がセンターを設立してから実に二十年以上も経った時の事である。斎藤に接した多くの人が、「強い信念を持って親子読書について語った」「講演をお願いすると手弁当ですぐに来てくれた」「斎藤先生の『かにむかし』の読み聞かせを聞いてたいへん感動した」など、耳に聞こえ、目に見える斎藤の姿を記憶に留めている。

斎藤のいちばん近くにいて、その活動を支え続けた志々目は、斎藤の親子読書の本質について、次のように述べている。

尚吾さんの〝子分〟であった者として、仲間うちでは当たり前すぎて忘れられていることを、もう一度力説したい。それは尚吾さんが講演の度に話していた「いつでも、どこでも、だれでも」というスローガンである。親がわが子に一冊の絵本を読む。先生が教室で一冊の本を読み聞かせる。親子読書運動の原点はそれだけである。何時でも、何処でも、誰でも出来る。学歴も資産も関係ない。尚吾さんはそのことを生涯かけて説いて回った。[22]

斎藤は多くの文庫を訪ね、いくつもの土地で、「いつでも、どこでも、だれでも」と呼びかけ、多くの人の中に子どもと本をつなぐ活動への灯をともしていった。その運動は、各地を旅した足跡のひとつひとつに刻まれている。筆者は、埼玉県所沢市にある斎藤のお墓に参ったが、本の形をした墓石には「燈」とただ一文字が刻まれていた。

なお、日本親子読書センターは、その後も女性たちの手によって継続され、平成二九年（二〇一七）には、創立五十周年を迎えている。

代田昇の親子読書運動と親地連の設立

斎藤尚吾が日本親子読書センターを設立したのと同じ頃、東京都三鷹市にあった都立教育研究所「有三青少年文庫」において、もう一つ新たな親子読書が生まれた。同文庫に勤務していた代田昇と増村王子が地域の母親とともに「親子読書会」を始めたのである。代田昇は大正十三年（一九二四）、椋と同じ長野県下伊那郡の生まれである。子どもの読書についての評論以外、多くの絵本や読み物も残しているが、その中には『てんりゅう』や『しなののぶんご』等、信州伊那谷を舞台にした作品がある。十八歳の時、長野県戸隠村（現 長野市）の国民学校で助教となるが、わずか一年程後に召集され、昭和十九年（一九四四）九月には沖縄に派遣されて沖縄戦の最前線に立つことになった。特攻艇の要員となり、昭和二十年（一九四五）三月、出撃に備え阿嘉島に駐屯していた時、隊は米軍の激しい砲撃を受け壊滅的な状態になる。隊員たちは激しい海流のなか久米島へと漂着し、同島の山中で死線をさまよう。代田は、昭和二一年（一九四六）二月、米軍に投降し捕虜となった。

捕虜時代を生き抜き、復員で召集解除になった代田は、昭和二二年（一九四七）、長野県下伊那郡生田村（現 松川町）の生田西新制中学校に英語担当教師として再び教壇に戻った。昭和二五年（一九五〇）には旧制愛知大学法経学部を卒業、東京都立朝鮮人高等学校教諭となり、同校に昭和三十年三月まで務めた。在任中、都教委が朝鮮人学校の廃校を通告したことに対し、代田は朝鮮人の教員とともに、激しい抗議運動を起こす。

昭和三十年（一九五五）、東京都北区立王子中学校の教諭となるが、今度は、全国一斉学力テストに反対する闘争に関わることになった。その結果、多くの教員と共に処分を受け、昭和三八年（一九六三）九月、都立教育研究所の分室である「有三青少年文庫」への配転を命じられた。それまでは子どもの読書について特に強い関心を示していなかった代田が、子どもの読書に関心を向けたのは、有三青少年文庫に勤務し始めてからとみられる。

都立教育研究所分室「有三青少年文庫」

代田が赴任する以前の有三青少年文庫（以下、有三文庫）の活動は、世田谷の代沢小学校の教師であった柳内達雄と、氷川小学校から移ってきた増村王子《きみこ》の二人によって担われていた。

読書運動の上で、代田の初期の重要なパートナーとなる増村王子は、大正八年（一九一九）生まれで、斎藤尚吾とほぼ同年代である。故郷秋田県の小学校で勤務した後、上京し、昭和二三年（一九四八）四月、港区立氷川小学校に赴任した。そして、同校で本格的に学校図書館員としての活動を始める。増村は赴任当初、一年生の担任と図書係を担当していたが、二年後には学校図書室の専任となる。今日の学校においても専任の司書教諭の姿を見ることは稀であるのに、まだ学校図書館法も成立していないこの当時に、図書室専任の教諭を配置したのは珍しい。初代学校図書館協議会会長を務めた当時の校長、久米井束《つがね》の考えでもあったろうか。久米井は詩人でもあり、文学教育や学校図書館に大きな関心を持っていた。

増村が学級担任を外され専任の司書教諭に任命された時、同僚の職員や保護者、生徒たちは、それを左遷と捉えたようで、心配した同僚は、「その気なら校長にかけあってもいい」と言ってきたり、生徒の何人かはわざわざ職員室に出向いて「先生はオレたちが行儀悪くて、いうことをきかないから、先生をやめたんだろ」「先生にもどってください」と嘆願したりしたという。[23] まだ学校図書館や司書の存在が認められていなかった時代であったことを伺わせるエピソードである。

専任として配置されたとはいえ、まだ専用の図書室はなかった。そもそも、校舎さえもまともな状態ではなかった。校舎には、戦火で場所を失った都立の病院が引っ越してきており、各教室には、内科・外科・眼科・耳鼻科・産婦人科などの標示が出されており、入院患者たちが教室でコンロを使って煮炊きをするそばを看護婦が駆け回るという有様で、まるで野戦病院で授業をしているようだった、と増村の回顧にある。学校図書室は、当時、校舎に併設されていた都立氷川図書館の一部を借用して開館していた。

昭和二五年（一九五〇）、学校に専用の図書室が作られた。全国のモデルライブラリーとなることを目指し、国立国会図書館の秋岡悟郎の意見も取り入れ入念な設計がなされた。当時としては最新の書架、閲覧席、カウンター、そして蔵書一二〇〇冊を備えた立派な図書室が完成し、各地から見学者が訪れた。学校図書館が利用されるように、各科目の授業で図書を使った調べ学習のような方法を取り入れるなど、様々な実践が試みられた。増村は、この氷川小学校で担任時代を含め十年間勤めた後に、有三文庫に移る。

有三文庫では、「学級招待の読書指導」「一般閲覧」「竹の子文庫」の三事業が行われていた。「学級招待の読書指導」は、三多摩地域の小学三年生を、週四日の午前中、文庫に招待して、幻燈や八ミリ映画を上映し、その後で図書室で読書を楽しんでもらうもので、往復には文庫専用のバスが用いられた。代田が赴任する以前は読書指導はあまり行わず、単なる図書館見学といってよかった。午後からは「一般閲覧」の時間で、本の貸出しは行ってはいなかったが、図書室での閲覧は自由で、地元の三鷹市や武蔵野市の住宅地の子どもなどが来館していた。「竹の子文庫」は、増村が、各学年ごとにふさわしい本を選び、それを一セット五十冊にして箱に詰め、三多摩地域等の学校へと五ヶ月間貸出すというものであった。

こうした活動を行ってはいたが、有三文庫は、あくまでも都立教育研究所の分室であった。しかし、そこで研究や研修が行われていたかというと、そうでもなかった。増村自身、「有三文庫は［…］役人気質でこりかたまっていた当時の（筆者注：教育）研究所の中で、ほとんど無視された存在で、予算ばかり食う厄介なお荷物であった。このことは、逆の見方をすれば、派閥や出世欲から疎外された無風地帯であったから、かえって気ままに、自由にふるまえたとも考えられる[24]」と述べている。少なくともここは代田という読書運動家を胚胎させるのに良い環境であった。有三文庫への異動はおそらく代田の意に反したものだったであろうが、ここで多くの児童書に触れることになり、その経験がその後の親子読書運動の原動力となる。

代田は、有三文庫の三事業のすべてを見直し、そのひとつひとつの目的と意義を再検討し、内容の改善に取り組んだ。例えば、学級招待の活動も、単なる見学でなく、読書の動機づけ指導を行い、竹の子文庫についても、これまでの利用状況と効果とを検証し、より効果的な方法を試みるなど、その後「有三文庫方式」と呼ばれる様々な実践が、代田と増村によって行われた。

昭和四二年（一九六七）一月号の『学校図書館』に代田と増村は共同で「子どもの読書における地域の特質――山本有三文庫の実践から」という論文を発表した。これは「竹の子文庫」の利用状況について詳しく調査したものである。三多摩の農村部、三鷹や青梅などの市部、杉並や世田谷といった区部など異なる地域の学校において、子どもの読書時間や本の利用がどう異なるのか、また、親の職業や読書への関心が子どもの読書にどのように影響するかなど、様々な要因と子どもの読書活動との相関を綿密に調査している。この論文はその後、代田と増村が編者となり昭和四二年（一九六七）に刊行した『聞く読書から読む読書へ』（国土社、一九六七）に収録され、代田の読書運動の出発点となる。

親子読書会のはじまり

『聞く読書から読む読書へ』が刊行された頃、有三文庫を拠点として「三鷹武蔵野親子読書会」が生まれた。この親子読書会は、地域の母親と子どもたちが、あらかじめ増村が紹介した本を読んでおいて、毎月一度有三文庫に集まり、親子がその本について意見を交わすものであった。ここに椋のとは異なる形の親子読書が始まり、その他世田谷区、北区など、都内各地へ、さらに全国へと広まっていく。

集団で読書を行い、読後に感想を述べ合うというやり方は、既に教育現場で広く行われてはいたが、それは生活指導の方法としてであり、道徳的な本を読ませて、その内容について子どもに討議をさせるものであった。

大村はまは、昭和四十年代に教師たちの間で読書指導への関心が高まっていた頃のことを回想して「夏なんかでも、研究会というと、テーマは軒並み読書指導でした。読書指導と言いながら、読書生活指導と思っていた人と、読書生活指導というのは読書による生活指導と思っていた人と、いろいろありました」[25]と述べている。滑川道夫は、はっきりと読書指導とは、「読書による生活指導をいう」[26]と定義している。

代田は子どもの考えをある一定の方向に導くための読書指導というものを強く拒絶する。集団で行う読書について、「集団読書は、精神の解放の中で、みんなが同一作品に接し、それぞれが自由な立場で自由な読みとりをして、相互に、物の感じ方、見方、考え方、生き方の共通認識をより深め、高めるところに意義がある」と述べ、集団読書の効用を、次のように記す。

子どもたちは、それぞれの性格、環境、感度のちがいなどから、同一作品から多様な価値を読みとっている。ときには、同じ作品から、全く相反した感情をいだく者もいて、その新鮮さとバラエティにとんだ発想に、指導者は驚嘆させられることがしばしばある。(27)

代田は、あらかじめ大人のほうで、ある作品をどのような観点で読ませ、何を読みとらせるかを決めた上で子どもに本を読ませることを強く批判する。読書そのものを、社会科や国語科のように、ひとつの科目と考える必要性を訴え、「読書指導」ではなく「読書教育」の必要性を提唱した。『聞く読書から読む読書へ』を出版した昭和四二年(一九六七)、代田は、子どもの本の研究と普及・向上を目的に、日本子どもの本研究会を設立する。十一月に発足した研究会の創立メンバーや理事十五名には、増村をはじめ小中学校の教師のほか、鳥越信、古田足日、横谷輝、那須田稔などの評論家や児童文学者、そして科学読物研究会の吉村証子などが名を連ねた。同会では、「全国子どもの本と児童文化講座」などの様々な講座の開催、書店での読書相談、機関誌『子どもの本棚』の発行などの活動を次々に活動を行っていった。

親子読書・地域文庫全国連絡会の誕生

昭和四四年(一九六九)八月、日本子どもの本研究会は、熱海で第一回「全国子どもの本と児童文化講座」を開催した。関東圏以外からの参加者も多く、奈良県から友人と共に子連れで参加したある女性は、その時の様子を「想像以上の熱気に満ちた集会だった[…]五百人を超える熱い集団の一人となって三日間を燃えた。［…］初めての企画とあって主催のスタッフも熱くなり、朝に夕にガリ刷りの速報紙が配られ、各分科会の模様などが時を移さず紹介されて、講師の作家方も参加者たちの熱気の輪の中で共に語り合う位置につき文字どおり清烈《ママ》な初心の集いであった[28]」と述べている。

この講座の分科会の一つが「地域と親子読書」で、この分科会の参加者によって「親子読書・地域文庫全国連絡会」が発足する。初期の連絡会の世話人のひとりであった関日奈子は、その分科会での様子を次のように述べている。

> 「地域と親子読書」の分科会は討議のはじめで「地域」ということばの意味をめぐって、なかなか共通の理解がうまれませんでした。なぜ、わざわざ地域ということばがついているのか、その意味がつかめないのです。
>
> 親子読書会が地域に生まれるその必然性が話しあいの中でやがて浮きぼりになり、母親と教師が手をつなぎ、地域に根ざした親子読書会の輪をひろげることの重要さがたしかめられました。それぞれの地域で、手さぐりであゆんできた母親たちにとって、この分科会での出あいはかけがい《ママ》のないものに感じられたのです。
>
> また、参加していた図書館員から、図書館をよくしていくのは地域の住民、とくに母親の力なのだという問題がなげかけられ、子どものための読書環境を充実させていく基本的な道すじも、図書館員とともに発見していかねばならないことがわかりました。
>
> そして、この分科会に集まった人たちの総意は、全国的な連絡組織をつくろうという約束となっ

たのです。(29)

この後、東京都内の北区、世田谷区、中野区、練馬区、杉並区などで親子読書会をしていた父母、教師が準備委員となり、全国的な親子読書会、子ども文庫の連絡組織である親子読書・地域文庫全国連絡会(以下、親地連)が昭和四五年(一九七〇)に誕生した。当初、会の運営には、会長、副会長などの世話人が当たっていたが、そのほとんどが女性である。これまで読書運動の創始者は椋、斉藤、代田など男性ばかりであったが、こうして女性が読書運動の担い手として登場することになった。

親地連は発足した一ヵ月で、個人会員七二名、団体十九、計九一の加入があり、わずか二年後にはその数が二倍にもなった。親地連が発足した前後の時期は、それまで各地域で個々に活動を続けていた子ども文庫や親子読書会が、互いの交流や情報交換などのために連絡会を組織し始めていた時期でもあった。昭和四四年(一九六九)の「ねりま地域文庫読書サークル連絡会」「長流文庫連絡会」「市川市子ども会文庫担当者連絡会」といった文庫の連絡会、そして翌年の「東久留米市地域文庫親子読書連絡会」「北区親子読書連絡会」「みやぎ親子読書をすすめる会」などの親子読書の連絡会など、各地でのネットワークが大きく広がっていた。

親地連は、機関誌の発行、全国交流集会、その他子どもの読書に関するセミナーの開催等の活動を行い、各地の文庫や親子読書会に関わる人々の情報交換や交流の場を設ける全国的な連絡会として現在まで大きな成果を残している。日本親子読書センターが毎年、親子読書研究集会を開催していたように、親地連でも全国交流集会を開いている。第一回の交流集会は昭和五二年(一九七七)七月二三日と二四日の二日間にわたって東京都稲城市のよみうりランド学生ホテルを会場に行われた。一日目には、事務局長（当時）の広瀬恒子の基調報告「読書運動をめぐる現状と課題」や、松谷みよ子による記念講演、さらに各地の実践報告や親子読書会の試演が行われた。続いて二日目には、「たのしい文庫活動の手だて」「たのしい読書会のつくり方・つづけ方」「地域社会と読書運動」など七つの分科会が開かれた。この交流会には実に約九〇〇人もの参加者があった。

日本親子読書センターの全国集会にも何百人という参加者が全国から参加していたが、各地で文庫や親子読書会をしていた人々は、それほどまでに交流する場所を切実に求めていたのである。

親地連の機関誌について

親地連は、活動の当初からガリ版刷りの『親地連ニュース』一号から十二号を発行し、その後、機関誌となるが、表題と形態は次のように変わる。

昭和四六年（一九七一）八月—昭和五八年（一九八三）三月　『親子読書』（岩崎書店発行）

昭和五八年（一九八三）四月—平成八年（一九九六）三月　『子どもと読書』にタイトル変更（岩崎書店発行）

平成八年（一九九六）四月—現在　『子どもと読書』（親子読書・地域文庫全国連絡会発行）

編集長は当初、代田昇があたった。そのせいか、当初はどちらかというと文庫に関する記事よりも親子読書会に関してのものが多い。同誌の特集のテーマを追っていけば、七〇年代から現在まで、各地の子ども文庫や親子読書会の人々が何に関心を持ち、また持たざるを得なかったかがわかる。オイルショックによって、子どもの本の値段が高騰したときには「高物価の中の読書運動」、急速に子どもの生活に食い込んできたマンガやテレビについては特集「マンガへのアプローチ」「子どもとテレビ」、八〇年代、パソコンが家庭に入り始める頃になると「子どもとコンピューター」といった特集が見られる。一方、もっと具体的な活動に焦点をあてた特集もある。「地域活動と家族の協力」という特集では、「子どもにかかわる運動が、乱闘夫婦を、おしどり夫婦に変えた」「文庫と家庭のあいだで」といった記事が寄稿されている。そこでは「長い間に、夫も私も限界を知りました。ですから、私も自分のための活動は夫のいる時にはいっさいしないようにしています。幸い文庫や読書会活動は夫も賛成してくれますが、それでも、文庫の当番の日に、夫が休みだったりすると大変不機嫌で、私は朝からハラハラしどうしです[30]」といった、家庭内で文庫をすることとの大変さが綴られている。

「読書活動の助成はいま」という特集では、各地の自治体でどのような文庫への助成策があるかが具体的な実例とともに紹介されている。旭川市の「神楽親子読書会」の北川武子は「会の運営、方法もまったく手さぐりで、不安も大きかったのですが、〔…〕これまで何回となく本の選び方、読書会の進め方など話しあって来ましたが、専門的に勉強している方もいなく、「親子読書」をたよりに進めておりました[31]」と書いている。一般のメディアでは取り上げられることのない、文庫や親子読書の活動について情報や各地の運動の動静を伝える記事は、実際に活動している人々に大きな参考となっただろう。

『親子読書運動』が日本親子読書センターの会員にのみ配布されたのに対し、岩崎書店から発行され出版流通ルートにのった『親子読書』『子どもと読書』は、より広範囲の地域に届けられた。各地の文庫を訪ねた時、棚に古くなった『親子読書』のバックナンバーが置かれているのを何度も見た。文庫に関わりのある大きな出来事があったときに、親地連の機関紙から発される様々な意見は、各地の文庫の人々の考え方や活動に大きな影響を与えた。

全国的な連絡会としての活動

親地連は、その正式名称に「全国連絡会」という語があるように、当初から全国的な連絡会として始まった。地域内の連絡会作りは進んでいたが、意識的に全国的な連絡会を設けようという試みは初めてだった。現在、親地連の代表をしている広瀬恒子は、設立当初のことを振り返り、次のように述べている。

いよいよ全国連絡会は発足したものの、その運営にくわわった母親たちにとっては、地域でのささやかな読書運動の体験が、ただ一つのささえであり、さながら大海にこぎだす小舟のようなかぼそい心境でありました。〔…〕「全国連絡会」としての役割をどうはたしていったらいいのか……というよりも、正直なところいったい私たちにできるのだろうかという不安のなかで、「全国」などという名前の大きさにうらめしい気さえしたのです。(32)

各世話人は東京在住者ばかりではなく、東は千葉から西は神奈川まで近県に広がり、世話人会の会場を両者の中間あたりにとるのも一苦労だった。世話人たちにとっても、親地連の機能が自分の地域の読書活動とどう結びつくのか余り実感がなく、全国的視野にたって何にどう取り組むべきなのか、なかなか具体的に形に見えてこないという悩みがよくだされたりした。自分たちの地域をはるかに越えて、「日本全体の」文庫の問題を考え、大きな組織を動かしていくのは、ひとかたならぬ苦労があっただろう。しかし、全国の文庫の人の声をまとめて、国や自治体にアピールや要望書を出すことは、親地連でなくてはできないことであった。

同じ親子読書運動ではあるが、椋鳩十、斉藤尚吾、代田昇は、それぞれそこに異なる内容を盛りこんで活動した。椋は本を読み合うことによる母子のつながりを重視し、斉藤は、子ども文庫活動と結びついた親子読書を推進し、代田は、親子で本について語り合う読書会を広めた。親地連の代表の広瀬恒子は「親子読書とは、家庭で一日のひとときを親と子が本を読み合い、共にたのしみ合う体験を通し、あたたかい人間的な心の交流をはかるいとなみである」そして、「個人の家庭での親子読書といういとなみが、家庭の枠にとどまらず、社会性を持った文化運動となり、人々の共感をえて地域と結びつき、こどもの読書環境を充実させていこうとする市民運動の側面を持つように発展した」[33]と述べている。椋、斎藤、代田の親子読書は、それぞれこの広瀬の言葉を満たすものであり、方法において違いはあっても、目指すところにおいては、共通していたといってよい。

ここで「読書運動」「読書指導」という言葉について一言付け加えておきたい。小川剛は、その著『社会教育』(東京大学出版会、一九七一)の中で、これらの言葉には、戦前からの「マイナスのニュアンスがつきまとい、図書館関係者のなかでも良識派とよばれる人々をして、素直にこの活動に取り組ませない要因となっているのである」と述べている。というのは、読書運動という言葉が広く使われるようになったのは、昭和十年（一九三五）前後からで、ファシズム体制の確立にともない、国民の思想統一のための読書指導運動がもくろまれ、戦時体制下で一般的に用いられるようになったからである。読書運動を「読書を普及・促進させようとする組織的活動のこと」と定義するなら[34]、それは明治時代の公立図書館でも、大正時代の文庫の人々も行っていた。

しかし、昭和十二年（一九三七）七月に日中戦争が始まり、さらに、挙国一致、尽忠報国、堅忍持久を掲げた国民精神総動員運動が開始されると、戦意高揚や国民教化の手段として読書指導が利用されるようになり、その推進拠点として図書館の役割が期待されはじめた。昭和十八年（一九四三）年十一月二四日に発行された大政翼賛会発行の『大政翼賛』第一四〇号には「戦力増強心の糧に——国民読書運動を展開します」という見出しの下、「全国各地域、職域に於て、熱心な指導者を中心としさまゞの読書会が結成され、活発に運営されている読書運動は、東亜諸民族に対して指導的地位に立つ皇国国民の一人、一人を、真に指導者として恥かしくない精神の持ち主として育て上げる使命を帯びており、あらゆる文化運動の基本となるべきものである」といった言葉が続く。

代田昇は、「読書運動などということばが、市民の中から起こることはなかった。おこるとすれば、それは官製の政策としてであった。［…］そのよい例が、第二次世界大戦中に、図書館協会と内務省・文部省が一体となり行った、上意下達の読書運動であった[35]」と述べている。椋にしろ、斎藤にしろ、戦後の親子読書運動は草の根の運動であり、戦前の「読書運動」の国民の思想統一という性質とは一線を画していることは強調してよい。むしろ、読書運動という言葉にまつわるネガティブなイメージを消し去ることに大きな役割を果したといえよう。

（1）椋鳩十『村々に読書の灯りを　椋鳩十の図書館論』、理論社（1997）p. 130–131
（2）椋鳩十『母と子の20分間読書』、あすなろ書房（1994）p. 62, p. 224–225
（3）椋鳩十「自伝的対談（3）わが人生哲学」『椋鳩十の本　第二十五巻　読書論　心に炎を』、理論社（1983）p. 273
（4）代田昇「読書運動の輪を広げよう」、日本子どもの本研究会編『子どもの本と読書運動』、童心社（1971）p. 36
（5）斎藤尚吾『點燈集――読書運動の旅』、書肆にしかわ（1988）p.192–193
（6）今村秀夫「みづほ文庫創立のころ」元 親子読書センター代表　岩井幹明氏より提供された冊子「斎藤尚吾さん関係文書昭和60年8月」掲載
（7）金沢嘉一『ある小学校長の回想』、岩波新書（1967）p. 42
（8）前掲書、p. 48–49
（9）志々目彰、西川至等編『タンポポの種を蒔いた人――斉藤尚吾追悼集』、書肆にしかわ（2003）p. 47
（10）斎藤尚吾「読書指導の問題点――読書の集団化をどう進めるか」『第五次教育研究全国集会　第三目標第一分科会報告書』、日本教職員組合（1956）（国立教育政策研究所、教育図書館にて閲覧）
（11）斎藤尚吾「文学読書入門期指導の方法――小学一年生における教育絵本の取り扱いを中心に」日本文学教育連盟編『戦後文学教育研究史』下巻、未來社（1962）p. 359
（12）斎藤尚吾「読書の場としての学校と家庭」『学校図書館』no. 188（1966. 6）
（13）『親子読書運動』no. 25（1978. 11. 30）p. 69
（14）『親子読書運動』no. 68（1991. 3. 15）p. 48
（15）（5）前掲書、p. 24
（16）『親子読書運動』no. 10（1974. 10. 31）p. 7
（17）『親子読書運動』no. 58（1987. 12. 15）p. 17
（18）『親子読書運動』no. 20（1977. 8. 20）p. 36
（19）（6）前掲書掲載
（20）『親子読書運動』no. 71（1992. 3. 31）p. 1

(21)（9）前掲書、p. 8
(22)（9）前掲書、p. 133
(23) 増村王子『本とわたしと子どもたち』、国土社（1986）p. 43
(24) 前掲書、p. 92
(25) 大村はま『日本の教師に伝えたいこと』、筑摩書房（1995）p. 201
(26) 滑川道夫「読書指導」西尾実等編『国語教育辞典』、朝倉書店（1957）
(27) 代田昇「二 集団読書について」日本子どもの本研究会編『集団読書のすすめ』、金の星社（1971）p.14-15
(28) すずきまゆみ『わたしの語り なこれん物語』、非売品、（1990）p. 4
(29) 関日奈子「1文庫誕生のたかまりのなかで 発足当時のこと」『親子読書』no. 61（1976. 9）
(30) 樋山久子「文庫と家庭のあいだで」『親子読書』no. 116（1981. 4）
(31) 北川武子「みんなのひろば」『親子読書』no. 42（1975. 2）
(32) 広瀬恒子「遅々としたあゆみでしたが」『親子読書』no. 61（1976. 9）
(33) 広瀬恒子「親子読書運動」黒澤浩ほか編『新・こどもの本と読書の事典』、ポプラ社（2004）p.132-134
(34) 日本図書館協会用語委員会編『図書館用語集 三訂版』、日本図書館協会（2003）p. 215
(35) 代田昇「読書運動の輪を広げよう」日本子どもの本研究会編『子どもの本と読書運動』、童心社（1971）p. 47-48

第七章　理想の図書館のイメージづくりに貢献したもの

松永ふみ子が昭和三十年（一九五五）に「普通の家の小さな部屋と、百冊くらいのコレクション」を持った何百という小さい図書館を町中に作りたいと書いてから十年後、各地の子ども文庫数は急増した。全国に散らばる文庫の数は最早「何百」ではなく「何千」という単位にまで増加した。一九六〇年代後半から一九八〇年代はじめにかけての、爆発的な文庫の広まりをもたらしたものは何であったか。戦後の混乱から立ち直って、経済が上向きになっていたこと、民主主義、男女平等の理念が戦後の教育によって多くの人によって共有されたこと、高学歴の女性が増え、教育に関心が深まっていたこと等々、子ども文庫の誕生を促す潜在的な原因は、いろいろ考えられる。しかし、実際に文庫を始めるとなれば、何をどうするのか、もっと具体的なイメージが必要である。人々は、そのイメージをどう作り上げたのか。

さらに、この時期、多くの地域で、文庫の人たちによる図書館づくり運動が展開される。運動を進めるには、自分たちが望む図書館はどのようなものか、具体的な理想の図書館のイメージがなくてはならない。人々はどのようにして「理想の図書館像」を獲得したのだろうか。

他にもいろいろの要素があろうが、ここでは、人々の間に文庫と図書館のイメージをつくりあげるのに特に大きな力になったと思われる二冊の本、そして、その本を生み出した試みについて述べてみたい。一つは、文庫のイメージを示した石井桃子の『子どもの図書館』（一九六五）、もう一つは、望ましい図書館像を実現した日野市立図書館と『市民の図書館』（一九七〇）である。

石井桃子の『子どもの図書館』

作家、翻訳家、編集者として、基本的には「本の作り手」の側に身を置いていた石井桃子が文庫を開いた理由を、石井自身は『子どもの図書館』の第一章でこう述べている。

「児童文学」といわれるものを書こうとしたり、訳したり、子どもの本の編集をしたりしながら、直接、それを読むじっさいの子どもとの交渉が少ないため、仕事に支障をきたすことが多かったのです。これは具体的にいえば、子どもがどんな本をじっさいに喜ぶか、どんなことが、どんなふうに書いてあれば、子どもにおもしろいかということがわかっていないため、いい本がつくれないということです。［…］そこで、ごく小じかけのものではあっても、子どもと本を一つところにおいて、そこにおこるじっさいの結果を見てみたい、と思ったのが、「かつら文庫」をひらいた理由でした。

いわば、本を読む子どもから学びたいと願っての出発であったが、その最初の七年の歩みを記録した『子どもの図書館』は、著者の予想をはるかに超えた影響力を発揮する。この小さな書物は、日本の公立図書館の歴史を扱う本には必ず登場し、文庫開設を促す大きな力になった本として言及されることになった。例えば、日本図書館協会から発行されている『図書及び図書館史』では、「文庫が全国で盛んになったのは、1965年5月の石井桃子著『子どもの図書館』（岩波新書）の刊行を契機とする」「石井の実践に導かれ、子どもの心ゆたかな成長を願う母親たちによって、各地に文庫が続々と生まれた」(1)とある。文庫調査でも、一九六五年から、文庫の数が急カーブを描いて増えており、各種のアンケートには、文庫を開くきっかけとして本書が頻繁に挙がってくる。筆者自身、『子どもの図書館』を読んで文庫を始めたとの言葉を、各地で何度も耳にした。この本の何かがたくさんの人々を刺激し、文庫開設へと向かわせたことは間違いない。

たいへん興味深いのは、石井自身は、子ども文庫を拡げようと意図してこの本を書いたのではないということである。「私設の図書室は、たいへん力のよわいものです。[…]オートメーション時代に手工業をやっているよりも力ない試みでしょう。その文庫の心棒になっている人間が病気になるとか、そのほかにも、ちょっとした身辺の変化があれば、挫折してしまいます」「では、どうしたらいいかといえば、公共的な図書館——市や町や村で運営し、税金でまかなわれる図書館——の児童部を育ててゆくほかはないと思います」とはっきり述べているのである。石井の意とは別に、本書が文庫の設立を爆発的に促したのはなぜか。それをさぐるために、本書の内容を見ていくことにしよう。

『子どもの図書館』は全部で四章から成る。一章は、文庫の様子、二章は、文庫に通っている子どもたちの読書記録、三章は、よい子どもの本が備えている要素とは何かについて、文庫での観察をもとによい子どもの本が備えている要素を論じる。最終章は、北米やヨーロッパの図書館事情をレポートする。「まえがき」で、石井は、

私は、この本を書くにあたって、「これからの子どもは、いままでの子どもにくらべて、本を読まなくてもいいのか、または、本は読まなければいけないのか」という点では、「読まなければいけない」という立場をとりました。

と、自らの立場を明らかにする。そして、なぜそう考えるのか、その理由を簡潔に述べる。その上でこう述べる。

子どもが本（文字）の世界にはいって得る利益は、大きく分けて二つあると思います。一つは、そこから得た物の考え方によって、将来、複雑な社会でりっぱに生きてゆかれるようになること、それからもう一つは、育ってゆくそれぞれの段階で、心の中でたのしい世界を経験しながら大きくなってゆかれることです。

右からわかるように、石井の言葉は平明でやさしい。本書は子どもの読書論といってよい内容だが、決して抽象的な論議になることはなく、すべては文庫での経験に即して具体的に語られる。

第一章は、「一年め」から「七年め」までのかつら文庫の活動の記録である。開設の準備に始まって、その後の日々の細々とした出来事が描かれる。文庫の部屋は「日あたりも、出はいりの便も一ばんいい部屋」。部屋の西側と北側に備えられた本棚とそこに並べられる三五〇冊ほどの本。丈夫な椅子とテーブル。図書の整理や貸出カードを準備する手伝いの学生の姿。「小学生のみなさん　いらっしゃい　おはなしとスライドの会　三月一日(土)　二時から。　来たい人は、なかにはいって申しこんでください。―かつら文庫―」と書かれた立て札。通りがかりの子どもや母親たちがその立て札を目にする様子。文庫が始まり、小さな子どもたちがひとりまたひとりと文庫に足を運んでくる姿。来庫者数、読み聞かせした本のタイトルや子どもの反応、クリスマス会などの行事の内容や参加者数など、開庫してから七年間の歩みが、その場にいるように書かれている。

添えられた白黒の写真が、いっそう臨場感を高める。大事そうに本を小脇に抱えて文庫へ飛び込んでくる女の子の姿、庭の刈られた芝をくまのプーさんの形に集め、その横に寝そべっている子どもの姿など、文庫で楽しそうに過ごす子どもたちの様子をはっきりと見て取ることができる。

文庫は、開設当初土曜日の午後一時から五時、日曜日の午前九時から五時に開いていた。貸出しは一人三冊、二週間。本を借りる時は「本についている封筒から、その本のカードを引きだし、自分の名まえを借りた日づけとを書きこんで、文庫の状さしに入れてゆく。返す時は、このぎゃくで、状さしから、自分の書いたカードをだし、自分のもってきた本にさしこんで、本棚に返しておく」という方式がとられていた。

本は、簡単な文庫独特のやり方で分類されていた。絵本は赤、外国の物語は青、日本の物語は黄、その他の本は緑の、図書館用の色分けラベルを貼って区別していた。本を返しにきた子どもには「おなじ色の本のあるところに入れておきなさい」というだけで、問題はなかった。

蔵書数は、当初三五〇冊ほどであった。一年後には、作家や出版社などからの寄贈本や購入した本など八〇〇冊ほどが加わった。蔵書の中には、もともと石井の手元にあった洋書の児童書や、カナダの図書館員から贈られた英語の原書もあった。当時、まだ翻訳が出ていなかった『三びきのやぎのがらがらどん』『きかんしゃちゅうちゅう』そして『アンディとらいおん』などの原書を、石井は、絵を見せて訳しながら読み聞かせしていた。

来庫者数は、文庫を始めた初日には二十人の子どもが来館、一年間通しては、延べ一一一六人、一日平均十一人弱程度の来庫があった。その後、子どもはどんどん増え、会員を増やさないようにするほどになる。当初、子どもたちは、公立図書館でも学校の図書室でもない「子ども文庫」に少し戸惑っていたようである。時には、文庫で「やきいもをだしてたべだすという珍事件」が起きることもあったが、徐々に文庫には文庫のきまりがあるということを納得できるようになり、本を読む雰囲気も整っていった。

この章を読むと、文庫の具体的な開設の仕方や運営の方法が実によくわかる。そして、小さな子どもたちが文庫にやって来ては、楽しそうに一冊また一冊と本を手にしている描写や写真を見ると、読者は、何よりも子ども文庫とは楽しいものである、という感想を抱くだろう。

第二章は、文庫に来ていた十二人の子どもたちのプロフィールと読書記録で、本書で最も多くのスペースを占めている。一人目の「三宅君きょうだい」は、「三十八年の三月から文庫にきはじめました。といっても、弟の勉ちゃんは、正当にはいってきたのでなく、兄の伸ちゃんが、お母さんにつれられてきたら、あとを追いかけてきて、かえそうとしても、泣いて帰らないので、みそっかすではいってきてしまったのです。伸ちゃんは五歳で、勉ちゃんは三つ。年が小さい上に、小つぶなので、ふたりが手をつなぎ、本のはいったビニールの袋をさげて、大声にさけびながらかけこんでくるところは、思わず笑わずにいられない光景でした」と紹介される。その後、二人が、昭和三八年（一九六三）から二年間ほぼ毎週のように文庫に来て借りた数百冊の本のリストが六ページにもわたり掲載されている。

このリストには借りた本の題名と貸出日、そして簡単なコメントが添えられており、子どもの様子と成長がとてもよくわかる。三宅兄弟の弟の勉君は、当初はまだ文庫の使い方も十分に理解していなかったようで、「ひとり三冊まで」というきまりがのみこめず、もっと借りたいとごねる。大人が「ガンとしてゆずらないでい」ると、「三十分ほどしてかんねんし、諦めた」。はじめの頃は「ほんとにかんたんなお話を聞くにも、頭がごちゃごちゃになって、わからなくなってしまった」のだが、二年後には「『イギリス童話集』の中の話をしてみる。おもしろがる。ずいぶん複雑な話もよく理解できるようになってきたと驚く」と記され、幼い男の子が成長して、自分の力で物語の世界を楽しめるようになっていく道筋を見ることができる。

第三章「子どもの本」では、文庫で子どもたちを間近に観察した記録を元に、子どもに喜ばれる本が共通して備えている要素について考察する。石井は子どもたちの反応から、「子どもの物語にたいせつな要件」を明らかにしようと試み、特に、人気のあった絵本『ちびくろ・さんぼ』を題材に、その構成や文章を細部にわたって検証し、長年にわたり支持され続ける要因を探る。

第三章の終わりを「日本のおとなたちが、どんな家の子も、いい本が手にとれるよう、そのしくみを考えなければならない時代は、もう到来しているのだといえましょう」という言葉で結んだ石井は、続く第四章で、自らが視察した北米やイギリスの児童図書館サービスの現状をレポートし、子どもによい本を手渡す「しくみ」を提案する。

昭和二十九年から三十年にかけて、私は、欧米の子どもの本の出版事情や児童図書館の活動を見るために外国にゆく機会を得ました。そして、まわってきた国々では、児童図書館というものが、よい創作活動を推進し、またその結果を本にする出版事業の支えになり、さらにまた、その本を直接子どもの手にとどけるという三つの仕事を一つでひきうけている、べつのことばでいえば、この五十年間、子どもの示す反応から学びながら、本の標準を高め、それを堅持してきたのは、児童図書館の大きな功績だということを見てきました。

さらに、図書館が児童書出版にとって安定したマーケットとして存在していることに注目する。

二十年、三十年まえに出た本でも、子どもがおもしろがって借りるうちは、図書館では、それをいつも補充し、また新しい本が出れば、長年の経験から得た見識をもって選んで、まえからある本に加えてゆきます。そして、これはよいと思う本は、一つの図書館で一冊買うのではありません。

一冊では、一人が借りてゆくと、もうほかの人は、何週間か見られないということになるからです。そこで、ニューヨーク公共図書館のように、分館が百近くもあるところでは、一つの館が三冊か五冊買うと、この図書館だけで、たちまち四〇〇冊ほどが買いあげられるということになります。

子どもが歩いていけるところに図書館があるように分館網を整備した公立図書館。専門の教育を受けた児童図書館員。子どもの反応が出版社へフィードバックする仕組みに加えて、購買力としての図書館。それらを目の当たりにした石井が子どもの読書を支える「しくみ」として提案したのは、公立の図書館の充実であった。

その公立図書館であるが、当時、数は全国で七七三館。そのうち三〇一館しか児童室を持っていなかった。「外国の児童図書館から、目を日本の児童図書館に移しますと、あんたんとしないわけにはいきません」というのが、石井の率直な感想である。未だに「受験生が勉強するところで、一般市民や子どもには余り関係のないところ」と考えられていて、国や自治体がその状況を改善しようとしていない。「それでは、絶望かといえば」そうではなく、「この現状をうち破りそうな、何かがおこりつつあることを、ひしひしと感じます」と石井は言う。まだその動きは小さいながらも、志を持った児童図書館員たちが地道な努力を着実に重ね、多くの問題に立ち向かっている様子を知っていたからである。そして、「壁は厚いでしょうが、動きだしたものは、前進をつづけるでしょう」「いまこそ、日本でも、私たち——子どもと読書に関心を持つすべての人——が、手をとりあって歩き出す時が来たようです」と最終章を結ぶ。

『子どもの図書館』の影響

『子どもの図書館』は、どのように読まれ、受け止められたのであろうか。

北海道室蘭市で昭和四五年（一九七〇）から「鉄ン子文庫」を主宰した木下揚三・陽子夫妻は、文庫を始めた時のことを次のように回想している。

石井桃子さんの『子どもの図書館』を読んだのも、たまたまこのころだった。ある日、家内が突然、何か大発見でもしたかのように、「お父さん、お父さん――」と話しかけてきた。「私の夢が実現しそうだ！」

家内は、二、三百冊も本があれば、玄関脇に本棚を一つ置いただけでも、子どもたちに本をよませることは出来る、と、すぐにでも始めたいような口ぶりだった。(2)

横浜市の日吉で「ひまわり文庫」を始めた徳村彰はこう書いている。

そんな時一冊の本に出会ったのです。この本はその後のわたしの人生を大きくかえてくれました。児童文学者石井桃子さんの『子どもの図書館』（岩波新書）という本でした。これを読んで、わたしと妻は文字どおり抱き合って喜びました。(3)

徳村は、妻の杜紀子の父である中井正一の思想に触れ、私設の図書館をつくりたいとの夢を以前から持っていた。そんな時、折よく『子どもの図書館』に出会ったのである。

文庫の人がこの本を手にした時の思い出を描いた文章には、「まさにこれこそ私がやりたかったことだ」といった調子のものが多く見られる。『子どもの図書館』は、各地の人々の意識下に眠っていたものを揺り動かしたのである。

当時、かつら文庫の運営を手伝う「文庫のお姉さん」であった佐々梨代子は、児童図書館研究会の機関紙に「最近、子どもと読書の問題が、やっと、あちこちでとりあげられるようになってきました。石井桃子さんの「子どもの図書館」(岩波新書)の読者からも、熱心な反響があり、ぜひ文庫を始めたいという御相談もちょいちょいあります[4]」と書いている。熱心な読者の中には、石井に手紙を出したり、直接かつら文庫を訪問したりした人もいた。

世田谷区で「わかくさ文庫」を開いた市川早苗もその一人である。『子どもの図書館』が出版された当時、市川は、小学五年から三才までの二男二女と、高校の理科教師である夫と暮らしていた。本は、夫から紹介された。市川は、福音館書店の『こどものとも』の付録に「ここに「わかくさ」の芽が」と題して、文庫を始めた頃の思い出を綴っている[5]。

6月のはじめ、重尚が(筆者注:夫のこと)、1冊の小型の本を買ってきました。「子どもの本のリストが出てるから見るといいよ」と、気軽にわたしてくれた「子どもの図書館」を、わたしもまた気軽に受けとりました。そして、子どもたちが「おやすみなさい」「しゅみなしゃい」と引き上げたあと、いしいももこさんの本というだけで、楽しみに読み始めたのです。

「6月のはじめ」とは、昭和四十年の六月で、本が出た二週間後である。読後、市川は、「うちの子どもの本のことだけに頭を悩ましていたわたしが、肩をつかんでゆり動かされたような気」がしたという。そして、この夜、石井に手紙を書く。「うちの本食い虫たちにわいわいいわれて、図書館が近くにあったらと、切実に思っています。ポストの数ほどの図書館を、という運動でもあるならば、何か手伝わせてください」。

石井から「小さくても、子どもたちの楽しい読書の場をつくってください」との返事が来て、市川は自宅で文庫を始めることを決意して具体的に準備を始める。家族に相談すると、夫は快く認め、自分のおこづかいから年間二万円を出すと約束もしてくれた。家中の子どもの本六〇〇冊ほどをかき集め、足りないものは買い足していった。本は「かつら文庫式」の分類で並べた。「かつら文庫式」とは、赤は絵本、青は外国の物語、黄は日本の物語、緑はその他（図鑑、歴史、地理、工作など）のことだろう。

次に、石井が文庫を始めるときに家の前に立て札を設けたように、市川も文庫のポスターをつくり、表通りに面した柵に貼り付ける。ポスターにはマジックで次のように書いた。

子ども図書室をひらきます
1、会員になれるひと　4才から12才
2、会費　1か月20円
3、貸し出す日　毎週土曜日、午後1時から4時まで

会員になりたい人は申し込んでください

わかくさ文庫

文庫は『子どもの図書館』に出会ってから三ヶ月後の九月四日の土曜日に始められた。当初は、数名ほどの子どもしか来なかったのだが、その後、徐々に来る子どもの数も増えた。市川は、この記事の中で、九月四日から二五日まで毎週土曜日の開庫日の様子を描写する。その書き方は、石井が『子どもの図書館』第一章において、かつら文庫の開設当初の活動を描いた書き方にたいへんよく似ている。また、「わかくさ文庫」の会報を見ると、まるで石井が『子どもの図書館』でそうしたように、文庫での細々とした日常や、こどもひとりひとりがどんな本を借りたのか、これも、まるで「かつら文庫式」をなぞるように描かれている。

これを読むと、『子どもの図書館』が実質的に子ども文庫マニュアルの役目を果たしているのがわかる。市川の夫は、「子どもの図書館」「子どもの本のリストが出てるから」と言ってこの本を妻に渡している。これまで、筆者が古書店で手に入れた同書の初版本の中にも、文庫でよく読まれた本の題名や、巻末の「かつら文庫」の図書目録のあちこちに赤線が引かれ、背表紙の裏には「花のすきなうし（マンロー・リーフ作 岩波書店 150）」など二〇冊余りの書名と価格がボールペンで書きこまれているものが何冊かあった。文庫で本をそろえる際に参考にしたのであろうか。

「ふじ子ども文庫」の車田寿は、「私は本職が教師であり、そのころすでに一〇年ほどの学校図書館の経験があったので、子どもの本については若干の知識はあったが、開設にあたっては石井桃子さんの「子どもの図書館」を経典として熟読したことをおぼえている」[6]と書いている。車田はその後、かつら文庫を見学してもいる。

本の分類から、貸出方法といった実務だけでなく、子どもに接する時の態度、本を選ぶことや読み聞かせの大切さなど、ここには、小さな図書室の運営に欠かせない原理原則が、具体的に、やさしい言葉で書かれている。子どもたちが生き生きと本と親しんでいる様子も手に取るようにわかる。この本が、木下、徳田夫妻のように、子どもの読書のために何かしたいと願っていた多くの人の心に火をつけたのは当然であった。

また、この本では、本を仲立ちに子どもと接する仕事の楽しさや、欧米での児童図書館員の仕事ぶりが描かれており、多くの人を図書館員のキャリアへ誘うことにもなった。ある図書館員は言う。

> 子どもの時から本を読むことが好きで、子どもも好きだった私は、石井桃子さんの『子どもの図書館』を読んで、自分が興味を持っている二つを同時に相手にできる児童図書館員という職業を知りました。子ども達が本と出会える機会を作りたい、本の持つ魅力を伝えたい、そのためには、不特定多数の子どもが利用する公共図書館が、やりがいがありそうに思え、大都市近郊の典型的なベッドタウンの市立図書館で働き始めて十年になります。[7]

実際、『子どもの図書館』と、石井が、友人で、イギリスの児童図書館界の大先達であるアイリーン・コルウェルの著書を訳した『子どもと本の世界に生きて』(福音館書店、一九六八、こぐま社、一九九九四）は、児童図書館員のリクルートに最も有効な二冊の本と言われている。

『子どもの図書館』の受け止められ方は、必ずしも石井の望んだ方向ではなかったかもしれないが、この本をきっかけに文庫を始めた人の多くは、溢れかえるほどの子どもたちを前にして、本の少なさや資金不足など個人で運営する図書室の限界に直面し、その結果、地域での公立図書館設立を求めるようになった。そう考えると、『子どもの図書館』という本は、遠回りではあるが、結果的には、多くの人々に公立図書館に目を向けさせることに成功したといえるのかもしれない。いずれにしても、この小さな本は、子どもが本を読むことの大切さやたのしさ、子どもの読書環境を整える必要を広く一般に訴え、多くの人を、あるいは文庫で、あるいは図書館で、子どもと本とを結びつける活動に向かわせるのに大きな功績があった。

なお、『子どもの図書館』は、新書の形で、二四刷まで出た段階で、石井の希望で、いったん重版を止めるが、その後、平成十一年（一九九九）年に「新編子どもの図書館」として、『石井桃子集 5』に収められた。ここには、石井が宮城県の山間部にある小学校で子どもと共に本を読んだ経験——それがかつら文庫の創設のひとつの促しとなる——や、このころのかつら文庫、また四十周年記念の「同窓会」などについて、石井の書いたエッセイが付記として加わっている。さらに、平成二七年（二〇一五）には岩波現代文庫の一冊として刊行され、現在も子どもと本に心を寄せる人たちによって、地道に読み継がれている。

日野市立図書館と『市民の図書館』

石井は『子どもの図書館』で、欧米の先進的な図書館の働きを紹介した。これによって、公立図書館が本来果たすべき機能や司書の役割について認識を新たにした人は多かったはずだ。しかし、それはあくまで〝外国の〟話であった。現に目にする図書館は、とても理想的とは言えなかった。奈良県で文庫を開いている平井冨久子は、昭和四五年（一九七〇）頃の図書館の様子を、「自転車で十分のところに市の中央公民館がありました。時代ものの寄贈本を中心にならべられた一室が市のいう図書室。読もうという意欲もわかぬ上に、いつも錠がかかっていました[8]」と証言している。

東京都保谷市（現 西東京市）で「富士町文庫」を開いていた末廣いく子は、アメリカのワシントンに一年程滞在したことがあり、そこで、子どもが歩いて行けるところに明るい図書館があること、図書館員のものやわらかで親切な物腰、また山のような新刊書に埋まりそうになりながら選本の大事さを説いていた司書の姿に感銘を受けていた[9]。だが、末廣のような経験をもたず、「近くに図書館もなく、かつてよい図書館サービスをうけたこともない人々」は、図書館に関心を抱きようがなかった。

ところが、そのような状況を打ち破るような図書館が実現した。『子どもの図書館』の出版と同じ昭和四十年（一九六五）に、東京に開館した日野市立図書館である。同館は、市民が必要とする本を一冊でも多く提供し、所蔵していない本は他館から取り寄せたり購入するなど利用者の要求に全力で奉仕する、かつてない図書館として全国的に注目された。図書館づくりに関わる人にとって、自分と同じような町に暮らす、自分と同じような住民でも、図書館からこのような素晴らしいサービスを受けることができることを現実に見せられたことは大きな刺激になった。

この日野市立図書館での成功を踏まえ、日本図書館協会から昭和四五年(一九七〇)に刊行された『市民の図書館』も、理想の図書館像を伝えるのに大きな力となった。実際、日本図書館協会の理事長を務めた塩見昇は、その後、各地で図書館づくり運動をすすめる子ども文庫の女性たちが、同書を大量に購入し、それを持って市長や議員を訪ねては、図書館整備を熱心に説いてまわっていたと回想している。[10]

以下、日野市立図書館と『市民の図書館』について述べることにしよう。

有山崧と『中小レポート』

日本図書館協会から出版された『現代の図書館・半世紀の歩み』(一九九五)の「第三章　生まれ変わる図書館」は、「一九六〇年前半の館界は、一九五〇年代から引き続いて、明るい見通しはなく、八方ふさがりで、暗澹たる状況だった」[11]と記している。昭和三八年(一九六三)年度の人口一人当たり貸出冊数は都道府県立図書館と私立図書館の両方を合わせても、わずか〇・〇九冊というおそろしく低い数字に留まり、閲覧席は相変わらず受験生が占領している有様であった。そんな中、昭和三五年(一九六〇)九月号の『図書館雑誌』は、「公共図書館は沈滞しているか」と題する特集を組んだ。

そこに「図書館は何をするところか――国会デモに思う」と題する記事を寄せたのが、当時日本図書館協会の事務局長で、後に日野市長になる有山崧《ありやまたかし》である。

有山は冒頭で、安保条約改定の強行採決に端を発した安保反対デモを見て、「これまでみたこともない民衆の熱気とエネルギー、新しい夜明けが近ずい《ママ》た感じ」を持った。が、同時に、国会前で「反安保」を叫ぶ群衆の中の一体何人が、正しく安保条約というものを理解しているのだろうかとの疑問を持つ。そして、これだけ巨大なエネルギーを持つ民衆に、information serviceを提供する図書館は、どんな役割を果たせるのかと自問する。本来、安保を理解する助けになる資料を「広く民衆の間に流して、話し合いの場を作り、世論の形成を助けること」、そして、その活動を通して民主的能力を形成するのが図書館の役目である。だが、現実の図書館は、強大な民衆の決定にほとんど貢献できていない。まるで「激流の岸に立っている掘立小屋」のようなものでしかないと感じたのであった[12]。

有山は、明治四四年（一九一一）東京の日野村（現 日野市）に生まれ、東京帝国大学を卒業、大学院に進んだのち、文部省嘱託として社会教育局成人教育課に勤務し、戦後、日本図書館協会に移り協会の再建を担っていた。かねてより地域住民と直結した中小の公立図書館の活性化に、図書館再建の鍵があると考えていた有山は、「公共図書館の中核であり、第一線に立って直接民衆に触れるべき中小図書館―中小都市の図書館―の在り方について、一つの拠り所を打ち出し[13]」、今後の中小公共図書館の在るべき姿を描き出すべく、昭和三五年（一九六〇）中小公共図書館運営基準委員会を発足させる。委員長は戦前から東京の公立図書館に勤務していた清水正三、委員には、「わが国図書館界の第一線の若手」六名が選ばれた。この時、事務局を担ったのが前川恒雄である。

委員会は、人口五万から二十万の中小都市の公立図書館の実地調査を行い、現状を摑むことを始めた。初年度に長野県の岡谷市立図書館をはじめ各地の七館、翌年度にはさらに五館、最終年度には埼玉県内の十四館と各地の四五の図書館を調査。三年間の調査・研究の成果を昭和三八年（一九六三）三月『中小都市における公共図書館の運営』（一九六三）（以下、『中小レポート』）として発表する。

『中小レポート』では、まず序論で中小図書館の機能や役割が、続く二章で館内と館外の「図書館奉仕」の具体的内容と基準が示される。第三章では「図書館資料とその整理」、第四章では「管理」として、魅力的な蔵書構築に最低限必要な資料費等の基準、図書館職員や館長に求められる資質や資格要件などが示され、第五章「図書館の施設」では図書館の建築や備品、館内の装飾、照明、また移動図書館車の設計等、図書館が備えるべき設備についての説明がある。最終第六章は「図書館設置と相互協力」となっている。

『中小レポート』について特に注目すべきは次の二点である。第一は、公立図書館を住民の知的自由を保障する機関として位置づけ、資料提供（図書を利用者に提供すること）の機能こそが、公立図書館にとって最も本質的で大切なものであるとしたこと。第二は、中小公共図書館こそ公共図書館であり、都道府県立などの大図書館の役割は、中小図書館を支援することであると明言した点である。利用者の身近にあって、いつでも気軽に立ち寄れる中小図書館を中核と位置づけ、貸出しをサービスの中心と位置づけた点で、レポートは従来の図書館観を大きく転換するものであった。ただ、館外奉仕に比べて、館内奉仕が軽視されている感がある。児童サービスについても、「児童・青少年に対する図書館奉仕」の項を設け、重要性を指摘してはいるものの、児童の利用が大半を占めるのは必ずしも健全でないとし、一般成人の利用を増やす必要を強調している。

日野市立図書館

『中小レポート』作成に関わった前川は、レポートが出版された年、日本図書館協会からイギリスに半年派遣された。同地の優れた公立図書館に触れたことは、前川にとって大きな経験となった。日本とは桁違いの利用の多さ、図書館員の能力の高さやカウンターでの利用者への接し方、蔵書の豊富さ、職員や予算の規模の大きさ等、前川は日本との違いに圧倒され、かくも大きな差がなぜ生まれるのかについて考察する。その結果、地方自治制度の違い、図書館を育む土壌となる自立した個人の存在の有無が、差を生んでいると感じた。こうした条件を欠いた日本においては「どうあがいても図書館を発展させる芽」はなく、帰国する飛行機の中でも「気がしずんでゆくのをどうすることもできなかった」と、前川は述懐している。前川からこのような感想を聞いた有山は、「とにかく、日本で図書館が育たないかどうか試してみよう。考えどおりの図書館を作ってみよう。それで駄目ならあきらめよう」ともちかける。[14] 折しも、有山は図書館協会を辞し、父がかつて町長を務めた日野市で、昭和四十年（一九六五）市長の座についていた。そこで、前川を館長に据え、『中小レポート』で提案した「考えどおりの図書館」づくりに挑戦することになる。

日野市は東京都のほぼ中央に位置し、当時人口約六万八〇〇〇人の「中小都市」で、東村山同様、東京のベッドタウンとしてその後人口が急増、多摩平団地等の住宅地が造成されており、格好の実験場であった。館長に就任した前川は、まず図書館条例を作成。中央館を中心とする分館網の整備や、館長の資格要件をはっきり明文化した条例は当時珍しく、その後の図書館条例のモデルともなった。

六月に条例公布、九月にいよいよ図書館が開館となるが、開館といっても建物はなく、移動図書館車「ひまわり号」一台でのサービス開始であった。前川が掲げた目標は、

・本を貸すことに徹する（貸出しに重点を置いた）図書館を作る。

・学生の勉強部屋でない図書館にする
・市の全域にサービス網をつくる
・図書費を多くする
・特に重点を置くべき活動を見定めそこに予算や人員を集中する

であった。新図書館では、団体貸出ではなく、利用者個人へのサービスに重点をおき、利用者の予約やリクエストを受け付け、貸出登録を簡素化するなど、これまでになかったサービスを展開した。前川は、職員に「利用者に本を貸し出すとき、返される本を受け取るとき、かならず「どうぞ」「ありがとう」「ご苦労さま」など、何かひとこと言うこと。黙って貸し出したり、受け取ったりしてはいけない。仕事をしているとき、利用者が何に困っているか、私たちに何をしてほしがっているかに気をつけること」[15]と、利用者への奉仕姿勢を強調した。

その結果、利用は爆発的に増加した。水道の蛇口をひねれば貯水池から水が流れてくるように、どのステーション（移動図書館車の駐留所）でも必要な本が利用者のもとに届くシステムが実現した。二台目の移動図書館も購入し、ステーションも二年後には約二倍の七〇箇所にまで増えた。昭和四二年（一九六七）二月において、個人の貸出登録率は一二・六％という当時の図書館では驚異的な数値を示した。その後、高幡図書館、多摩平児童図書館をはじめ次々に分館も整備され、昭和四八年（一九七三）に中央図書館が建設され、条例に示した通り、中央館、分館、移動図書館で市内全域をカバーする分館網が完成し、「いつでも、どこにでも、誰にでも」サービスできる体制が整った。

前川は、図書費の予算の確保にも強くこだわった。市に対して粘り強く予算の必要性を訴え、当初五〇〇〇万円であった図書費（市の財政担当者は、初年度に五〇〇〇万で本を購入すれば、その後、全く図書費は必要ないと考えていた）を、二年後の昭和四二年には一〇〇〇〇万円と倍増させることに成功した。[16]

同図書館では、子どもへのサービスにも力を入れた。昭和四二年（一九六七）当時、移動図書館に載せていた図書の多くは児童書で、その後、廃車になった路面電車を利用した多摩平児童図書館、平山児童図書館、百草台児童図書館と、子どもだけを対象とする図書館が次々とオープンした。

日野市での目覚ましい活動は、図書館界でも大きな驚きをもって迎えられた。昭和四二年（一九六七）十月の『図書館雑誌』では、「これが公共図書館だ」という日野市立図書館を紹介する特集を組む。かつての特集「公共図書館は沈滞しているか」から約七年にして、日本の図書館界は、これこそが「公共図書館」であるという理想の図書館を持ち得たのである。この特集の冒頭で、高知市立市民図書館長（当時）の渡辺進は、「長い間の日本の公立図書館の不振を一掃する画期的な記録」を達成した日野市の成功を「胸のすくような活動」とし、「いま日本の図書館界は、何回目かの夜明けを迎えようとしているといわれる。新しい取組みなり新しい姿勢の必要なときである。日野市立の業績に学ぶことが多いのは、単に市町村立図書館だけでなく、府県立図書館においてもまた同じであろうと思われる[17]」と述べている。

『市民の図書館』

日野での大きな成功を受け、日本図書館協会は『市民の図書館』を発行した。同書は、児童サービスについての項を清水正三が担当した他は、ほとんど前川が執筆したといわれる。[18] 同書では、住民に直接サービスできる「市町村立図書館こそ公共図書館の中核」であるとし、その市町村立図書館のなかでも市立図書館が中心であるとしている。そして、市立図書館の使命や役割、貸出し、予約、読書案内等の具体的な方法、理想的な分館網のあり方、必要な予算額の算定方法、図書館建築に求められる要件や図面の例、図書館条例や規則の例等をわかりやすく示している。同書は、冒頭で市立図書館がやらなければならないこととして、

・市民の求める図書を自由に気軽に貸出すこと
・児童の読書要求にこたえ、徹底して児童にサービスすること
・あらゆる人々に図書を貸出し、図書館を市民の身近かに置くために、全域にサービス網をはりめぐらすこと

の三点を挙げ、この本を図書館関係者だけでなく「図書館の発展を支える多くの市民」にも読んでほしいと記している。文体は平明で、イラストを多数挿入、図書館建築の説明では実際の図面を掲載、図書館条例や規則についての項では、条例や規則のひながた例が載っていて、図書館名や若干の文言などを修正すればすぐに使えるようにするなど、読みやすさという点では『中小レポート』の比ではない。

『市民の図書館』は図書館づくり運動を進める多くの文庫の人々の手に取られた。東村山市の「くめがわ電車図書館」の川島恭子は、図書館づくりの活動を進めている時にこの本と出会い、文庫の運営を手伝う人たちの勉強会でこの本を使って勉強会を行った（東村山市の図書館設立の際に作られた「図書館専門委員」に前川が入っている）[19]。それまで川島は、東京都の図書館振興プロジェクトチームが作

成した『図書館政策の課題と対策』を使って勉強していたのだが、それは役所風の文章で読みにくいものであった。しかし、あるとき知人から、もっと読みやすい本があると『市民の図書館』を手渡され、早速、文庫の世話人全員で購入し勉強会をはじめたという。そして、「この本を行政に読んでもらおう」という話になり、川島は「住民参加の専門委員制度の決断をされた市長に一冊、その下で突然泣き泣き動き始めた社会教育課長」に一冊ずつ贈呈した。[20] このように、あまり図書館について詳しくない行政関係者に対して、図書館について手際よく説明する際にも、この本は役立った。各地の文庫を訪ねた際、図書館の設立を求めて活動している女性たちの本棚にこの新書サイズの本が、ぼろぼろになって並んでいるのを何度も目にした。彼女たちは、運動を始めるにあたって、この本を使って勉強会をしたり、前川を招いて学習会をしたりしていた。

八〇年代に入り、浦安市立図書館や滋賀県での図書館をはじめ、各地で日野市立図書館のような充実したサービスを提供する図書館が設立されると、日野だけが特にクローズアップされることは少なくなった。だが、七〇年代において、図書館づくり運動を行っていた人々にとって、日野市立図書館、そして『市民の図書館』の影響力は大きいものであった。新しい図書館像を見せてくれる図書館の出現や、『市民の図書館』に促されて、東村山、練馬だけでなく、この時期、日本の各地で同じような運動が試みられたのである。

（1）小黒浩司編著『図書及び図書館史』、日本図書館協会（2000）p. 111

（2）木下揚三『〈子どもたち〉は今……鉄ン子文庫二十五年の歩みを通して』、非売品（1997）p. 18

（3）徳村彰、徳村杜紀子『子どもが主人公』、径書房（1982）p. 15

（4）佐々梨代子『こどもの図書館』vol. 13, no. 1（1966. 1）

（5）市川早苗「ここに「わかくさ」の芽が」『子どもと絵本』、福音館書店（「こどものとも」no. 118 付録）p. 22-31

（6）車田寿「文庫紹介　ふじ子ども文庫」『親子読書』no. 25（1973. 9）

（7）水田真樹「図書館で出会う子どもたち」『思想の科学』no. 103（1979. 4）

（8）平井冨久子「光をもとめて」『子どもと読書』no. 241（1991. 3）

（9）末広いく子「たくさんの本のある図書館を近所に」『こどもの図書館』vol. 19, no. 5（1972. 5）

（10）塩見昇「『中小レポート』から『市民の図書館』へ」前川恒雄先生古希記念論集刊行会編『いま、市民の図書館は何をすべきか　前川恒雄さんの古希を祝して』、出版ニュース社（2001）p. 59

（11）是枝英子、松岡要等編著『現代の公共図書館・半世紀の歩み』、日本図書館協会（1995）p. 70

（12）有山崧「図書館は何をするところか——国会デモに思う」『図書館雑誌』vol. 54, no. 9（1960. 9）

（13）日本図書館協会編『中小都市における公共図書館の運営——中小公共図書館運営基準委員会報告』序文、日本図書館協会（1963）

（14）前川恒雄『われらの図書館』、筑摩書房（1987）p. 3-5

（15）前川恒雄『移動図書館ひまわり号』、筑摩書房（1988）p. 55

（16）当時、県立図書館でも年間図書費は三〇〇万円程度しか計上していないところがあった。また、一般的な図書館の図書館費に占める図書費の割合は平均十一％程度であったが、日野市の場合は、約四〇％もあった

（17）渡辺進「日野市立図書館の活動の実態」『図書館雑誌』vol. 61, no. 10（1967. 10）

（18）小黒浩司編『図書及び図書館史』、日本図書館協会（2000）p. 106-107

（19）「特集　ある図書館づくりの記録——都下東村山市の場合」『現代の図書館』vol. 11, no. 4（1973. 12）p. 153

（20）川島恭子「思い出すこと　市長さんに『市民の図書館』を贈りました」『みんなの図書館』no. 284（2000. 12）

第八章　文庫関係者による図書館づくり運動——昭和三十〜六十年代にかけて

統計によれば、終戦後から一九七〇年代はじめ頃まで、日本の公立図書館数は一〇〇〇館に満たず、ようやく一〇〇〇館を超えたのは昭和四九年（一九七四）であった。同じ年、文庫の数は二〇六四、公立図書館の倍である。図書館の設置率も低く、七〇年代のはじめ頃は、全国の約三十％の市が図書館を一館も持たない状態で、町村については、実に約九十％が図書館未設置のままであった。さらに言えば、多くの公立図書館では児童室がなく、たとえ設置されていても小規模で蔵書冊数も十分ではなく、児童室専任の担当者がほとんどいない状況であった。水道、病院、学校の整備と比べて、公立図書館の設立はその緊急性が低く、選挙の公約になったり議会の議題として取り上げられたりする機会も少なかった。

こうした状況を改善しようと、七〇年代前後から、図書館設立やサービスの充実を求め、各地で図書館づくり運動がすすめられた。昭和四八年（一九七三）六月発行の『図書館雑誌』は「住民運動と図書館」という特集を組んでいる。特集冒頭で、浪江虔《なみえけん》は、「住民運動の特集をした意味」について、「日本の図書館は、住民運動の時代にはいった、こういっても決して言いすぎではないと思う。［…］いまの日本で住民運動といえば、大ていの人は公害反対や環境保全のたたかいをまず連想するだろう。この種の住民運動は、環境破壊のすさまじさを反映して、烈しくもりあがっている。それはまことに当然の成りゆきである。たたかわなければ、健康も守れない世の中になってきたからである」と言う。続けて、経済が成長した反面、豊かな自然や遊び場が地域からなくなり、図書館の整備も一向に進まないなか、子どもがテレビにばかり夢中になっていることに触れ、次のように述べる。

子どもたちは自らすすんでテレビの前にかじりついてばかりいるのではない。その姿は読みたいかぎりの本を読める条件をつくってくれない大人たちに対し、さらには現代社会全体に対する、子どもたちの無言の抗議の姿なのである。

この抗議を読みとった多くの母親たちは（もちろん父親を無視するつもりはないが）、いま、全国いたるところで、文庫づくり運動を展開している。そしてその多くが、あわせて公共図書館の充実を求める運動をくりひろげている。この運動もまた、環境を守るたたかい同様、現代社会からその必要を迫られているのである。(1)

七〇年代から見られる図書館づくり運動の主な担い手は、「子どもたちの無言の抗議」を読みとった「多くの母親たち」であった。これらの女性たちは「ポストの数ほど図書館を」を目標に、署名、請願、陳情をくり返し、行政に対して図書館サービスの充実、改善を訴えた。もちろん、すぐに成果が上がる訳ではなかったし、成果を上げることなく終わるケースも少なくなかった。だが、それでも、女性たちの運動は少しずつ前進し、図書館の大切さとその整備の必要性を、行政や住民たちに認知させ、図書館振興につながる原動力となった。

子ども文庫の運営者たち、しかも女性が、全国的な規模で公立図書館の普及に大きな影響を与えた例は他国では見られず、日本の子ども文庫運動のたいへんユニークな特徴のひとつだといえる。以下、その成功例として東京の東村山市のケースを取り上げ、同じように活動をした他の地域の例を見る。また、文庫の女性たちを運動に駆り立てたものは何だったのか、なぜこの時期に図書館づくり運動が盛んになったのか、その背景も見ていきたい。

東村山市における図書館づくり運動

文庫の人々による図書館づくり運動のひとつの大きな成果が、東村山市立図書館である。同市で活動する地域文庫「くめがわ電車図書館」の女性たち等を中心とした市民が繰り返し行った陳情や請願が議会や市を動かし、昭和四九年（一九七四）、公立図書館がまったくなかった東村山に、市立図書館が誕生したのである。図書館の基本計画策定にあたる図書館専門委員会にも文庫関係者が多数加わり、新設図書館の計画・運営にも、文庫の人々の意見が大きく反映されることになった。

このことは、当時、各地で同じように図書館づくり運動を進めていた文庫の人々に大きな驚きをもって受け止められた。親子読書・地域文庫全国連絡会の代表である広瀬恒子は、「（東村山の）経験は、図書館づくりの先駆的例として、その後各地におこってくる運動に大きな影響を与えていった」と言っている。また、東村山市の運動は、図書館や文庫関係者が目にする雑誌や機関紙等に度々取り上げられ、全国各地の文庫の人々に、住民参加の図書館づくり運動の具体的なイメージを与え、同じような運動を促し、励ましたのである。[2]

例えば、日本親子読書センターの機関紙『親子読書運動』の創刊号の表紙には「くめがわ電車図書館」の写真が大きく掲載され、特集座談会「私たちはこういう図書館がほしい」には、「くめがわ電車図書館」の川島恭子が参加している。日本図書館協会刊行の季刊誌『現代の図書館』昭和四八年（一九七三）十二月号は、「特集 ある図書館づくりの記録」として、全ページを使って東村山市立図書館設立のプロセスを追っている。東村山市の概要、戦前からの戦後までの東村山の図書館史、図書館づくりの中心となって活動した「くめがわ電車図書館」の世話人が綴った運動の記録、さらに、市立図書館基本計画の全文、図書館専門委員会の議事録、図書館設立を求めて市に対して提出された様々な請願書、陳情書、要望書も掲載されている。

当時、保谷市（現 西東京市）で富士町文庫を開き、「保谷の図書館を考える会」の活動にも関わっていた末廣いく子は、この特集号を丹念に読み、「素人にも経過がわかって参考になるだけでなく、私たちももしかしたらという希望が輝きはじめ、素人でもやれる運動かもという励ましを感じ」たと述べている。[3]

くめがわ電車図書館

東村山は、戦前、製茶と製糸が中心の農村であったが、戦後東京のベッドタウンとして、急激な変貌を遂げる。久米川団地は、昭和三三年（一九五八）に建設された一〇〇〇戸程の公団住宅である。当時、市内には公立図書館がまったくなく、隣接市の立川市にあった都立立川図書館が巡回する移動図書館車「むらさき号」が唯一の〝図書館〟であった。

そこに、昭和四二年（一九六七）三月、自治会の呼びかけによって、「子どもの施設をつくる会」が発足する。学童保育をつくる会、新婦人の会、地区ＰＴＡ、団地の子ども会等が会員となり、保育所、児童館、遊び場等を作ることを目的にした会である。「くめがわ電車図書館」は、同会を母体に、昭和四二年（一九六七）八月に誕生した。施設は、団地公団側から環境整備費として提供された三十万円で購入した西武電鉄の廃車であった。必ずしも最初から図書館をつくることを目的としていた訳ではなく、電車の使い道について、アンケートの実施や話し合いを重ねた上で、地域文庫にすると決定したのであった。

文庫として利用することが決まると、車両は団地の児童遊園地の一隅に置かれた。改めて塗装が施され、書架も設置され、夏休み中の八月十五日にくめがわ電車図書館が開設した。当初の蔵書は、一〇〇冊の新刊と一五〇冊の寄贈書の計二五〇冊であった。開館当初から子どもが押し寄せ、八月の十七日間で入館者数がのべ二三二三人、一日平均一三六名もの子どもが、「たった２５０冊の本に群がった」という。その後、毎週水曜と土曜の午後にのみ開館することになったが、来館者の勢いはその後も止まることはなく、開館から六年間の記録では、毎年、一日平均一〇〇名以上の子どもたちが図書

		昭42年度	昭43年度	昭44年度	昭45年度	昭46年度	昭47年度
登録会員数	（人）	115	281	537	913	1175	1405
開館日数	（日）	72	101	100	103	97	97
入館児童数	（人）	6484	8022	10248	16156	16788	17324
貸出冊数	（冊）	714	4209	6321	12747	14438	15131
蔵書数	（冊）	492	795	1341	1889	2463	2942
図書購入費	（円）	不明	113,600	128,750	247,461	259,285	302,178
市の補助金	（円）	100,000	150,000	200,000	250,000	288,000	342,000
自治会の補助金	（円）	—	—	—	30,000	35,000	35,000

表1

館に足を運んでいる（表1）。

利用者が急増するに従い、貸出返却の受付や本の整理など仕事量も増加し、団地の「忙しい主婦のコマギレの時間を集めて運営している」状態では手に余るようになった。そこで、図書館の運営は、互いに出せる力を出し合って、協力できる範囲で協力することを原則に、会計係、廃品回収係、鍵もち係、読み聞かせ係、整理係、新聞係（機関紙、子ども新聞の発行）等、約七十名（設立当初）が各係に分かれ仕事を分担した。

電車図書館には、東村山全域から子どもが訪れていた。開館後三年目には、団地外の子どもが、実に全体の利用者の四十％近くを占め、さらには東大和、小平、東久留米、昭島などの近隣の市から電車に乗ってやってくる子どもたちもいた。電車図書館は、もともとは久米川公団のためのものだったが、当初から、団地の住民以外の子どもたちにも広く開放していた。利用する子どもにも、運営にあたる大人にも、団地という垣根を取り払い、広く地域のためにという方針を持ち続けたことが、結果的に、電車図書館の持つ「公共性」の側面を強くした。

来館する子どもが増えるにつれ、より多くの蔵書が必要になった。図書館内には小さな投書箱が設けられていたが、そこに「わたしが思うには、かし出し日が週三回ぐらいあって、おもしろい本が、3さつぐらいおなじのがあった方がいい（小学4年生）」、「中学生向きの本を増やして頂きたい（11才、9才の母）」等の要望が入るようになった。財政は廃品回収からの収入や自治会からの補助金などで支えていたが、毎年一万人以上の来館を抱える文庫を維持していくにはとても十分ではなく、やがて、市に対して助成金の要請を行うことが検討される。

助成の要請

昭和四二年（一九六七）十二月の議会で、文庫への助成を要請する最初の請願書が出された。この請願書では、東村山市内に公立図書館が全くないこと、電車図書館が団地入居者だけでなく東村山全域からの子どもにも利用されていること、そして、増加する貸出しの要求に応えるため五〇〇冊の図書が必要であること等が訴えられた。必要な費用として、次のような金額が計上されている。

図書購入費　一二〇〇〇〇円（四〇〇円×三〇〇冊）
運営費　二五五〇〇円　事務消耗品　一二〇〇〇円
電灯料（四ヵ月分）　一〇〇〇円

ストーブ（一基）　八五〇〇〇円
石油料（一〇〇〇〇円×四ヵ月）四〇〇〇〇円
計　一四五五〇〇円

請願書には、「（電車図書館を）東村山市の社会教育の一環としてお考えいただき、ぜひ、（助成金を）予算化して下さることをお願いいたします」という一文が見られる。日々、広い地域から続々とやってくる子どもの利用者を目の当たりにしている文庫の人には、本来ならば公立図書館が提供すべきサービスを行っているという認識が生まれ、そのことが、文庫への助成金要請へとつながっていった。陳情は不採択となるのだが、市長と社会福祉協議会の連名で十万円の補助金が出ることになった。

昭和四四年（一九六九）三月の陳情は不採択となったが、十二月に再び行った「電車図書館運営の助成に関する」陳情は、「今後の補助のあり方として、一定の基準の確立をはかり、それに基ずいて《ママ》交付することが望ましい」との付帯意見つきで採択された。この付帯意見を受け、翌年の昭和四五年（一九七〇）一月には市長との交渉を行い、結果的に市長から「東村山市地域児童図書館交付規定」が示された。その主な内容は、「地域児童図書館を自主的に運営する団体に対し、一定の補助金を交付する。初3年間に約1，000冊の蔵書を備えることを重点とし、図書館に若干の運営費を見込んだ基準額の80％を補助する」というものであった。

これら請願や陳情の運動に関わったある女性は「それまでただ家庭にあって育児に専念していた私にとって「陳情」という運動が、主婦の手で、母親の言葉で成し得るものとは考えも及ばないことでした」[4]との感想を残している。また、同じく電車図書館の活動に関わっていた尾形礼子は、「この陳情活動を通じて、地方自治に対する無知、無関心を痛感して、市議を招いて地方自治に関する勉強会を企画し、あらためて税金のしくみ、交付金の実態などを知りました」[5]と回想している。こうして女性たちは、手さぐりで地方自治についての知識をひとつひとつ身につけていった。

昭和四五年（一九七〇）四月、東京都の図書館振興策がたてられた。この振興策は、都内の市町村図書館が建設される際の建設費の半分、図書費用の半分（三年間に限る）を、都から支給するというものであった。そして、これをきっかけに、東村山市でも市立図書館設立への動きが始まった。振興策の存在を知った電車図書館のメンバーは、「久米川こども図書館」、東村山一中ＰＴＡ、化成小学校ＰＴＡの人々と集まりを持ち、「それぞれの周辺に市立図書館への強い要求がある事を確かめあい、市民として正式にこの要求を市へ出すよう努力」することになった。

十一月に、まず電車図書館の世話役会のメンバーで図書館設立のための請願を行うことが確認された。請願という形式をとった理由は、「特定の議員と特別なかかわり方をしないという考え方で、陳情という形式をとる事が多かったのですが、今回は問題が大きいので、各党に、また1人でも多くの議員に事前に趣旨説明をしておきたいという理由で、紹介議員を必要とする請願という形をえらんだ」のであった。請願にあたっては、紹介議員は三名まで必要であった。共産党議員から「十分理解して援助するから、自民、公明、社会三党から頼みなさい」とすすめられ、結局その三党から三議員に依頼し、快諾を得て請願書を提出した。その結果、十二月の文教委員会で満場一致、採択となった。

こうして、再び設立へと動きが見られ始め、昭和四七年（一九七二）七月になり、ようやく「図書

	区分		所属団体	職業
1	バスおよび電車図書館などで実際に図書活動にたずさわっている団体の関係者	女性A	くめがわ電車図書館	—
2		男性A	久米川こども図書館	—
3		女性B	富士見図書室	—
4		女性C	ちびくろ文庫	—
5		女性D	多摩湖町図書館	—
6		男性B	むらさき号利用団体	—
7		女性E	むらさき号利用団体	—
8	小中学校の関係者	男性C	小中学校図書館部会	青葉小教諭
9		男性E	小中学校視聴覚部会	第2中教諭
10	学識経験者	男性D	—	図書館資料整備センター
11		前川恒雄	—	日野市立図書館長
12		菅原峻	—	日本図書館協会総務部長

表2

など利用者団体代表者会議」が開かれた。図書館の設立にあたっては、「施設をより市民的なものにするため、市民の意思を反映し具体的にその効果を発揮するため、できるだけ実際の活動家の意見をきき関心のあるグループの声をひきだすため」に「図書館専門委員」を設けることになった。委員会は、市民代表七名、小中学校から学校図書館担当者二名、学識経験者として日野市立図書館長、前川恒雄など三名、合計十二名で構成された。各委員構成は表のとおりである（表2）。

この顔ぶれについて、末廣いく子は次のように述べている。

市立図書館を求める市民の声が議会に請願として出され採択され

た時から、図書館を建てる計画策定に市民の意思を反映する必要を検討して来たそうですが、その結果できたのが図書館専門委員制度です。どういう委員を選んだかというところにポイントがあります。先ず委員十二人のうちの七人が市民を代表しているというだけでなく、(一口に市民といってもいろいろあるわけですから)実際に図書館的な仕事をして市民と直接かかわっている住民、つまり市内にある各地域文庫から一名ずつ計五名とむらさき号利用団体から計二名という七人であるということに大きい意味があります。[…]これは、明らかに市が市民のために役に立つ立派な図書館機構を目ざしたが故に出てきたことで、元来当然だといえば当然過ぎるほど当然のことですが、先ずは市内在住の学者や先生、有力者を委員にしたような旧来の(非)常識もあることを思えば画期的なことでしょう。(6)

専門委員会は、第一回を昭和四七年(一九七二)十月二十日に、以後昭和四八年(一九七三)七月三十日まで十五回にわたって開かれ、市立図書館の基本構想についての討議が重ねられた。電車図書館の広報『でんしゃ』八号(一九七二年十二月四日発行)は、第一回と二回の専門委員会員会の様子を伝えている。

「第一回専門委員会では」早速市が準備した案、資料をタタキ台にして会議が進められました。公共図書館の役割その他、やや抽象的な部分は殆ど異議なく、確認し合ったという格好です。[…]具体的な問題にはいると、48年度中に中心館と移動図書館一台でスタートする、というこれまでの線を出ず、委員会から要求や意見が出て、第二回は具体的な基本構想をということになりました。「第二回専門委員会では」本館一、分館六、分室一、移動車一の連係によって、全市域に図書館サービスを浸透させるという、やや具体的な構想が提案されました。人口密度や、交通路その他の資料に加え、主幹が足で確かめて出した実感がありましたが、本館の位置や、分館を複合施設としてとらえている点その他に疑問や批判が出された。修正点を確認した上でこの構想を一先ず仮説として認め先へ進むことになりました。[…]

会議は第一回目の始めから信頼にあふれ、卒直で自由な発言がとびかう形で進められています。東村山市にいい図書館作りをと願って集まったメンバーがかもし出すものでしょうが、それを保証しているのは積極的な市の姿勢です。市の構えが本格的になってきました。(7)

昭和四八年（一九七三）三月、市の図書館基本計画は市議会の承認を得る。基本計画には「東村山市における図書館活動の主役は地域文庫であった」との文言があり、地域での文庫活動が高く評価された内容となっていた。

『現代の図書館』に掲載されている報告「一歩一歩あゆみながら」は、次のような言葉で締めくくられている。

私達は統一した組織をつくってこの運動にのぞんだわけではありません。45年の請願運動の時期に限って考えても、情報を交換し合い、連絡をとりあった上で、それぞれが自主的、自立的に動いた事が、結果として12月議会に集約されました。［…］いくつか苦しい時期があったにも拘らず、それを乗り越えて来る事ができたのは、毎週水曜と土曜に電車図書館を開けば、そこに賑やかな声が溢れて子ども達が本を楽しむ、という確かな事実があったからでした。［…］私達は文庫の運営の中で、民主主義の形式ではなくて中味を求めて苦しみ、その視点から市政をみつめ、市民として発言する義務のようなものを感じつつここまで来ました。

東村山市立中央図書館が開館したのは、昭和四九年（一九七四）五月六日、電車図書館が開館した昭和四二年（一九六七）から約七年の後のことである。同館は、現在、中央図書館と四つの分館を持つ規模となった。「くめがわ電車図書館」は、開設から半世紀たった今も活動を続けている。

阿部雪枝の活動

くめがわ電車図書館から同年の昭和四二年（一九六七）、練馬区に「江古田ひまわり文庫」を開いた阿部雪枝は、東村山の活動に大きな刺激を受けたひとりである。文庫活動を続ける一方で、昭和四四年（一九六九）には「ねりま地域文庫読書サークル連絡会」を設立、さらには、文庫に対する助成や図書館設立を求め、区に対し様々な請願活動を行っている。

江古田ひまわり文庫は、西武池袋線の江古田駅の北口を出てすぐ目の前にある浅間神社の境内にあった。そこに、当時、練馬区の社会福祉協議会が管理する建物があり、その二階の二十畳ぐらいの部屋に「近くのマーケットでもらった果物のダンボール箱を本棚にして、古い大きな机に二十箱ぐらい並べ」て文庫は始まった。当初は子どもが来るのかと不安だったが、「初日に二十人ぐらい来てくれ、だんだんふくれ上がって、一回四十人以上になり、忙しさに嬉しい悲鳴をあげ」るほどになった。当時の様子を、阿部はこう回想している。

文庫をやりだすと子どもがどんどん来て、てんてこ舞いの嬉しい悲鳴の中にやがて深刻な本不足がやって来た。子どもは新しい綺麗な本を好み、表題の面白さに惹かれる。パッとあけて字の大きさ、絵などで読みたいものをきめる。図書館からの本は子どもにひっぱりだこであった。[…]団体貸出しを2倍にしてもらったが焼石に水、やっとかち得た公費6000円（筆者注：青少年地区委員会と社会福祉協議会からの助成金）は20冊の本代にも足りない。(8)

文庫は、練馬区の図書館から団体貸出を受けてもいたが、文庫開設から一年後の蔵書数は六五二冊、会員数は毎回増える一方で、本棚代わりのダンボール箱は瞬く間に空っぽになった。児童文学研究者の鳥越信は、当時の地域の状況をこう書いている。

私自身が住んでいる東京都の練馬区を例にとると、一九七一年現在、人口五十二万人に対して、児童図書館はわずかに一館あるのみである。しかも、それは一九六九年の末にようやくできあがったもので、それまではゼロであった。これでは、たまたま図書館の近くに住む子どもは別として、とうてい子どもが「歩いていく」わけにはいかない。[…]現在、日本にはわかっているだけでも約三百の家庭文庫・地域文庫があるが、そのうちの十五が練馬区にあるということは、人口五十二万でやっと一館だけ児童図書館ができた練馬の後進性・貧困性が、このような形でカバーされなければならなかったということを、如実に物語っている。(9)

都心部への通勤に便利な練馬区では、昭和三十年代から四十年代の前半にかけて人口が急増しており、図書館整備はとても追いつかなかった。それもあって、子ども文庫活動が盛んであり、最盛期の昭和五十年(一九七五)には、公立図書館二館に対し、文庫の数は、実に五十もあった。阿部は、東村山市の文庫への補助金のことを知り、練馬区に対し、年間二〇〇冊の本を購入するための費用として十万円の助成を要請した。

図書数は幼児向―中学生まで六百五十冊[…]ありますが、毎回五十名余の来館児童に二冊宛二週間で貸出すのに、これではとても十分ではありません。[…]私どもは、この文庫は公共図書館に準じ、又、子どもに対する教育的配慮からも無料にしなければと思ってしております。[…]ささやかなものながら、このひまわり文庫がこの地域に果たしている公共図書館的意義をおくみとりの上、何分の助成をおねがいする次第です。(10)

阿部は、大正七年(一九一八)東京に生まれ、東京女子高等師範学校(現 お茶の水女子大学)を卒業後、東京第十高等女学校で教員を務めた。世代でいえば、同じく教員であった斎藤尚吾の四歳下、代田昇の六歳上にあたる。二児の子育てに「よい食物とよい本」が一番大切なことと考えていた阿部は、文庫の始まりについて、「わが子をよく育てるためのその目とその努力が、地域の子どもたちに向けられて、文庫という社会的な活動に広がったといえる」(11)と述べている。直接のきっかけは、石井桃子の『子どもの図書館』を読んだことだった。

阿部に図書館の可能性と設立の必要性を感じさせたのは、文庫で実に楽しそうに本を手に取っていた子どもたちの姿であった。昭和四九年（一九七四）七月、区に提出した請願書にこうある。

図書館設置請願

（趣旨）

栄町・羽沢・小竹・旭丘・桜台一・二丁目地域に、充分な規模の児童室（広さ一五〇㎡以上、本の数一万冊以上、専任の司書二名以上）をもつ区立図書館を、早急につくってください。

（理由）

栄町、羽沢、小竹、旭丘、桜台一・二丁目地域は、練馬区内でも早く開けた所で、人口密度も高い地域ですが、永い間住民のための文化的公共施設は何もないままに放置されてきました。

その中で私どもは、放っておけばマンガやテレビにのみ溺れがちな子どもたちのために、よい読書環境をと、昭和四十二年七月以来、小竹福祉会館で、「江古田ひまわり文庫」を開いてきました。［…］現在登録者数四百名をこえ、更に毎回新入の子どもを迎えて、今や広さ八畳の、図書数一六〇〇冊余りの文庫ははちきれんばかりです。［…］

私どもはこの七年間の文庫活動で「近ごろの子どもは本を読まない」というのは誤りで、環境さえあれば、子どもは本好きなのだということをはっきり知りました。そして更に、文庫の限られた時間には都合が悪くて来れないが、ほんとうは本を読みたいという子どもが、地域にはもっともっと大ぜいいることを知っています。もはや、善意の私的な文庫では、地域の要求に応じられないことがはっきりしてきました。どうしても、子どもたちが自分の行きたい時に、誰でも自由に行ける区立図書館が、この地域には必要なのです。[…]

（請願者）江古田ひまわり文庫世話人一同
代表　阿部雪枝(12)
他二、五〇五名

阿部は、よく「文庫は図書館の出店をしているつもり」と言っていた。くめがわの川島たちと同様、文庫で本をむさぼり読む子どもの姿が、阿部に、文庫は単なる余暇を有効に活用したボランティア活動ではなく、公共図書館につらなる公的な活動だと認識させ、それゆえに公的に保障されねばならないと思わせたのである。

さてそれにしても、こう長く楽しく文庫が続けられるのはなぜだろうか。本が好きだから。子どもたちとの出会いが楽しいから。世話人たちが好い人たち揃いだから。その他いろいろある……。しかし何より言いたいのは、「子どもたちによい本を！」というこの営みが、うちの子だけでなく地域の子どもたちみんながより豊かに良く育ってほしい、という願望に根ざしていることである。世の中には、よその子どもの面倒までみるなんておせっかいな、という人もいるかもしれない。しかし、ここで少し固苦しい言い方になるけれど、そもそも子どもの教育を受ける権利（学習権）は国民の教育の自由によって保障される。その国民とは教育に関心をもつ国民個々人、文化の担い手としての国民である。即ち、文庫の世話人はそれにあたるのだ。［…］私たちは自発的に無報酬でこのやり甲斐のある仕事にうちこんでいる。それ故にこそ楽しいのだ。そして地域には絶えざる子ども予備群。この活動は終わろう筈がない。(13)

「ねりま地域文庫読書サークル連絡会」で、阿部と共に、子どもの本や図書館について学習を重ねていた関日奈子は、「阿部雪枝さんという人は、(14)権利としての社会教育ということを私たちに吹き込んでくれたんですよね。これは権利なんだって」と述べている。文庫での体験、さらには行政に対しての請願活動等を通し、女性たちは、「社会教育」という理念を実践し、同時に、子どもを含めた住民が十分な社会教育を受ける権利を求めていったのである。

阿部は、文庫を始める以前から「なごみ会」という学習会グループをつくり、「世の中に起こること、疑問に思うことを自分で考え、判断できるよう学習を重ね［…］よいと思ったことは行動に移し、世の中をよくする方向を目指し」ていた。(15)区内の若い母親グループが、子どもの遊び場を獲得しようと区にかけ合い、その結果、商店の裏通りの三十坪ほどの空地に砂場を作ってもらうことに成功した経過をふり返り、『15ねんのあゆみ』で、「幼児たちがそこで嬉々として戯れているのを見て、私は涙の出るような思いで驚き、彼女たちの行動に打たれた」[16]と述懐している。

地域に起こった問題は、たとえそれが自分に直接利害がなくても自分の問題として捉え、解決策を模索する。「うちの子」から「地域の子」へ。それは、図書館づくり運動に関わった女性に共通して見られる傾向である。文庫に群がる子どもを見て、本を読む楽しさと意義を実感したことを基盤に、地域の読書環境を整えることに関心を持つ。これが図書館づくり運動に関わる多くの文庫の人々が辿る道であった。

阿部たちの努力が底支えになったのであろう。練馬区には、現在十三の区立図書館があり、そのうちの一館は、「こどもと本のひろば」である。

中川徳子と松原市民図書館

大阪府下松原市に住む中川徳子は、石井桃子の『子どもの図書館』を読んで触発され、自宅で「雨の日文庫」を開設する。昭和四五年（一九七〇）、まさに市民運動の幕あけの時代であった。二二〇冊の本を自宅の十畳ほどの居間に並べ、四畳の茶の間を貸出しの部屋とするスタートであったが、たちまち大勢の子どもが押し寄せ、「狭い玄関の土間にはは き物があふれ、外にはみ出し」「おりかさなり、もり上」がる状態になる。[17]開設から二年程で会員数は一〇〇名を超え、本不足が深刻な問題となる。府立図書館から借りられるのは五十冊限りであった。当時、松原市には図書館がなく、市の中央公民館の一階に蔵書一六〇〇冊程（うち児童書一六〇冊）の図書室が備えられていただけで、しかも、貸出しには図書の定価と同額の保障金が必要であった。

文庫の五周年記念誌『雨の日 5年たって』によると、中川は、文庫を始めるまでは「掃除と洗濯だけで外へ出ていなかった[18]」主婦であったが、FMラジオで聞いた浪江虔の講話がきっかけで自治体への働きかけをはじめる。町田市での文庫活動、同市の図書館予算増額の陳情・請願運動の話に感銘を受けた中川は、すぐに浪江に手紙を書き、文庫を市に移管するような形での図書館作りができないものかと相談した。浪江は、文庫の移管については賛同しかねるが、府立図書館から大量の貸出しを受けてはどうかとアドバイスした[19]。

しかし、当時二館あった府立図書館にはいずれも児童室がなく、十分な子どもの本がなかった。また、団体貸出をしていた自動車文庫も、児童書の購入予算は二割のみで、文庫へ貸出す余裕はなかった。こうした状況に対し、昭和四六年（一九七一）六月、中川は、大阪府知事、教育長、府立図書館長に対して、府立図書館の図書費を増額し文庫への貸出しを増冊するよう訴えた。雨の日文庫の活動に関わる女性たちで二四六名の署名を集めて行った請願だったが、請願は受け入れられず、団体貸出の冊数が三十冊増えただけにとどまった。

この頃、中川は、日本親子読書センターの集会に参加した機会に、東村山市立図書館と、日野の電車図書館（おそらく多摩平児童図書館）を訪れている。その時の感想は、「まるで夢のようで息のつまる想いでした。何より市民の意識の高さに驚きました。またそれを育てた人たちのご苦労もきっと大きかったことでしょう[20]」であった。

その後、中川の「雨の日文庫」をはじめ府下の文庫の人々が集い、昭和四六年（一九七一）十一月に「大阪府家庭文庫地域文庫を育てる会準備会」が結成された。同会に参加する文庫は協力しあって、十一月に計五五四六名もの署名を集め、府立図書館の図書費増額と児童図書専門司書の配置を求めて請願書を提出、府議会で採択され、図書費は二〇〇〇万円増額、各文庫に対する貸出しは五十冊から二〇〇冊に増えた。この「大阪府家庭文庫地域文庫を育てる会準備会」は、その後、国内で有数の規模と活動歴をもつ「大阪府子ども文庫連絡会」に発展していく。

大阪府に対する運動と同時に、中川は、松原市の図書館設立を求める運動も進めていた。既に、昭和四七年（一九七二）に「松原市子ども文庫連絡会」を結成していた中川たちは、市に対し、公民館図書室の貸出保証金を廃止するよう要求する一方、中央公民館の二階（つまり公民館図書室の上の階）に部屋を借りて、昭和四八年（一九七三）、地域文庫「松ぼっくり」を設立した。文庫松ぼっくりは大変な盛況となり、その影響で、公民館の図書室の利用者も増えた。その後、公民館の移転に伴い、文庫は「子ども図書室松ぼっくり」として公民館の図書室となり、中川たちはその運営を市から任されることになった。松ぼっくりの設立は、行政サイドに図書館の必要性や役割を理解してもらうためであったが、文庫活動が呼び水となって直接図書館設立につながることはなかった。

中川は「月参りと称して足繁く市役所に通い」、市の担当課職員や市長、市議会議員らに会い、自動車文庫の設置そして図書館の設立を訴えて回り、度重なる陳情や請願を行った。この間の経緯を綴った「新しい図書館像をめざして——大阪・松原市民図書館づくりの記録」（『月刊社会教育』昭和五二年十月）には、一向に図書館設立に本腰を入れない行政職員に痺れを切らし、声を荒らげて迫る様子や、市長や市議会議員に「泣きながらの激しい抗議」を行い、「団交と同じや」と非難された場面など、体当たりの図書館設立運動が描かれている。

やがて、運動の結果として昭和五二年（一九七七）三月に市の図書館条例が可決され、翌月、念願の公立図書館が発足した。情熱的な市民運動によって生まれた図書館の名前は「松原市民図書館」となった。

図書館の名称をめぐる議論は行政の姿勢を象徴的に表していました。私たちは七年間の住民運動の積み上げの上に図書館にするのだから「市民図書館」と呼ぶのは当然のことと思っていました。ところが設立者が市なのだから「市立」にすべきだという行政側の意見がひっこく主張されました。まだまだお上意識が抜けないのでしょうか。[21]

図書館づくり運動の広まり

文庫関係者による図書館づくり運動は、各地に広まっていく。いずれも文庫での体験が元になっており、ときに手に負えないほど繁盛する文庫、むさぼるように本を読む子どもの姿が、大人たちをして図書館づくりへと向かわせたのであった。

仙台で長年文庫活動を続け、「仙台手をつなぐ文庫の会」の代表でもあった松尾福子は言う。

公共図書館とのかかわりも文庫を始めたことで初めて持てました。仙台に生まれ育った私には、学校図書館以外に公共図書館で本を借りるという経験はほとんどありませんでした。文庫を始めてすぐ仲間に入れていただいた仙台手をつなぐ文庫の会の図書館づくりの学習会に参加する中で少しずつ図書館についての考えを持てたようです。なぜ文庫をやっている人たちが図書館づくりにかかわるのか、やっと自分の問題として考えられるようになりました。[22]

同じく仙台市内で、昭和四五年（一九七〇）から「のぞみ文庫」を続けていた川端英子も、次のように述べている。

私が公共図書館と関わりをもったのは、文庫を始めてからです。［…］図書館というのは、学生の頃受験勉強で通ったイメージをそのままに、子育てに夢中の母親にはどこか無関心で、全く生活と無縁の存在でした。［…］文庫を始めてからも「古田足日」って何て読むのかしらねえといった有様でした。それから未だ10年足らずですから、文庫について、図書館について何か書くというのは大変つらいことです。系統だった勉強など何もしていないので自分の文庫の体験からしか物を言うことができません。[23]

こう述べている川端であるが、公共図書館と関わりを持ち始めてからは、「仙台にもっと図書館をつくる会」を組織、仙台市内の公立図書館の整備を熱心に訴え続ける。同会は、昭和六〇年（一九八五）に『仙台にもっと図書館をつくる会　図書館構想』と題する冊子を作成している。わら半紙に印刷されたその冊子は、市に提出されたのだが、そこには、市の図書館の現状と問題点、理想的な図書館の設計図、児童室や視聴覚室の図面、棚や机の配置、さらに、理想の図書館で行われる業務やその具体的内容、分館や移動図書館のステーションの配置案、分館が果たすべき機能、「私たちの考える仙台市立図書館設置条例案」まで、詳細な図書館基本計画が分かりやすく要点をまとめて書かれている。こうしたレポートが図書館学を専門にしている教授や行政の職員によってではなく、一般の女性たちによって書かれたことには、強い驚きを禁じ得ない。

佐賀市内で長年「はなのき文庫」を運営している権藤千秋は、自らが代表を務めていた文庫連絡会で、昭和六二年（一九八七）に行われた佐賀市長選の立候補者三名に、市立図書館早期建設を求めた公開質問状を出した。そこには、「すべての市民が平等に図書館サービスを受けられるよう、ブックバスや専門知識を持つ職員の配置を含め市立図書館建設を」「市立図書館は、病院や消防署と同じに市民には欠かせない生涯学習の施設。本を通して豊かな心を持つ子どもに」図書館が必要であるという提言が記されている。(24)

沖縄県石垣市で廃車になったバスを使って地域文庫を始め、石垣市文庫連絡協議会の代表もしていた潮平俊も、市立図書館の整備を訴えて活動する。潮平は言う。

> 子どもたちが、これほど本を読みたがっていることを、わたくしたちは知らなかった。当初親や兄弟ときていた幼児でも、ほんの短い間にひとりで利用しにくるようになる。［…］身近に図書館がほしい。魅力のある本をたっぷり揃えて、しっかり一人ひとりに手わたすことのできる専門職員がいて、子どもの潜在的な読書要求に応え、成長を保証する公共の図書館が必要だと強く感じるようになっていた。(25)

東村山の川島も、次のような言葉を残している。

半日に二百人も来る子ども達の応対に大わらわの時代でした。手伝う母親の数も百人を超え、二か月に一回貸出当番をするという、児童図書館員や家庭文庫をしている人達のひんしゅくを買う態勢でしたが、その後の市立図書館運動では、この態勢こそがパワーを発揮します。子ども達は本が好きだという確信と、こんなに大変な活動をいつまでもやってはいられない、という素朴な母親達の気持がエネルギー源になったのです。(26)

このように見て来ると、根本は、本を読む子どもたち自身のエネルギーが、大人たちを動かし、図書館の設立を促したといえるのかもしれない。しかし、図書館に関心を持ったとしても、そこからさらに図書館設立やサービス充実を求めて運動を行うまでになるには、まだ大きな距離がある。当時、女性が社会的な活動を行うことには様々な障害があり、署名集めや請願・陳情などの政治的な活動を行うことは大きな負担となる場合が多かったからである。次章で、図書館づくり運動に携わった女性たちの意識の変化や、類似の市民運動など、この時代の動きをさらに追ってみたい。

（1） 浪江虔「住民運動の特集をした意味」『図書館雑誌』vol. 67, no. 6（1973. 6）
（2） 広瀬恒子「文庫活動の一〇年」『月刊社会教育』no. 271（1979. 12）

（3）末廣いく子「東村山市立図書館建設までのあゆみ「現代の図書館」〝ある図書館づくりの記録〟を読んで」『親子読書運動』no. 8（1974. 6. 30）p. 7
（4）尾形礼子「地域文庫づくり——くめがわ電車図書館」『月刊社会教育』no. 154（1970. 9）
（5）前掲書
（6）（3）前掲書
（7）「東村山の図書館づくり計画　市立図書館にかける母親たちのねがい」『親子読書運動』no. 3（1973. 1. 31）p. 42–43
（8）阿部雪枝「文庫から図書館　自治体へのねがい」『図書館雑誌』no. 67　no. 6（1973. 6）
（9）鳥越信「読書運動をどう考えるか」日本子どもの本研究会編『子どもの本と読書運動』、童心社（1971）p. 11–14
（10）『15ねんのあゆみ』、江古田ひまわり文庫（1982. 12）p. 10–11
（11）前掲書、p. 1
（12）同、p. 19–21
（13）同、p. 107–108
（14）大和田佐智子、佐藤久子等編『ねりまの文庫——40年のあゆみ』、ねりま地域文庫読書サークル連絡会（2009）p. 42
（15）（10）前掲書、p. 1
（16）（10）前掲書、p. 2
（17）中川徳子「「雨の日文庫」奮戦記〝どの子にも良い本を〟」『月刊社会教育』no. 178（1972. 9）
（18）『雨の日　5年たって』、雨の日文庫（1976. 10）収録の座談会より
（19）「公立図書館は家庭文庫に大量の貸出をしよう！——ある「文庫」のお母さんと浪江さんの通信から」『図書館問題研究会会報』no. 119（1971. 7）
（20）中川徳子「小金井の地に集まって——第10回研究集会のアンケートより」『親子読書運動』no. 2（1972. 10. 31）p. 25
（21）中川徳子、西田博志「新しい図書館像をめざして——大阪・松原市民図書館づくりの記録」『月刊社会教育』no. 242（1977. 10）
（22）松尾福子「七年間の文庫活動をふりかえって」『親子読書運動』no. 48（1984. 11. 30）p. 40–41

(23) 川端英子「文庫の中から私のほしい図書館を考える」『現代の図書館』no. 17 no. 2（1979. 6）
(24) 権藤千秋「待望の市立図書館開館」『子どもと読書』no. 267（1993. 11）
(25) 潮平俊「石垣市立図書館づくりにかかわって――バス文庫からの出発」『沖縄の図書館』編集委員会編『沖縄の図書館』、教育史料出版会（2000）p. 259
(26) 川島恭子「くめがわ電車図書館」『日本児童文学』vol. 45, no. 2（1999. 3. 4）

第九章　文庫運動が残したもの——市民意識と私立図書館

図書館づくり運動に力を注いだ文庫の人たちの動きを、もう少し追うことにしよう。行政への働きかけを始めた女性たちは、請願や陳情をしたことも、議員に会ったこともない人たちであった。文庫がひとつひとつ手づくりで生まれたように、この運動もまた、一歩一歩手さぐりで進められていった。

福島県福島市の蓬萊団地で文庫を開いていた新田琴子は、市議会議長に陳情書を提出した時、その扱いに「委員会付託」と「議長預り」の二通りあることをはじめて知ったという[1]。同様に、陳情書の書き方が分からず、他の地域の文庫の人に教えてもらったことや、署名を集めるために、生まれて初めて街頭に立った経験など、その時の体験を語る人に何人も出会った。その思い出話は、どれも興味深いものであった。役所に足を運んだものの、一体どこに行けば図書館について話を聞いてもらえるのか分からず受付で質問した人、事前に予約をとらず、いきなり知事室を訪ねた人もいた。

奈良市で「こばと文庫」の活動をしていた鈴木檀は、昭和四八年（一九七三）頃から議会への働きかけを始めたが、陳情と請願の違いや、請願には議員二名の紹介が必要だということを知らなかった。仲間と共に議会へと出かけた時のことをこう語っている。

このとき、与党会派の控室前で待たされていた私達の前を、偶然通りかかった野党議員が気持ちよく皮切りに署名してくれたが、この署名を見た与党議員が

「なんや！　こんなもんに署名でけるか！」と怒鳴った。

……やっぱり……と私は思ったが

「どうしてですか？」と、とぼけた。相手はかっとした顔で

「ものには順序ちゅうもんがあるやろが」

「？」

「お前、○○党は26名の最大会派や、なんで野党の後やねん。そんなこともわからんで」

そのとき、まだ小さな娘を膝に抱いた石浜さん（菅野文庫）が昂然と顔を上げると

「どういう順序ですか？　数の多いところからですか、そんなキマリがあるなら最初から教えて下さい。その規則書いてあるもの見せて下さい！」(2)

図書館に関心を持たない議員や市長に、図書館の必要性を訴えることは、大きな困難を伴うものであった。横浜で地域文庫「汐見台文庫」の運営に関わり、「横浜市に図書館をつくる住民運動連絡会」の中心メンバーであった唐井永津子は、昭和四八年（一九七三）当時、革新市長として知られていた

飛鳥田一雄（後の社会党委員長）に、直接会って図書館の設立を求めた。その際、飛鳥田市長から「図書館をつくるよりも、勤労者諸君の賃金が、子どもの本位好きなだけ買える方が理想的」「図書館の仕事なんか、今の役所の人間は大学位でてるんだから誰にでもできますよ。僕だってできますよ」「どうも僕はわからんな。本の好きな人は、自分で本を探して、お互いに貸し借りをして読むものなのに、なぜ公共図書館が必要なのか」と言われたという。(3)

鳥取市で文庫を開いていた常田黎子も、鳥取家庭文庫連絡会を結成したばかりの昭和五二年（一九七七）頃に市長と会談し、児童書さえもない県立図書館の窮状や市民図書館の設立を訴えた際、「奥さん達の言う様な本を読まなかったが、自分はこんなに立派になった」と、すげなくあしらわれたという。(4)

また、道路や上下水道の整備などと違って、図書館の役割や意義は、まだ一般には理解されていなかった。唐井は「ここ数年（筆者注：昭和五〇年前後のこと）、続々と文庫が生まれているとはいうものの、市民意識としては、まだまだ公共図書館を知らなさ過ぎる。［…］貧しい図書館行政の横浜市の中で、市民が図書館を権利だと思うようになるのは、一体いつの日のことだろうか」と嘆いている。(5)

図書館づくりに関わらない文庫

文庫の中には、図書館づくり運動には関わらない人々もいた。北海道札幌市で「札幌なかよし文庫」を開設し、「札幌の図書館づくりをすすめる会」の活動をしていた山崎翠は、昭和五四年（一九七九）に書いた「家庭文庫から〝図書館づくり〟運動へ――その問題点とこれからの課題」の中で、最近の子ども文庫が、図書館づくり運動に参加する文庫と、そうした運動を「政治的だと考えて忌避する」文庫の二種類に分かれている点を指摘して、後者を批判してこう述べる。

趣味性や余暇の活用としてのヴォランティア性が基本であっては、文庫は結局それをする人本位になってしまいますし、行政への働きかけを忌避した奉仕活動としての文庫活動が増えることは、市民運動としての文庫活動と次第に対立をきたすようになり、同時にそのことは、〝図書館づくり〟運動に対しても、〝足を引っ張る〟ことになってきます。(6)

とはいえ、東村山の川島が、「文庫活動から図書館要求運動へ踏み出す時、心理的なハードルを越えなければならなかった」と述べているように、(7)多くは主婦である文庫の世話人にとって、運動を始めることは心理的な負担を伴うものであった。運動に参加しない文庫に対する批判は、山崎の他にもいくつか見られ、図書館づくり運動にかかわっている文庫とそうでない文庫との間の意識の差がみられる。

児童図書館研究会の機関紙「こどもの図書館」に「文庫活動をめぐって――さまざまな問題」と題する興味深い記事が掲載されている。(8)記事は二人の女性による対談形式となっており、A、Bと匿名になっているため、誰なのかは不明だが、図書館づくり運動に関わっている女性であることはわかる。

まずAが、文庫の人たちの中に図書館に関して無関心である人がいて、文庫と図書館との相互関係についてもっと考えを巡らせるべきであると主張する。すると、Bが次のように述べる。

一口に文庫と言うけど、その内実は多種多様だと思うの。［…］個人が純然たる楽しみで開いている個人文庫、家庭文庫、あるいは個人でやっているけれど何かしら目的を持ってやっている文庫、地域の仲間が集ってボランティアの形で運営している地域文庫。形態も内容もさまざまだわ。それに小ぢんまりとやっている所といまや図書館の肩代わりをするぐらいに膨張してしまった所の区別もあると思うの。一律に文庫が図書館になにかを期待するかしら？　あたし一人の趣味でやってます、という人は別に図書館との相互関係を持とうと思わないだろうし。

これに対しAは、もちろん、そういった個人の動機や楽しみの気持ちを否定するものではないとしながらも、文庫は個人の事情で閉じてしまうことがあり、そうなると、それまで文庫に来ていた子どもたちが困るだろう、と、次のように述べる。

だから、そんなふうに文庫がなくなる前に、言いかえればちゃんと楽しく活動している今、自分達の役割をもう少し考えてほしい。文庫がなくなったり、つまらなくなったりしてがっかりするこどもたちのことを考えてみると、質の高いサービスはずっと継続されなければならないことに気がつくでしょう。するとこんどは質の高いサービスの継続、あるいはサービスの向上ということは個人の力の限界を越えた責任だ、ということに気がつくと思うわ。

親地連の機関紙『親子読書』（一九七七年十二月）の巻頭言「働く母親と地域活動」は言う。

働きながら子どもを育てている母親にとって、地域活動というのはたいへん重荷です。それでも保育所や学童保育の運動は、働く母親の地域活動として公認されていますが、PTAや親子読書となると、やりたくても時間的に不可能なことが多いばかりか、職場でも「そこまでやる必要はない」といった目で見られがちで、まだまだ市民権がありません。(9)

保育所設立の運動は一般に理解されやすいのに対し、図書館設立や読書環境整備のための運動は、その必要性がいまひとつ切実なものと感じられていない。そのことが、運動への参加をむずかしくしている。

もう一つのむずかしさは、なにか運動を始めると、それが特定の政党と関わりを持っているかのように周りから見られることである。大阪府寝屋川市で、子ども文庫と親子劇場の活動に関わっているある女性についての調査が、「地域活動と専業主婦の発達」に紹介されている。(10)その女性は、夫から「特定の党派に偏重した政治活動ではないか」と脱退を迫られた。聞けば、夫は、職場の上司から妻の活動についてクレームをつけられたという。その女性は、実際に夫を活動に参加させて誤解を解いた上で、活動に対する理解を勝ち取った。

『親子読書』には、請願書を出すだけで、もう革新団体と色づけされてしまったみたい、という声も聞かれる。(11)自分たちの運動が独立したものではなく、特定の政党に与していると思われるのは、文庫の人たちにとっては迷惑であった。茨城県の土浦市で長年「いなみ文庫」を開いている奥井登美子は、地域での図書館づくりだけでなく、地元の霞ヶ浦の水質汚染を改善する運動を行っていた。奥井は

「政治アレルギー」と題するエッセイでこう述べる。

市民運動まがいのことをしていると、どうしてもいろいろな政党とのつきあいが生じてくる。請願書一つ出すのでさえ紹介議員が必要であるし、知事や副知事に会ぅ必要が生じた場合も、議員さんの紹介なしでは不可能である。［…］どの党も、党勢拡大のための党エゴみたいなものがあって、それに巻き込まれないよう、こちらの主体性を貫きながらとなると、けっこうしんどい。(12)

別のエッセイで、奥井は過去の活動を振り返り「土浦の自然を守る会が、十年間、ささやかながら忍耐強く霞ヶ浦の水の問題と取り組むことが出来たのは、常に超党派の姿勢を貫いたのもさることながら、ややこしいとは《ママ》考えないで素朴な生活感覚や職業感覚を大切にしてきたためであろう」と述懐している。(13)

運動が広がり、住民から大きな支持を得られるにつれて、逆に議員のほうから近づいてくることもあって、それも彼女たちを悩ませた。

女性が社会運動に参加することに伴う問題

女性の社会参加について調査した昭和四九年（一九七四）の報告『現代日本女性の意識と行動』では、市民活動への参加を阻む四つの要素を挙げている。①家を留守にできないから（二〇・〇%）②一度入ると抜けられなくなるから（一四・三%）③じたばたしてみてもたいしたことができないから

（一四・三％）④主人や子供に迷惑をかけたくないから（一一・四％）の四つである。これらのうち、①と④（合計で三一・四％）は、共に家庭の問題である。また、調査対象となった女性の四九％が「主人や子供たちに迷惑をかけてまで住民運動や市民運動をするには及ばない」と考え、残りの二九％が「わからない」、二一％が、「迷惑をかけても運動をするべき」としている。[14]こうしてみると、約八〇％が「家族に迷惑をかけてまで運動を続けること」に疑問を持っているといえる。

大阪の中川徳子は日本親子読書センターが東京で実施する集会によく参加していたが、「こうして東京に出て来るについても「行ってこい」と主人の方が気持よく出してくれました。今の若い人達にとってはそんな馬鹿げた事を、と思われるかもしれませんけれど、わたし達世代にとっては夫の顔色を見ながらこの事をやってきたわけです[15]」と言っている。「この事」とは、文庫活動と松原市での図書館づくりの運動のことである。ずっと日本親子読書センターの集会に参加したいと思っていたが、夫からの許可が下りず、行けないのだと語っていた人もいた。

木下律子の『妻たちの企業戦争』（一九八八）には夫とその企業からの圧力によって文庫活動ができなくなったエピソードが紹介されている。それは、地域に図書館がないので、社宅の集会所を使って文庫を開いた女性の例である。文庫を始めるとすぐ、会社から保安係がやってきて、文庫活動に関わっているメンバーの名前を全部教えろと言い、その後も、たびたび会社から夫に対して「奥さんが何やらアカみたいなことやってはるけど、やめさしたほうが、おたくのためにもええのとちがいますか」と、圧力がかかったという。そのため、メンバーは、ひとりまたひとりと活動から手を引いた。それでもやめなかったメンバーの夫は、とうとう左遷されてしまったという。[16]

地域の特性も運動への参加に影響があると思われる。図書館づくり運動は新しく開発された団地や住宅地で始められることが多い。昔からある村落では、古い地縁に縛られ、新しいことを始めることに対する抵抗が強い。ある村で家庭文庫を開いた女性は、結婚してその村に嫁いできた人であった。文庫を始めた当初は、地域の人々からなかなか活動を理解してもらえず、様々な中傷を受け、友達からも「やめたほうがいい」と言われた。また、夫が地区の集まりに行くと、「おまえの妻はもうからんことをやって何をしているか」と言われたこともあったという。文庫のことが新聞・テレビで報じられると、「目立ちたがり」だと言われた。子どもたちは、そうしたことには全く関係なく、自由に文庫へ来ていたが、本を返さない子に督促の手紙や電話をすると、親は、もう文庫に行くなと止めたという。この女性の場合は、夫が文庫に理解があり、活動を手伝って、地区の集まりでも文庫について説明をするなどのサポートをしてくれたおかげで、文庫を続けることができた。農村部の文庫では、これに類似した話を何度か耳にした。

都市民俗学を研究する倉石忠彦は、昭和三十年代以降に生まれた団地のコミュニティと、伝統的な農村の集落との違いを次のように述べている。

団地は、集落の様相を呈しながらも、その集落形成過程においては、住む人びとの意志による、自然発生的なものではない。人為的に、しかもかなり政治的な要素をふくんで形成されたものが多く、伝統的な要素はまったくふくまれていないといってもよい。[…]団地に住む人びとも元来は相互のつながりのない非血縁的な集団であり、伝統的集落に比較すれば、地縁集団というほどの集団性もない。［…］伝統的集落社会は職住ともに内包し、完結した社会を形成する傾向が強いが、団地は職住分離を基本とし、それのみでは完結した社会をつくれない状態におかれている。また形成されてからの時間的制約もあり、圧倒的に核家族が多く、その結果従来の伝統的な生活様式にとらわれることなく、新しい生活様式をそこにつくりだす余地を大きく残している。(17)

東村山の団地などは、まさに、倉石が言うところの「元来は相互のつながりのない非血縁的な集団」が作り出した、「新しい生活様式」であるといえる。

ただ都市部であっても、保守的な地域では、図書館の設立を求めて立ち上がっても、賛同者を得られず孤立するという現象も見られる。吉村が行った寝屋川の調査でも、ある地区は「比較的地付き層が多く、旧来の地縁関係もある程度残存」しており、他の新しい街とは異なり、このような地域にいわば「嫁」としてはいってきたある文庫の女性（夫はその地域出身）は、「地域活動」のような「新しいこと」をする嫁とみなされて困ったという記録がある。(18)

図書館以外の社会問題への関心

図書館づくり運動にたずさわった女性の中には、同時に、他の社会問題の解決のための市民運動にも関わっていた人がいる。東京の東久留米市の自宅で家庭文庫「けやきこども文庫」を開設していた山本幸代は、こうした女性の一人であった。彼女を知る人に次の一文がある。

(山本さんは)ひばりが丘団地では(筆者注:かつて山本が住んでいた団地)、従来の町内会ではない自治会という組織作りに参加され、広報、文教、厚生などの各部の活動に力を注ぎ、自治会文庫を開き、三歳児のための幼児教室をつくり、生協の設立の先頭に立たれておりました。

また、党派を超えた市民運動として「安保反対」デモを団地内で行ったことを知り、当時、極めて特異のことで、遅れて空き家入居した私にとっては、別世界に下り立ったような驚きでした。

その頃団地の井戸水に油が混入しているのではとの疑問を持ち込んだ人がいました。通常この給水システムではあり得ないことのため、団地自治会内でも、公団の水道担当者も、持ち込んだ人に問題があるのではと、取り上げようとしなかったところ、山本さんが「とにかく真剣に主張されることだからひとまず取り上げよう」といって混入をつきとめられたと伺いました。[19]

山本以外にも、生協や親子劇場の活動、保育所設立やその他の社会問題を解決する様々な運動に参加、または関心を持つ女性は多くいた。例えば、石川県の羽咋市で訪ねた「おあしす文庫」の上田裕美子は、文庫の活動だけでなく、環境問題やゴミ問題を訴えて各地で講演を行い、文庫がある自宅で自然料理教室を開いていた。茨城県土浦市の奥井登美子は、霞ヶ浦の水質問題の改善運動に関わり、『アオコに挑んだ地球市民』[20]、調査報告「霞ヶ浦水質浄化の10年——市民運動の連帯」などを発表している。奥井は、昭和四六年(一九七一)「土浦の自然を守る会」の結成に参加し、その後も、「霞ヶ浦をよくする市民連絡会議」、ついで「世界湖沼会議市民の会」を結成し、副会長になっている。

大阪府の枚方市で「こどもの本をひろめる会」を結成し、市内の図書館づくりをすすめていた橋詰淳子は、同時に、保育所づくり運動、公害反対運動にも参加していた。橋詰は「主権者意識」という観点から図書館設立を求め、それがようやく叶った当時の感想をこう綴っている。

図書館行政への要求がでる。要求実現のため対市交渉を行う。議員達と接触もでてくる。各政党も登場してくる。様々な民主団体の存在にもぶつかる。こうして〝私達は政治には無関係だ。子どものためにしているのです〟と信じ込んで取りくんできた運動だが、好むと好まざるとに拘わらず政治的側面を意識せざるを得なくなった。政治的なさまざまな問題が私達の周囲をうずまきだした。私達は政治や政党の方針等はごく一般的にしか知らないし、その時々の駆け引きなどは無知に等しいのだ。しかし、私達は対市長交渉、図書館見学会、三市の市長と図書館長との学習会等を通じて、政治が私達の手で動くのを見てきた。政治を選挙の時しか考えず異和感しか感じていなかったのだが、この時はじめてその距離の近さを肌で感じた。［…］

私達は、政治は素人だが、子どもの本をひろめ図書館を良くするという当たり前の事を実現しない政治やその当然の要求を取りあげない政党は、そちらの方がまちがっている、と。こうして私達は自分達の政治にたいするカベを破った。(21)

松原市民図書館設立運動をした中川徳子は、雨の日文庫の十周年を前に、次のような感想を残している。

私達は図書館作りを通じて、結果的には市民参加を手探りして来たように思います。市政がこんなにも身近かに感じられるようになったのは運動からの収穫です。この運動が十年間続けられている間に行政も議会もある部分ではずい分変りました。私達の運動も、自治体の民主化へのアタックのひとつになっているのではないかと自負しています。ただその壁が厚く大きいので風穴になるのか、ならないのかわかりません。幾つも幾つものいろんな運動、人々がかかわってそれは改革されていくのでしょう[22]。

図書館づくり運動と市民意識

中川は、またこうも言っている。「図書館は市民の生涯教育の場です。ここでは、教育の機会均等が保障されています。図書館が知的自由を保障する場として機能するならば、図書館は民主々義を市民のものとして定着させ育てる場となると思います[23]」。横浜の唐井も言う。「理想的な図書館づくりをすすめることが、納税者としての市民の権利を主張することであり、真の民主主義のあり方だと思います[24]」。東村山の「くめがわ電車図書館」の活動に関わっていた女性も言う。「私達は文庫の運営の中で、民主主義の形式ではなくて中味を求めて苦しみ、その視点から市政をみつめ、市民として発言する義務のようなものを感じつつここまで来ました[25]」。

右には、「市民」そして「民主主義」という言葉が見られる。中川らは、市の住民であったので、たしかに市民（city resident）ではあったが、彼女たちが言っているのは、民主主義社会の中で主権者として日々生活し、暮らしの中で出会う様々な問題に主体的に関わり、権利を自覚して生きる「市民（citizen）」なのである。このようにはっきりと「市民」そして「民主主義」という言葉を使っているのは、中川や唐井等の世代に属する文庫の女性たちがはじめてである。

東村山市の川島恭子は、昭和六二年（一九八七）八月に行われた日本親子読書センターの親子読書研究集会のシンポジウム「私たちの親子読書運動」で、「若いとき乱読した本」として丸山眞男の『現代政治の思想と行動』を挙げ、次のように述べている。[26]

（丸山は、）日本のファシズムの推進力が軍部官僚であったことは勿論だが、一握りのファシストで社会を動かせるものではない。ではファシズムの社会的担い手は誰であったのか。それは、小工場主、商店主、小地主、下級官吏、教員、僧侶、神官というような擬似インテリ層であった、というのです。

自身の父が、「小地主の三男で上京して商店主となった人」であった川島は、擬似インテリという言葉が「鋭くつきささりました」と述懐する。そして、その「指摘の正しさと同時に、傍観者のインテリの冷たい視線に反撥も感じ」はしたものの、深く影響を受け、次のように考えたと話す。

実際に社会を動かすのは、庶民の中の真面目で情熱的な人ではないか、この層の人々が賢くならなければ世の中はよくならないのだ、という事をこの本から学んだように思います。そして私自身はこの層の中で生きる自覚を持ちました。文庫や図書館運動を20年続けて来た私の立脚点でした。［…］東村山の文庫連絡会は50年に発足しましたが、この会の中心は始めから戦後世代でした。民主主義の理想をうたいあげていた時代に育った人達です。電車図書館では文庫活動から図書館要求運動へ踏み出す時、心理的なハードルを越えなければならなかった記憶がありますが、連絡会では発足直後に請願運動にとり組みました。戦後世代にとって、陳情や請願は、民主社会の常識的な制度でした。彼女たちは仲間の中の異論を認めるのも早く、賛成した文庫だけ名を連ね、すぐ行動でした。行動することで現実とぶつかり、教科書の民主主義思想の内面化の作業が、それぞれの形で深められているように見えます。

同じ運動に従事した女性たちの中には、川島や中川たちよりひとつ後の世代――一九四〇年代から五〇年代生まれ――の人々もいた。その人たちが書いた文章にも「市民」や「民主主義」という語は現れるものの、戦後民主主義を高らかに歌い上げるといった調子ではなく、全体にその頻度も少ない。それより後の世代になると、これらの語が使われる割合はもっと低くなる。

「市民」という言葉は、六〇年代前後の時代にどのような意味で使われていたのだろうか。社会学者の小熊英二は『民主と愛国』の中で、「市民」という語が戦前、戦中そして戦後にかけて様々な知識人たちの間で、どのような文脈・意味で用いられてきたのかを考察している。小熊は、この語が一九五〇年代以前には「プチブル」という語感を持つものとして忌避され、あまり一般的ではなかったと指摘している。[27]

同様なことは、政治学者で「声なき声の会」やべ平連などの市民運動にも深く関わった高畠通敏も述べている。高畠は「マルクス主義の影響の強かった戦前・戦後の知識人の間では、市民社会という言葉は直ちにブルジョア社会と言い換えられ、否定的な概念として理解されるのが一般的だったといえよう」と述べている。[28] 確かに、戦前、共産党の活動に関わり投獄された経験を持つ浪江虔（明治四三年生まれ）が七〇年代頃までに残した文章には、「市民」という語はあまり出てこず、どちらかと言えば「住民」という語が多い。例えば、「それは貴重な住民運動である」とか、「住民運動としての図書館充実運動」「この権利を活かすために：自治体と住民」といったふうである。さらに「市民」という言葉が一般的にならなかったもうひとつの理由は、小熊が指摘するように、終戦直後までは農村人口が多く、都市人口が少なかったからである。

それまで否定的な語感を持っていた「市民」という語が、積極的な意味を持って使われるようになる契機は、小熊によれば、昭和三五年（一九六〇）の安保闘争で、そこで「市民」が「自立と連帯が同時に実現している状態」を形容した言葉として使われはじめた。[29]

第七章で引用した有山崧の「図書館は何をするところか――国会デモに思う」と題する安保闘争に関する記事では「これまでみたこともない民衆の熱気とエネルギー」と記されており、有山の目には、国会周辺でデモをしていた人々は未だ「市民」ではなく「民衆」と見えていた。[30] ただ、同じ年の六月、東京都の品川区立図書館に勤務していた小河内芳子（明治四一年生まれ）は、児童図書館研究会の機関紙「こどもの図書館」で同じように安保闘争について触れ、「斗争が激しかった時期には組合員として又は一市民としてデモや請願に参加された方もあるでしょう」と「市民」という言葉を使っており、徐々にこの語が浸透してきたことがわかる。(31)

新しい意味での「市民」が創出されたのが一九六〇年頃からであるとすると、一九三〇年代に生を享けた女性が三十歳前後の頃である。戦後の民主教育を受けた女性たちは、三十代で、新たな意味での「市民」という語を違和感なく使い、四十代の頃に、その市民意識に支えられて、図書館づくり運動を進めていったのである。

図書館づくり運動を支えてきた人々の多くが、川島の言う「民主主義の理想をうたいあげていた時代」に育ち、戦後新たに主権者として権利への意識が強かったといえる。さらに、戦前に比べて、女性が社会問題に対して積極的・主体的に関わることが困難ではない時代にいたということはできるだろう。文庫活動に携わり、図書館づくりに精力を注いだ女性たちは、目の前にある差し迫った課題を解決しようとして動き始め、活動を通じて鍛えられ、民主主義を言葉だけのものでなく、中身のあるものとして身につけていったのであった。

子ども文庫から生まれた私立子ども図書館

子ども文庫運動は、公立図書館の設立だけでなく、法人化された私立図書館の設立も促した。ボランティアの活動に支えられている子ども文庫は、そのままでは永続性をもてない。家庭文庫の場合は、必ず終わりがくる。『子どもの図書館』で石井桃子が言っているように「文庫の心棒になっている人が病気になるとか、そのほかにも、ちょっとした身辺の変化があれば挫折して」しまうのである。本人の病気だけでなく、同居している親の介護のために、文庫を続けられなくなった例を筆者もいくつか知っている。

何人かで協力して運営している地域文庫は、家庭文庫よりも安定しているといえるかもしれないが、世話人の高齢化は避けられないし、必ず次の世代の後継者が得られるとは限らない。働く女性が増えた昨今、若いお母さんたちが、子どもは文庫に寄こすけれど、自分は文庫を手伝おうとはしない、という嘆きもいろいろな場所で耳にした。

ボランティアなのだから、できることを、できる間、精いっぱいやって、それでおしまいにしていいという考えもあるだろう。だが、活動の意義を実感した人たちが、文庫の継続を願うようになるのも自然である。文庫をより安定した組織にして、活動を長く継続させたいと願うところから、法人化という道が開けてきた。文庫から発展した法人組織の私立図書館の誕生である。小林静江が始めた北海道の「ふきのとう文庫」、石井桃子、土屋滋子、松岡享子らによる「東京子ども図書館」がその先行例である。

平成十年（一九九八）十二月、特定非営利活動促進法が施行されたことにより、従来の公益法人制度の許認可制が大幅に緩和され、公益性を持つ活動を行う市民グループが、大きな資金を持たなくても比較的容易に法人格を持つことが可能となった。その結果、NPO法人（特定非営利活動法人）として新たな歩みを始める文庫が現れた。平成十三年（二〇〇一）に行った「子どもBUNKOプロジェクト」のアンケート調査でも、その時点でNPO法人の認可を受けて活動している文庫が七件あり、法人化を考えていると回答したところも五一件あった。なかでも活発な活動で知られているのは、盛岡市の「うれし野こども図書室」や、高知市の「高知こどもの図書館」である。

うれし野こども図書室

うれし野こども図書室は、昭和五二年（一九七七）、現理事長高橋美知子が、高等学校時代の友人と共に、盛岡市内の前九年公民館で開いた「うれし野文庫」が始まりである。その後、昭和六二年（一九八七）に、若園町の盛岡市総合福祉センターに移って活動を続ける。NPO法人の認証を受けたのは平成十二年（二〇〇〇）である。図書室での活動に加え、地域の保育所、学校、図書館へのお話の語り手の派遣、子どもの本や、ストーリーテリングの講座や、勉強会の開催、講演会の企画開催、ブックリストの出版等の活動を行っている。会員組織で運営しているが、会員は盛岡のみならず、県内各地に広がり、児童文学や、子どもの読書に関する知識の普及に力を発揮している。

平成二三年（二〇一一）の東日本大震災の際は、いちはやく支援活動を始め、同年の十一月には、陸前高田市に「NPO法人うれし野こども図書室分館：陸前高田こどもとしょかん・ちいさいおうち」を開設した。「ちいさいおうち」は、地元の公民館の隣に設置されたトレーラーハウスで、内部は二十畳ほどの広さがあり、約五五〇〇冊の本を備えている。市立図書館が全滅した中で、子どもたちが安心して、落ち着いて本が読める貴重な場所として機能した。平成二九年（二〇一七）、市立図書館の再興にともない、「ちいさいおうち」は、うれしのこども図書室の手を離れ、自立した子ども文庫として、地元の有志よりなる委員会によって運営されることになっている。

高知こどもの図書館

「NPO法人高知こどもの図書館」は、平成十一年(一九九九)十二月、高知市で開館した。高知市内で昭和四五年(一九七〇)から「ホキ文庫」という家庭文庫を運営してきた穂岐山禮《ほきやまれい》の一五〇〇〇冊に及ぶ蔵書や様々な人々からの寄贈図書をもとにしてのスタートだった。もともと高知県は子ども文庫や親子劇場の活動が盛んな土地であった。昭和四六年(一九七一)には早くも、高知こども劇場が設立され、昭和五二年(一九七七)には高知こども文庫連絡協議会が発足している。

高知に私立の子ども図書館を設立しようという考えは、県立図書館の移転計画をきっかけに発案された。長年高知城の敷地内にあった県立図書館に、平成六年(一九九四)、新館建設と、それに伴う移転計画が持ち上がった。この計画を知った地域の子ども文庫関係者などは、移転後の旧施設を子ども図書館にできないかと考える。彼女たちの行動はすばやかった。当時、県の職員と民間人で構成され、高知の文化について協議するためにつくられた「文化推進委員会」という組織があった。この会で、子どもの図書館構想を提案し、賛同を得て、直ちに知事、文化振興課長、県立図書館長に要望を伝える。

平成九年(一九九七)、財政悪化のため新県立図書館建設計画は中止となる。しかし、すでに「高知子どもの図書館をつくる会(以下、「つくる会」)」を結成し、賛同者も約五〇〇〇人に達していたことから、つくる会では、新たな場所を探して図書館設立を目指すことを決める。平成十年(一九九八)三月、県から、責任をもって自分たちで運営するならば、県有施設を無償貸与できる、との提案があり、いくつかの候補の中から、高知県消費生活センターの建物が選ばれた。

計画は、当初から官民協働の形で進められた。県のこども課のゆめ企画班と共に基本構想を練り、予算案も議会を通過して、計画は具体化。施設の借用について、県との契約を結ぶためには法人格が必要であり、そのためにはNPO法人格を取得することが最善な方法と考え、平成十一年（一九九九）法人格を取得、無事、高知こどもの図書館開館にこぎつける。

以来、通常の図書館業務以外に、児童文学に関する講座・講演会の開催、子どもの本のリストの作成、子どもの読書活動に関わるボランティアの養成、巡回こどもの図書館等、多彩な活動を実施している。施設は県から無償貸与されているが、それ以外の運営費は、会員からの会費と寄付金、助成金、そして事業収入でまかない、自主的に運営している。

近年の市民運動は、官民協働のものが多い。高知こどもの図書館は、そのよい例といえるだろう。ただ、行政との協働では、本来行政が担うべき業務をNPOやボランティアが肩代わりしているだけになる可能性もある。穂岐山は、自分たちの行動が、公立図書館とその運動に対してマイナスの作用をするのではないか、「行政が市民を利用する」という図式に、簡単に当てはめられるのではないかと恐れた、と述べている。それを踏まえた上で、「地方分権・自治のこれからについても可能な限り考え、市民・行政共に未成熟である現状も認めた上でなお、新たな道を切り拓く決断をした」と言う。[32]

公共政策についての研究者で、NPOについての論文や著書も多い山内直人は、自治体とNPO組織とのそれぞれの優位性について述べている。一般に自治体は、そのサービスを「安定的にかつあまねく提供する」ことは得意であるが、状況変化に対応した柔軟で機動的なサービスの提供では、NPOの方が優れている。また、税金によって賄われている自治体は、全ての住民に対して公平なサービスの供給をしなくてはならないが、NPOでは、そういった「公平性の呪縛」からは自由であるとしている。[33]

この点は、まさに公立図書館とNPOの図書館との違いに当てはまる。子ども文庫は、柔軟な発想で、それぞれの地域に在ったきめ細かいサービスを、自然に行ってきたのである。これからは、自治体とNPOが、互いに自分たちの不得手なところを上手く補完しあいながら、市民にとってよいサービスをすることが求められよう。

てんやく絵本ふれあい文庫

個人の文庫としての活動が成長し、NPO法人になった例としては、視覚障害の子どもと親のための「てんやく絵本ふれあい文庫」がある。このユニークな文庫は、自身全盲である岩田美津子が、息子に「読んで!」と、絵本を手渡されたことからはじまった。なんとかして子どもの要求に応えようと、岩田は、幾度も工夫を重ね、ビニール製の透明なシートに点字を打ちこみ、絵本に張り付けることで、視覚障害をもつ親が、子どもに絵本を読んでやれる方法を生み出す。昭和五九年(一九八四)に、大阪の自宅で「点訳絵本の会　岩田文庫」として、手持ちの点訳つき絵本を貸出したのが活動の始まりである。三年後には、郵政省に働きかけて点訳絵本の郵送料無料化を実現し、多くのボランティアとともに、全国的に活動を展開、平成二四年(二〇一二)にNPO法人格を取得した。

社会福祉の領域では、民が官に先駆けて活動をはじめ、ある程度成熟した段階で、官が活動を引きつぎ、普及させるという形をとることが多い。「てんやく絵本ふれあい文庫」も、病弱の子どもや、肢体不自由の子どもなどへのサービスを主な目的とした「ふきのとう文庫」の場合も、公立の図書館ではまだ実施できていなかったサービスを、文庫の形で先行させた試みとしての意味が大きい。

ふきのとう文庫

「ふきのとう文庫」は、昭和四五年（一九七〇）、岩波書店の児童書編集者であった小林静江によって、北海道江別市の自宅に設けられた。自分では図書館に来られない、身体的に不利な条件に置かれている子どもたちの本への要求を満たすための図書館をと願って設立された文庫である。平成二三年（二〇一一）に公益財団法人となり、平成二五年（二〇一三）には、札幌に新築・移転した。創立者の小林静江は平成二九年（二〇一七）に死去したが、その志は受け継がれ、一万数千冊の蔵書を館内での閲覧や、館内外への貸出しに供することのほかに、弱視の子どものための拡大写本や、布の絵本の製作、病院内文庫の設置運動などの活動を続けている。

文庫から法人への移行は、決して容易なものではない。安定した運営基盤が求められるし、財政的な裏付けも必要だ。特に、私立図書館は、図書館法によって公的な補助金を受けられないことになっているので、(34) 運営資金を自分たちの手で確保することが、最大の課題となる。しかし、昨今は、企業の社会貢献活動も広く行われるようになり、クラウドファンディングといったインターネットを活用した資金調達の方法も見られるようになった。今後、各種の助成財団も増え、寄付文化が定着していけば、資金面での問題の解決が現在ほど困難ではなくなるかもしれない。そうなれば、NPO法人として活動を続けたいと願う文庫も多くなると予想される。いずれにしろ、二十年、三十年と活動を続けてきた文庫に蓄えられた知識や経験は、社会資産として貴重なものであり、世代を超えて受け継がれていくことが望まれる。

東京子ども図書館

ここで、文庫活動を母体として生まれた法人組織の私立図書館である東京子ども図書館について少しくわしくふれておきたい。同館は、親子読書・地域文庫全国連絡会や、日本親子読書センターと同じく、一九六〇年、七〇年代に全国に広まった子ども文庫の大きな流れの中から立ちあがってきたものであるが、建物を有する図書館として結実しており、また、図書館員の研修、人材育成、出版等の幅広い活動を通して、文庫だけでなく、公立図書館を含めた子どものへの図書館サービスに携わる人々のための活動を展開してきた。アメリカの議会図書館の中にある児童文学センターのモットー“To serve those who serve children”にならっていえば、「子どもと本とともに働く人の役に立つ」ことを目指して、子どもの本や、図書館サービスに関するナショナルセンターと言ってもよい機能を果たしてきたからである。

昭和三十年（一九五五）に土屋滋子によって開かれた「土屋児童文庫」、昭和三三年（一九五八）にはじまった石井桃子の「かつら文庫」、村岡花子の「道雄文庫ライブラリー」については、第五章で紹介した。石井が、土屋や村岡とともに「家庭文庫研究会」を結成して活動したこと、また、かつら文庫の活動記録『子どもの図書館』が、大きな反響を呼び、全国に多数の文庫を誕生させたことについてもすでに触れた。

こうしたことから、石井は、全国的に子どもの読書を推進する上でのリーダーと目されるようになっていた。石井自身は、子ども文庫の普及を望んだわけではなく、公立の図書館の児童サービスの充実こそが問題解決の鍵だと主張していたが、公立図書館の状況は、石井たちが願っているほど早急には改善されなかった。石井が、自身の年齢のことも考え、かつら文庫を法人化して小規模でも児童図書館のモデルケースとして存続させることを考えたとしても自然であろう。しかし、それが具体化するには、中心になって働く松岡享子の登場を待たねばならなかった。

松岡の経歴は、『子どもと本』（岩波新書、二〇一五）の第一章にくわしいが、慶應義塾大学の図書館学科で学び、児童図書館員になることを目指す。そもそも慶應の図書館学科は、戦後、日本に、社会教育をすすめるという占領軍の方針のもとに、その中心的役割を担うべき公共図書館で働く人材を育てるため、昭和二六年（一九五一）に、アメリカ図書館協会の援助のもとに設立されたものである。松岡は、ここで図書館先進国アメリカの公共図書館の活動実態、わけても児童に対するサービスの重要性に目を開かれ、それを自身のライフワークとすることを決意する。

卒業後、アメリカに留学し、図書館学校でさらに学んだ後、ボルティモアのイーノック・プラット公共図書館で、児童図書館員としての一歩を踏み出す。同館は、アメリカでも屈指の公共図書館である。当時の館長は、のちにアメリカ図書館協会の会長も務めたエドウィン・キャスタニヤで、図書館の知的自由について、あるいは、著名人の生き方を左右した若い日の読書体験についてなど、数多くの著書を残しているすぐれた図書館人であった。

就職初日、松岡は、キャスタニヤ館長の「私たちは、本はよいものであると信じる人々の集団に属しています。私たちの任務は、できるだけ多くの人をこの集団に招き入れることです。どうかしっかり働いてください」という言葉で迎えられる。この言葉は、就職を図書館学の勉強の延長線上にある実習という認識でしかとらえていなかった松岡を「雷のように」打った。瞬時にして職業人としてのバックボーンがすっと通り、同時に図書館員という「職業集団に抱きとられた」かの如き安心感を得たという。このときのことを、松岡は「目の前に、白い道がのびているのが見えた気がした」と述べている。(35)

松岡は、イーノック・プラット公共図書館の二五ある分館のうち、成人の図書館員一名、児童の図書館員一名、計図書館員二名の、最小単位である分館に配属され、本の選択、予算の管理から、館内での子どもへのサービス、お話、読書クラブ活動に加えて、学校への訪問まで、一通りの児童サービスを体験する。分館は、経済的に恵まれない人の多い地域にあったが、ときには水着姿のままプールから直行してやってくるはだしの子どもたちや、おそらく家庭には本はないと思われる子どもたちが、図書館にやってきて、『ちいさいおうち』や、『ひとまねこざる』などの選び抜かれた本を当然のように楽しんでいる姿を目のあたりにして、松岡は日本にも早くこのような公立図書館をと、胸を熱くする。さらに、イーノック・プラット公共図書館は、充実した現場研修プログラムを提供していることでも知られていたが、松岡は、ここでベテランの先輩図書館員から、行き届いた新人研修を受けることができた。ここでの一年が、自分のその後の仕事の基礎をつくり、仕事へのエネルギーの源となったと松岡は述懐している。

帰国後、大阪市立中央図書館に職を得、小中学生室で、当時の図書館ではまだ行われていなかった

「おはなしのじかん」をはじめるなど、アメリカでの勉学と体験を生かした児童サービスの実践に取り組むが、結局、ここでの勤務は三年足らずで終わった。役所の体質が、松岡の望むようなサービスをさせなかったということもあるが、何よりも、当時、市当局と組合との間で、三年毎に異動することが決められており、これ以上児童サービスに携わることができなくなったのが退職を余儀なくされた最大の原因であった。

しかし、大阪での経験は、松岡に「公共図書館に対する負債」ともいうべき感情を残した。それは、公共図書館で上司の無理解や、役所の規則攻めに悩みつつ児童サービスをしている図書館員たちに「一も二もなく同情し、なんとかしなければならないという」気持ちを湧かせ、後の東京子ども図書館での活動内容を決定する強い動機となる。[36]

退職後、東京に戻った松岡は、一九六七年、自宅に「松の実文庫」を開く。「家庭文庫は、最終的な解決ではあり得ない。公共図書館がよくならなければ、と主張している本人が、新しく文庫を始めるのは矛盾しているという思い」があってためらったというが、[37]結果的には、この文庫において、松岡は自らが思い描くように文庫を運営し、実際に本を手にとって読む子どもたちと身近に触れることから多くのことを学ぶことができた。このころから、松岡は児童文学の翻訳や創作を手がけ、児童文学作家としての歩みも始めていた。

文庫をはじめた松岡は、かつら文庫、二つの土屋児童文庫の世話人たちが定期的に行っていた児童文学や、ストーリーテリングの勉強会に加わる。やがて、この集まりのなかから、自分たちの理想を実践できる、文庫より規模が大きく、安定した基盤をもつ児童図書館がほしいという願いが育っていった。この願いが、すでに以前から文庫を法人化して存続させることを目論んでいた石井桃子の考えと重なり、私立の図書館設立の機運が芽生えたのであった。

昭和四六年（一九七一）十月、東京中野区のビルの一室を借りて、東京子ども図書館設立準備委員会が発足した。委員の顔ぶれは、松岡と、長年かつら文庫で働いてきた佐々梨代子、作家の中川李枝子、土屋文庫の世話人など九名で、石井桃子、土屋滋子が相談役として名をつらねている。その後三年間の準備期間を経て、昭和四九年（一九七四）一月三一日、東京都教育委員会から財団法人の認可を受け、かつら文庫、二つの土屋児童文庫、松の実文庫の四つを合体させて、東京子ども図書館が誕生する。松岡は理事長に就任し、石井桃子、土屋滋子、中川李枝子、佐々梨代子に加えて、瀬田貞二、渡辺茂男、鈴木晋一が設立時の理事であった。

設立趣意書は次のように始まる。

わたくしたちは、これまで、子どもの本や、こどものための図書館活動に関心をもち、直接、間接に、それにかかわる仕事をして参りました。そして、子どもの本の質をよくするためには、どうしても子どものための図書館活動を盛んにしなければならないと考えるようになりました。それは、ひとつには、子どもの本を作る立場にある者が、実際に、子どもの本に対する反応から、子どものためのよい本とはどうあるべきかを学ぶためであり、またひとつには、正しい選書の機能をもつ図書館が数多くなることによって、良質の児童出版に、安定した基盤ができるからです。

子どもと本が出会う場所での経験が、よい本とは何かについて学ぶ場となったこと。そして、そこで得られる知識と経験は、よい本を出版する際にも大きな意味を持つこと。結果として、児童書出版の質を高めるには、よい図書を見極めて保存する機能を持つ図書館が必要であること。これらは、石井が『子どもの図書館』で描いたことであり、松岡が、イーノック・プラット公共図書館、松の実文庫で体感したことであった。

趣意書では続けて、理想の図書館を持ちたいと考えるに至ったのには、四つの子ども文庫での経験とそれぞれの経験の交流から学び蓄積した知識が大きいが、個人が運営する文庫には経済的、法的な基盤が弱く、永続性が求めにくいことが述べられる。そして、今後の活動の柱が示される。

わたくしたちは、前記四つの家庭文庫を統合し、実験的な子どものための図書室と、おとなのための研究室を兼ねそなえた、ひとつの機関としての子ども図書館の設立を希望するに至りました。それが実現すれば、研究用の資料を備えて、広くこの方面に関心をもつ人々の利用に供することもできますし、各種の講座、講演会を開催することもできます。また、この分野での研究に役立つ資料等を出版することも可能です。これらの活動によって、最初は、個人的な試みとして出発した四つの家庭文庫が、社会的な広がりをもつ機関として発展し、子どものための図書館の発達に、いささかなりとも寄与し得るのではないかと考えます。

趣意書に述べられている主な事業は、(一)児童図書館としての活動、(二)子どもの本、読書についての参考図書館、研究機関としての活動、(三) 子どもの本に関わる仕事をする人のための研修機関としての活動、(四) 出版活動である。

発足当初は、中野区にある2DKのアパートに事務所を置き、子どもへのサービスは従来の四文庫で行っていた。このうち、かつら文庫は東京子ども図書館の分館として同じ場所で活動を続け、土屋文庫と松の実文庫は役割を終えて、順次、本部の児童室に活動を移した。昭和五三年(一九七八)、練馬区のビルに移り、同じ階ではないものの、児童室と資料室、事務室を一か所に集めることができた。その後、設立二十周年記念募金に寄せられた寄付を基に、平成九年(一九九七)、中野区江原町に独立した建物を建設し、現在に至っている。

運営は、基本財産からの利子、出版などの事業からの収入、また賛助会員からの賛助会費や寄付によってまかなわれているが、公的援助を受けていない図書館が、四十年以上にわたって、多くの賛助会員に支えられて存続していることは世界的に見てもたいへん稀なことである。財政的には多くの困難を抱えながらも、職員たちは、松岡のリーダーシップの下、熱意をもって仕事に向かい、自分たちの思い描いた事業をほぼ計画通り実現してきた。同館の行ってきた事業は多岐にわたっているが、特に貢献度の高いものとして、お話(ストーリーテリング)の普及、人材育成プログラム、ブックリストに示される質の追求がある。

お話(ストーリーテリング)の普及

東京子ども図書館では、子どもたちに物語を語ることは、本へのもっともたのしく効果的な方法であると信じて、設立委員会の時代から、語り手を養成するための講習会を開いてきた。一期二年にわたる講習会には、文庫の人々だけでなく、国公立図書館の児童図書館員も数多く参加している。平成二六年（二〇一八）現在、「お話の講習会」は三五期を数え、短期の講習の受講生を含めると、修了生は優に一〇〇〇人を超える。これら語り手たちは、全国各地の文庫や図書館、保育園や学校などで子どもたちにお話を語り、グループをつくって、ストーリーテリングの普及に努めている。

また、館では、こうした語り手たちのために、語りに向くお話集『おはなしのろうそく』や、『お話のリスト』、語り手のための手引き書シリーズを発行して、お話の活動を支えている。今日、図書館や学校図書館でお話が日常の業務として定着するようになったのは、こうした東京子ども図書館の活動に刺激を受け、研鑽に励んだ語り手たちの努力に負うところが大きい。

人材育成

「お話の講習会」以外にも、様々な講習会・講演会を行っており、特に独立した建物を獲得してからは、「子どもの図書館講座」を定期的に開催して、若い図書館職員に研修の機会を提供している。また、平成十四年（二〇〇二）度には、研修生制度を設け、一年間にわたって現場で児童サービスの基本を学ぶ研修生を、年間二名程度受け入れている。研修生向けのプログラムを公開する新人向けの「研修プログラム」も行っている。これらは、日本図書館協会が行っている「児童図書館員養成専門講座」と並んで、児童図書館員が業務を遂行するのに必要な知識や技能を習得するための、他には類のない研修の場となっている。

小さな民間の私立図書館がこのような図書館員研修プログラムを実施するのは、稀有なことと言わねばならない。しかし、これは、日本の図書館員のおかれている状況による。わが国では、図書館の職員を司書と呼ぶが、司書は、医師、薬剤師、保育士のような専門職としてはまだ扱われていない。そのため、毎年数多くの人が、訓練も受けず、知識もないまま図書館に配属される。子どもの本を読んだことのない人が児童室担当になることもある。準備もなく児童奉仕をしなければならない立場に放りこまれた人たちのために、情報や、研修の機会を提供するのは、東京子ども図書館のひとつの重要な使命であると考えられていたのである。

東京子ども図書館が行った人材育成のための事業で特に影響の大きかったのは、設立二年目の昭和五一年（一九七六）に、伊藤忠記念財団の助成を受けて実施したイギリス児童図書館界の大先達アイリーン・コルウェルを招いての「児童図書館員のためのセミナー」である。箱根のホテルで三日間にわたって行われたセミナーには、全国各地からの多数の応募者の中から選ばれた三二名が参加者した。平均年齢は三一歳、全員女性であった。

講義、討論、お話会と充実した内容のセミナーだったが、参加者たちは、一九二〇年代、まだイギリスにおいて児童図書館サービスの重要性が認識されていない時代に、独力で道を切り拓いてきたコルウェルの言葉に深く心を動かされた。当時、富山市立図書館に勤務していた若崎浪子は次のように回想している。

地方のため研修や講演会に参加する機会がなかなか得られない、よどんだ自分の中で窒息しそうになっていた時、このセミナーを聞き、喜び勇んで申し込みました。東京子ども図書館の人、受講者が、必死になって考え、聞き、質問した3日間でした（内容がびっしりつまっていて、緊張と期待と満足で、私は、はちきれそうだったのです）[38]。

若崎は、富山に帰ってすぐ、職員で報告会を開き、児童図書館サービスについての研修を持つということを決めた。またその後に行われた、同館の読書推進大会で、コルウェルの著書『子どもと本の世界に生きて』をテキストに、地域の母親と話し合いの場を持ったという。参加者は、こうしてそれぞれセミナーでの体験をまわりの人々に伝え、その後、各地域で図書館の児童奉仕の中心となって大きな影響を与えた。あのときのセミナーが、仕事をする上での心棒になったと語る参加者は多い。

質の追求

こうした人材育成事業に加えて、理想の児童図書館サービスが到達すべき基準を示したことも、同館の大きな貢献のひとつである。松岡は図書館を設立したばかりの頃、次のように述べている。

わたしたちが、無理を押して私立の、それも小さな図書館をつくろうとするのはなぜか。［…］それは、わたしたちなりにこの仕事（筆者注：図書館の児童奉仕）の質を考えてみたい。質を追求する自由を確保したいということにつきる。

わたしは、そこに行けばただで本が手にはいるということが、図書館の存在意義だとは思わない。

ことに子どもを対象に考えた場合、そこへ行けば質のよい本が手にはいるということが大事だと思う。ということは図書館員は本を選ばなくてはならないということであり、その選択こそが、図書館の仕事の質を決めるということである。(39)

こうした考えの基には、イーノック・プラット公共図書館での経験があると思われる。プラット図書館では選書をはじめとしたサービスについて厳しい基準を設定し、その基準を達成するために職員は日々研鑽を重ねていた。新任の図書館員には、児童部長と一対一で本の評価を学ぶ機会まで用意されていた。松岡は、これを、館が組織全体として、蔵書と奉仕《サービス》の質の水準を高く維持しようとする姿勢をもっていることの現れだと見、東京子ども図書館でも同じ姿勢を貫きたいと願う。

質を追求するにあたって、いつも立ち返る場所は、子どもに本を手渡す現場であった。長年読み継がれている本が共通して持つ要素は何か、子どもがどのような昔話を好んで聞くのか。現場から学んだことを大切にするという点は、文庫の時代も、図書館設立後も同じであった。職員たちは、子どもに学びつつ、ていねいに本を選び、これを機関誌『こどもとしょかん』に紹介した。また図書館員たち――この中には、文庫の関係者も含まれる――の手になる書評をあわせて掲載した。選書に十分な時間を割くことのできない、全国の児童奉仕担当者の参考にと願ってのことである。

『こどもとしょかん』には、新刊書情報のほかに、児童文学や昔話、その他子どもの本や図書館に関する様々な評論が掲載されている。アメリカには *Horn Book Magazine* という雑誌があり、児童図書館員が選書をする際の重要なツールとなっているが、『こどもとしょかん』も、日本で同様の役割を果たしているのではなかろうか。

丁寧に行われる選書に基づく本の紹介、書評などの活動のひとつの実りが、ブックリストである。リストは、それによって、自分たちの本を選ぶ基準を宣言したものといえる。東京子ども図書館では、石井桃子、瀬田貞二らの「子どもの本研究会」が編纂したブックリスト『私たちの選んだ子どもの本』を同会から引きついで、改訂しつつ刊行してきたが、設立三十年――文庫から数えると五十余年――を経て、長年の経験を基に、児童図書館ならばどこでも備えておいてほしい基本的図書を集めたブックリストの編纂・刊行に踏み切った。

その第一部『絵本の庭へ』は絵本、第二部『物語の森へ』はフィクションで、いずれも「児童図書館基本蔵書目録」という副題をつけて、それぞれ、平成二四年（二〇一二）、平成二九年（二〇一七）に刊行された。第三部はノンフィクションで、『知識の海へ』として、刊行が予定されている。いずれも、子ども文庫や公立図書館員で長く子どもと子どもの本に接してきた館外のベテランの協力を得て、長年文庫や図書館で実際に子どもたちに読み継がれてきた本を再評価して編まれたものである。

本来ならば、このような基本蔵書目録は、日本図書館協会の児童青少年委員会などがイニシアティブをとって、全国の児童図書館員が力を出し合ってつくるべき性質のものであるが、司書が専門職でなく、頻繁な異動が行われて、志のある児童図書館員が、現場に長くとどまって知識と経験を蓄積することができない現状では、それは望み難い。

児童書について専門的知識をもつ図書館員が少ないことは、よい本が出てもすぐに絶版になる日本の児童書出版の傾向を助長している。基本蔵書目録の作成は、こうした傾向に歯止めをかけ、すぐれた本を記録にとどめ、文化遺産として、つぎの世代へ継承していくためのものであると、目録の編者は語っている。資力の乏しい民間の図書館が、あえてこのような大事業に挑戦したのは、質の追求とともに、その継承を大事にしているからであろう。

なお、東京子ども図書館では、かつら文庫の中に「マップのへや」を設け、全国各地の文庫や、お話のグループなど、民間の子ども読書支援団体の発行するおたより、機関誌、周年記念誌等を収集、都道府県別に整理して保管し、閲覧に供している。文庫の活動や、子どもたちの様子を生で伝えるこれらの記録は、貴重な資料であるが、一枚ものが多く散逸しやすい。それらを丹念に集め、全国の文庫の現在を総覧できるようにしている同館の労を多としたい。

子どもの本や読書を専門とする図書館には、平成十二年（二〇〇〇）、東京上野の国立国会図書館支部上野図書館であった建物に設置された国立国際子ども図書館がある。国立国会図書館の一部であるこの図書館は、子どもの本に関しては、初めての国立機関である。また、関西には、昭和五九年（一九八四）、大阪府の万博記念公園内に設けられ、のちに大阪府立中央図書館に移った大阪府立国際児童文学館がある。故鳥越信氏の蔵書十二万点をもとに設立されたこの図書館は、今では七十万点の資料を擁しており、蔵書数の上では、国立国際子ども図書館をしのいでいる。同じく豊富な資料をもつ東京都立日比谷図書館の児童資料室は、現在東京都立多摩図書館に移管されている。これらの図書館は、蔵書数からいえば、東京子ども図書館とは桁違いの大きさであるが、貸出しをしていないなど、利用者にとって必ずしも利用価値が高いとはいえない。情報発信、人材育成など、果たしている機能からいうと、東京子ども図書館の存在は、これら国公立図書館に比しても決して小さくはない。文庫からスタートした一私立図書館が、今日まで継続して活動を続けてきたことは大きな達成であり、私立でありながら、公立図書館の発展に寄与するという現象は世界的にも例を見ない。

(1) 新田琴子「再び動き出した福島市民の図書館づくり運動」『みんなの図書館』no. 93（1985. 2）
(2) すずきまゆみ『わたしの語り　なこれん物語』（1990）p. 13-14
(3) 唐井永津子「飛鳥田さんと図書館」横浜市に図書館をつくる住民運動連絡会編『真理を私たちに――横浜市民の図書館づくり』、西田書店（1983）p. 77-81
(4) 常田黎子「編集後記」鳥取家庭文庫連絡会編『文庫はすてきな本のくに　子どもたちと良い本の出会いを…現状報告』（2004. 8）p. 37
(5) 唐井永津子「第3部座談会　文庫を考える」よこはま文庫の会編『ひろがる読書の輪――横浜の文庫』、よこはま文庫の会（1976. 7）p. 74
(6) 山崎翠「家庭文庫から〝図書館づくり〟運動へ――その問題点とこれからの課題」『現代の図書館』vol. 17, no. 2（1979. 6）
(7) 川島恭子「〝なぜやってきたか、なぜつづけていくのか〟」『親子読書運動』no. 57（1987. 7. 15）p. 4
(8) 「文庫活動をめぐって――さまざまな問題」『こどもの図書館』vol. 25, no. 6（1978. 8. 9）
(9) 米田佐代子「働く母親と地域活動」『親子読書』no. 88（1977. 12）
(10) 吉村恵「地域活動と専業主婦の発達――寝屋川市、親子劇場および子ども文庫リーダー層の事例研究をもとに」『立命館産業社会論集』vol. 20, no. 3（1984）p. 107
(11) 「編集後記」『親子読書』no. 129（1982. 5）
(12) 奥井登美子『くずかごの唄Ⅳ』、筑波書林（1991）p. 149

（13）前掲書、p. 101–102
（14）婦人に関する諸問題調査会議『現代日本女性の意識と行動　婦人に関する諸問題の総合調査報告書』、大蔵省印刷局（1974）p. 323–324
（15）中川徳子「シンポジウム私たちの親子読書運動」『親子読書運動』no. 58（1987. 12. 15）p. 7
（16）木下律子『妻たちの企業戦争』、社会思想社（1988）p. 122–128
（17）倉石忠彦『都市民俗論序説』、雄山閣（1990）p. 176–177
（18）（10）前掲書、p. 109–110
（19）水野繁子　山本幸世さんとわたしたち編集委員会編『山本幸世さんとわたしたち』、山本平発行（1997）p. 119–120
（20）奥井登美子『アオコに挑んだ地球市民——霞ヶ浦流域・水質調査の十年』、北斗出版（1992）
（21）橋詰淳子「図書館づくりと文庫づくり」『月刊地域闘争』vol. 7, no. 6（1976. 6）
（22）中川徳子「雨の日文庫——10周年を前に」『現代の図書館』vol. 17, no. 2（1979. 6）
（23）前掲書
（24）唐井永津子「文庫を思う」『現代の図書館』vol. 17, no. 2（1979. 6）
（25）「一歩一歩あゆみながら」『現代の図書館』vol. 11, no. 4（1973. 12）
（26）川島恭子「〝なぜやってきたかなぜつづけていくのか〟」『親子読書運動』no. 57（1987. 7. 15）p. 3–4
（27）小熊英二『〈民主〉と〈愛国〉——戦後日本のナショナリズムと公共性』、新曜社（2002）p. 88, p. 242–251, p.524
（28）高畠通敏「「市民社会」とはなにか——戦後日本の市民社会論」『高畠通敏集1 政治理論と社会運動』、岩波書店（2009）p. 103
（29）（27）前掲書、p. 523–530
（30）有山崧「図書館は何をするところか——国会デモに思う」『図書館雑誌』vol. 54, no. 9（1960. 9）
（31）小河内芳子「随想　子ども・読書・安保条約」『こどもの図書館』vol. 6, no .3（1960. 6. 8）
（32）穂岐山禮「「高知こどもの図書館」II」『子どもと読書』no. 321（2000. 5・6）
（33）山内直人「行政とNPOの実りある協働とは」『子どもの文化』vol. 35, no. 8（2003. 7・8）

（34）図書館法　第三章　第二十六条　国および地方公共団体は、私立図書館の事業に干渉を加え、又は図書館を設置する法人に対し補助金を交付してはならない。
（35）松岡享子「ランプシェード」『こどもとしょかん』no. 61（1994春）
（36）松岡享子『こども・こころ・ことば』、こぐま社（1985）p. 61
（37）前掲書、p. 61-62
（38）若崎浪子「コルウェルセミナーに参加して・その後」『こどもの図書館』vol. 23, no. 10（1976. 12）
（39）（36）前掲書、p. 39

第十章　少子化による文庫運動のかげりと、文庫をとりまく社会の動き

一九七〇年代の終わりから八〇年代のはじめを、子ども文庫運動のピークと見ることができる。昭和五五年（一九八〇）に実施された全国的な調査では、文庫数は四四〇六、当時の公立図書館数の約三倍にあたる。この数は、これまでの調査で得られた中で、最も大きい数である。同時に、公立図書館も右肩上がりで増加し続け、七〇年代はじめに九〇〇館に満たなかった図書館数は八〇年代に入るとすぐに一五〇〇館を越え、八〇年代から九〇年代にかけては実に約六〇〇館もの図書館が新設されている。

強い追い風に背中を押されているかのように、各地でいくつもの連絡会がつくられ、全国的にも日本親子読書センターや親子読書・地域文庫全国連絡会が発足し、文庫交流も盛んになった。しかし、子どもの読書にとって喜ぶべき状況が整いはじめた最中、文庫の世界にはいくつかの逆風が吹き始めていた。そして、その風は、徐々に、しかし極めて確実に、子ども文庫の基盤を崩していく。その最

も大きな要因は、少子化である。

少子化

平成元年（一九八九）、厚生省（当時）がまとめた人口動態統計において合計特殊出生率が戦後最低の一・五七になったことが発表された。この「一・五七ショック」以降、少子化が日本でも深刻な問題として認識されるようになった。七〇年代に造成された新興住宅街に設けられた文庫は、もろにそのあおりを受けた。かつての「ニュータウン」は、今や「オールドタウン」になり、子どもがいなくなってしまったからである。

市街地でも、状況は同じであった。小学校を定年退職して、自宅の敷地に別棟の立派な文庫を建てて活動していた島根県のある文庫は、子どもが来なくなって、やむなく閉じることになった。練馬区の「江古田ひまわり文庫」（昭和四二年設立）では、昭和五二年（一九七七）をピークに子どもの利用が下降し始めている。同文庫については、利用者数と貸出冊数を示す阿部雪枝が残した詳細な記録があり、その減少ぶりを数ではっきりと見ることができる[1]（表1）。

同様の記録は、随所に見られる。東京都の八王子市で子ども文庫を開設していた日本親子読書センター事務局長（当時）の志々目彰も、阿部の文庫と同じく、昭和五二年（一九七七）をピークに来庫者が減少していると発言している[2]。

この現象は関東圏に限ったことではなく、児童文学者の大月ルリ子が昭和四三年（一九六八）に神戸で開設した「鴨の子文庫」においても、会員数は昭和五〇年（一九七五）まで増加し、その後、会員数、来庫者、貸出冊数はともに下降したという。[3]

もちろん、全ての文庫がそうだったわけではない。分かっている限りでも、昭和四七年（一九七二）、福岡市東区の団地の集会所で開かれていた「土井団地文庫」では、八〇年代に入っても子どもが減らず、むしろ増加し、昭和五六年（一九八二）には建物を増築したほどであった。北海道の北広島市で

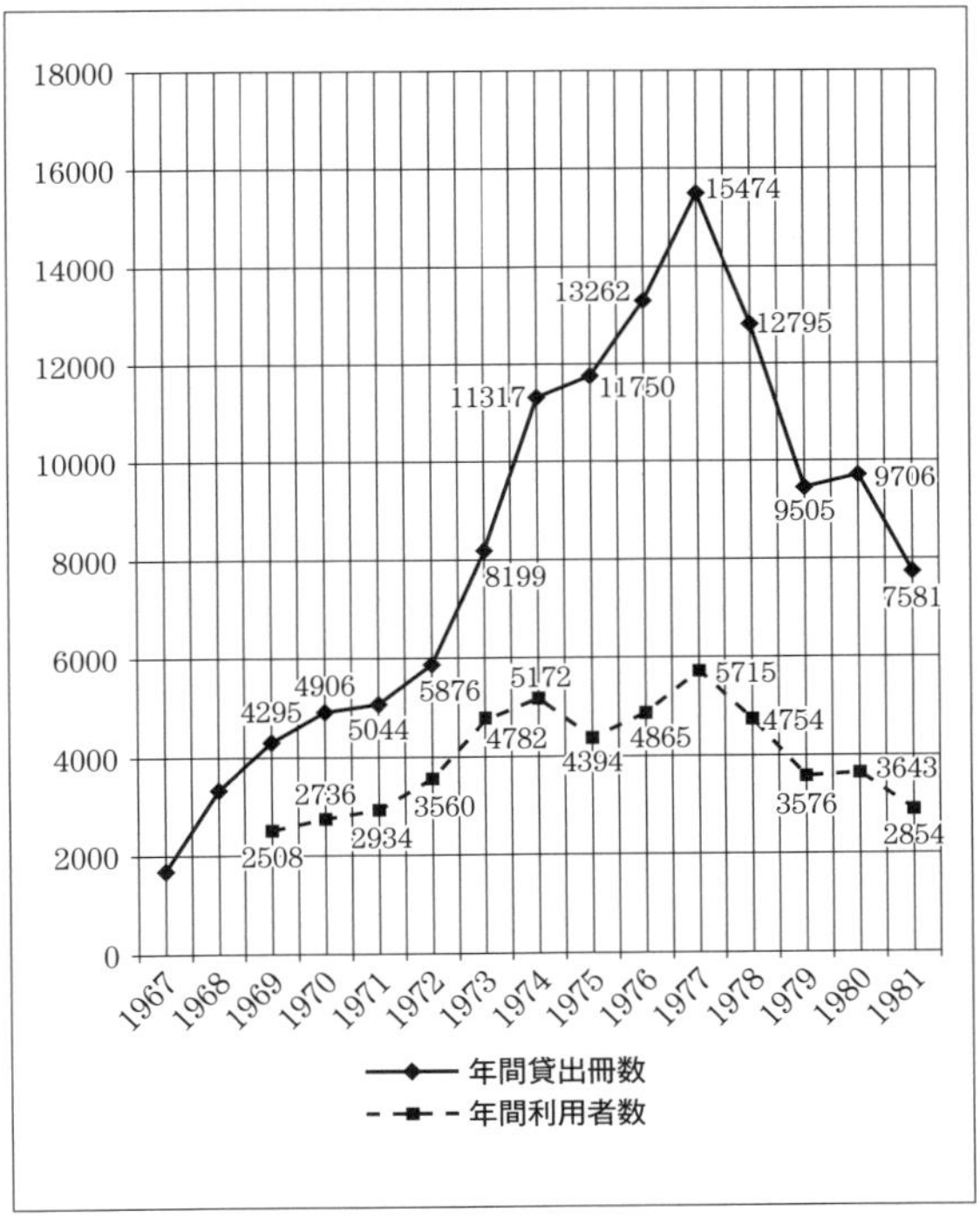

表1　江古田ひまわり文庫の年間貸出冊数・利用者数
昭和42年（1967）〜昭和56年（1981）

昭和四九年（一九七四）に開設した「親子文庫」では、会員数も貸出冊数も上下しており、ピークは、昭和五六年（一九八一）に来ていた。昭和五十年（一九七五）に、郡山市の市営住宅で開かれた「双葉文庫」では、設立からずっと利用が増加し、貸出しのピークは昭和五八年（一九八三）となっている（表2）。(4)

八王子市の片倉幸子が昭和五五年（一九八〇）から開いている「絹の道文庫」も、毎回六十人、時には八十人以上の来庫者を保っていた。もちろん片倉の人柄によるところが大きいが、周辺地域で新しい宅地が開発されたことも関係している。他にも、鹿児島市の生協の建物の二階で活動をしている「てんとうむし文庫」、和歌山市の「かいがら文庫」も、子どもは減っていない。ちょうど開庫日に訪ねたのだが、それぞれ五十人以上の子どもが来ていた。「てんとうむし文庫」では、子どもがあまりに多いので、会員を「第一・三月曜日の班」と「第二・四月曜日の班」と分けていた。生協のスーパーの建物の中という立地条件のよさが幸いしているのであろう。

文庫に来る子どもの数の減少に、奈良県の生駒市の平井冨久子が指摘する理由を付け加えなければならないのは残念である。平井は言う。

生駒市でも少子化の影響で、最近はほとんどの幼稚園・小学校で子どもたちの数が減少しています。誘拐、殺人、交通事故といった子どもたちを取り巻く環境の悪化も、文庫への足を遠ざける要因になっています。よく言われる塾やおけいこ事、ファミコンゲームなども原因の一つではありますが、住宅地が多い生駒市の場合は、園や学校、親たちも、子どもを危険から守りたいという気持ちが特

に強い気がします。(5)

安全のため集団下校する。寄り道を禁じるなどの学校の方針で、昔は学校帰りにランドセルをしょったまま文庫にやってきていた子どもたちが、もう来なくなったという話もあちこちで耳にした。全体として七〇年代の後半から八〇年代の前半が、一つの分岐点となって、文庫に来る子ども――特に高学年の子ども――の数が減り、それにともなって、文庫の数も次第に減少する。この頃から、

	年間貸出冊数(冊)	年間利用者数(名)
昭和49年～51年	不明	不明
昭和52年	9027	2867
昭和53年	6940	2196
昭和54年	9396	2722
昭和55年	9585	2944
昭和56年	11733	3575
昭和57年	12399	3790
昭和58年	14875	4613
昭和59年	11113	3752
昭和60年	12844	3755
昭和61年	13847	3693
昭和62年	9448	3072
昭和63年	9013	2701
平成元年	6835	2100
平成２年	4332	1123

表２　双葉文庫の年間貸出冊数・利用者数
昭和52年（1977）～平成２年（1990）

子どもの生活が非常に忙しくなってきたことも、文庫での活動の内容に影響を及ぼす。

時間に追われる子ども

江古田ひまわり文庫の阿部は言う。

まず高学年の本ばなれは言われてから久しい。五十年（筆者注：昭和五十年のこと）の前後からであったろうか。この数年はそれが中学年に降り、更に年令を問わず同傾向がみられる。その背後には言わずと知れた子どもの塾通いと多種類のけいこ通いがある。〔…〕子どもたちは放課後の時間を友達と自由に遊びほうけるのではなく、月謝を払って、何時から習字、何時からはそろばん、あるいはピアノ、英語などとスケジュールに追いまわされる。そろばんなど週に五回もあるという。〔…〕以前は子どもたちが文庫の始まる二時より十五分も二十分も早く来て、「チョコレート」などのじゃんけん跳びをしていたり、おしゃべりや笑いさざめきの賑わいの中で、世話人は鍵をあけるのをせかされたものだ。文庫にとって、子どもが友達同士で来ることはとても大事なよいことだ。今は非常にそれが少ない。〔…〕本についても、「これ面白かったよ」と一人が言えば、必らず友達の誰かが「じゃあ、私それを借りよう」となるし、「今度はどれを読もうか」と本選びにも楽しい語らい、誘い合い、刺激のし合いがあるのだ。ところが今、ひとりぽつんと来る子の中には、返却のハンコを押すとそのまま、「今日はいい」などと言って帰ってしまう者もいる。無理にでも本を持たせたくて、「この本どう？　あの本は？」と誘うのだが、また「いい」などと言われると、世話人の心は侘しくしぼんでしまう。「丁度よい所に来たわね。今本を読むところよ。さあ、聞いていらっしゃい」とよみきかせに優しく誘っても、「いい」とか「そろばんの時間だ」と帰ってしまう子。自由な時間を持たない子どもも辛かろうに。(6)

自由な時間をもたない子は、読む本の幅も狭くなる。昭和四五年（一九七〇）から、東久留米市のひばりが丘団地の近くで家庭文庫を開いていた山本幸世は、『けやきこども文庫の記録と回想』に、七年目（一九七六年四月―一九七七年三月）の感想としてこう記している。

近頃ちょっと気になることがある。三年生、四年生とはずむように読書を続けてきた子たちが、五年になってからもあいかわらず楽しくて軽い読み物とか、気のきいた絵本ばかりをあさっていて、当然読みはじめてもよいはずの、いわゆる歯ごたえのある文学作品に手を出そうとしない傾向である。(7)

一九六〇年代から七〇年代前半にかけて、文庫の数が勢いよく増え、文庫の世話人たちが図書館づくり運動に熱心に取り組んでいたのは、どこの文庫にも子どもがあふれ、子どもたちがむさぼるように本を読んでいたからである。その子どもたちのエネルギーが、大人たちのエネルギーを引き出していたのだ。子どもが来なくなり、本に意欲を示さなくなれば、大人の熱意がさめるのは自然のことである。

読書運動のかげり

広瀬恒子は、昭和五八年（一九八三）六月に発行された『児童文学アニュアル1983』で、「風に向かって」と題する文章を発表している。(8) その冒頭で、子ども文庫の数が約五〇〇〇、公立図書館の数が一三六〇館を超え、十年前の一・五倍にも達し、同時に、児童文学の世界では作家や出版社の層が広がり、年間二五〇〇点もの新刊が出版されているにもかかわらず、読書運動の衰弱を感じると述べている。

「低迷」「混迷」「曲り角」ということばに集約された読書運動全般の衰弱感は、私にもつきまとってはなれなかった。［…］ひとことでいえば、本という活字文化が、子どもにとって、真の魅力ある世界として、今後どのように広く、読み継がれていかれるのだろうか、その手応えに、心もとなさを感じさせるものがあった、ということかもしれない。

広瀬にこうした心もとなさを抱かせたのは、世田谷で開いていた地域文庫での体験であった。ある日、いつものように文庫開きの準備をしていた広瀬は、本棚の奥に何かつっかかえているものに気づく。ひっぱりだして目にしたものは「とても正視できぬような汚いポルノ雑誌と、シンナーのあき瓶、ビニール袋」であった。広瀬の文庫は、区の福祉会館の一室に開設されている。そのため、普段その部屋には、不特定多数の人が出入りできる。文庫の子どもが持ち込んだものではないにせよ、子ども文庫という「本の小さなたまり場」の中にさえ「頽廃文化」が侵入してくる事実に広瀬は不安を感じないではいられなかった。さらに、文庫に来る子どもたちの変化も広瀬に不安を感じさせた。

今まで私たちは、子どもの生活の身近に、本を自由に手にとれる場をつくることが、子どもを本好きにする基本としてきたけれど、しかし、今は、場づくりだけではすまない「読む気」を起こさせることが課題となっている。小学校低学年の時から、英語に、公文に、スイミング、体操教室、塾、ピアノにと、いそがしい子どもたちにしてみれば、のん気に文庫へなど、くる気にならない心境に追いやられている。そんな彼らの心をスカッとさせるものには、映像文化やら、コミックや、ヴィジュアルな雑誌、音響の世界と選ぶ対象は多く、何も本に限らなくてすむ。精神労働を伴う読書の魅力を伝えることは、その中みともかかわってくるが、かなり、しんどいことになりつつある。［…］私たちの読んでほしいとねがう児童文学は、文庫の棚でちっとも動かず、もっぱら〝文庫のおばさん用〟となってしまっている。子どもたちの状況は、まずしい文庫の力だけでは手に余ることが、多くなってきている。

それまで文庫の人々を悩ませていたのは、子どもたちの身近に本がない、子どもたちに手渡す本が足りない、ということだった。子どもが文庫でむさぼるように本を読み、返却される本が棚に戻るそばから、また誰かに借りられていった様子は、文庫の大人たちに、「本が身近にたくさんありさえすれば、子どもは本を楽しむ」という確信を与えた。その確信を胸に、彼女たちは、文庫を開設し、図書館づくりをすすめてきたのだ。しかし、その確信がゆらぐような事態が起こりつつあった。

本を楽しめぬ子ら

広瀬の文章が発表される五年前の昭和五三年（一九七八）、五月一日の「朝日新聞」に「読書環境ととのったが……本たのしめぬ子ら」という記事が掲載される。[9] 寄稿したのは、当時東京子ども図書館の理事長であった松岡享子である。松岡は、児童書の出版が質・量ともに豊かになり、図書館数も増え、「子どもの外的な読書環境という点からいえば、今は、これまでの最上の条件に達している」と認めた後で、日々目にする子どもたちが、「昔の子どもほど深く本をたのしんでいない」ことに気づく。「本の好みにその子らしい偏りがない。絵のあるもの、気楽によめる本ばかりに手を出したがる。内容の重さ軽さ、文体の違いを識別せずあれもこれも同じように読み流す。そして、忘れる」というのである。子どもたちは、豊かな読書環境と引き換えに、楽しむ力を失ったのであろうか。

この二週間後の五月十四日、「毎日新聞」に発表された記事「どんな本にも無感動」という記事でも、松岡は「十年くらい前までの小さい子は、必ずお気に入りの本が何冊もあり、これを繰り返し読んだ。今の子は何でもまんべんなく借りていく。［…］本の中に入りこまず、活字の表面だけを読み流し、そして忘れる。絵のついた本、気楽に読める本ばかりに手を出す」というコメントを寄せている。[10]

翌年、親地連の第二回全国交流集会において、広瀬は、松岡の記事に触れて、同様の指摘をする。「子どもの読書にかかわる内側の問題としては、文庫や親子読書会で本は読んでも、感動したり創造する力が弱くなっているのではないだろうか、読書力も低下しているような気がする、という声がしきりに聞かれた」と述べ、さらに、「いま文庫・読書会・図書館などで一様に問題点としていわれているのが、高学年の活字離れです」と発言している。[11] これは、文庫の関係者が共通に感じていたことであった。

八〇年代後半から九〇年代に入ると、その状況はさらに加速する。名古屋市の自宅で「あまの文庫」を開いていた天野貞子は次のように述べている。

八六年頃から子どもの読書の傾向に変化が現れた。絵が多く字の少ない、内容の軽い本を求めるようになり、読んだ本への反応がうすい。夢中で読む「本の虫」は少なくなって気になった。稽古ごとが盛んになり、子どもたちはファミコンやテレビゲームの刺激的な映像にひかれていく。［…］いつしか文庫に集まる子どもたちは二歳児から小学校低学年が殆どになってしまった。図書館や他の文庫にも同じ現象が現れ、〝子どもの本ばなれ〟という寂しい言葉をよく耳にした。[12]

天野の自宅で、貸出カードを見せてもらったが、その一枚、ワイルダーの『大草原の小さな家』のカードを見ると、八〇年代はじめのある年の九月十七日には、ひとりの女の子がその本を借りて九月二四日に返却、同日に、別の女の子がその本を借りていく、というように、誰かが返却したそばから、他の子どもが待ち構えて借りていったことがわかる。一般に、ページ数が多く、読みごたえのある部厚い本、例えば、アーサー・ランサムの『ツバメ号とアマゾン号』などは、現在ではあまり子どもの手に取られないことが多い。しかし、天野の文庫や他の文庫で昔の貸出カードや記録を見せてもらうと、これらの本がどんどん借り出されていた。高学年の子どもがおおぜい文庫に来ていただけでなく、その子たちに大作に挑戦するエネルギーがあったということである。

昭和五〇年（一九八〇）、親地連の機関誌『親子読書』は「80年代への抱負と提言」という特集を組む。児童文学者の古田足日は、それに「感覚の鈍磨・家庭の文化」という評論を寄稿している。[13]

ふりかえるとぼくは、六六年『宿題ひきうけ会社』（理論社）のなかで「学校も家庭も地獄と思え」という受験用語が存在することを書いた。そうであってはいけないと思ったからである。六八年『モグラ原っぱのなかまたち』（ポプラ社）のなかで、みんなで原っぱで手足を動かして遊ぶ遊びの楽しさと、うばわれていく遊び場のことを書いた。遊び場が消えていき、子どもの遊ぶ姿がへってきたからである。［…］時の動きのなかでぼくの願いはかなえられるどころか、いっそうひどい状態のなかに子どもも大人も追いこまれた。ふたたびふりかえると、ぼくにとって七〇年代はぼくの願いがふみにじられていく時代であった［…］

読書力低下の問題は子どもの生活全体に根をおろしているわけで、ぼくたちは子どもの生活・生活文化との関連のなかで読書力低下を受けとめなければならぬ。

家庭の文化もおそらく三層の構造を持つはずで、基盤となる生活の上に、子どもがつくる文化や、親が子につくり話をしてやるというのがあり、本を読んでやるというのはもっと上層にあるのではなかろうか。［…］家庭の文化の確立という道すじで考えると、読書の教育の基礎、また多くの部分は学校よりも家庭に属しているものだと思う。

子どもの読書力低下の問題は、子どもの生活全体と関わりがあり、文庫だけで簡単に解決できるものではない。しかし、八〇年代以降、子ども文庫に関わる人々は、意識するしないにかかわらず、子どもの文化を支える基盤が揺らいだ社会で、本を手渡すことを宿命づけられたことになった。そして、この揺らいだ基層をどうすれば修復できるかという、小さな子ども文庫には手に負えない大きなテーマに立ち向かうことになる。

読書ボランティアの誕生と活動の広がり

文庫に来る子どもの数は、その後も減少し続け、八〇年代には激減しはじめた。こうした状況の中、文庫で子どもを待つのではなく、自ら近隣の幼稚園や小学校に出向いて、お話や読み聞かせを行う出前活動を始める文庫の人々が少しずつ増えはじめた。今日でいう「読書ボランティア」の誕生である。八〇年代以前では状況は違っていた。小学校でお話や読み聞かせをさせてもらえないかと頼んでも、断られることが多かった。保育所や幼稚園は、比較的理解してくれたが、学校は敷居が高く、校内でボランティアが活動をすることは難しかった。宇都宮市で昭和五四年（一九七九）から「ひまわり文庫」を主宰していた佐藤孝子は、学校に活動の場を求めた時の様子を次のように綴っている。

社会一般の風潮として学校の中は聖域で、外部から中に飛び込むことは容易ではない。しかし子ども達が、生涯の楽しみとしての読書の習慣を身につけるのに小学生時代がいかに大切かを経験的に知っている文庫のおばさんとしては、黙っているわけにはいかない。制度とか予算とかいろいろ難しい問題はあるが、今目の前にいる子ども達に「本って楽しいよ」とはたらきかけるのは今しかない。幸いひまわり文庫の場合は地域の校長先生の好意で、読み聞かせの出前が一年前に実現した。子ども達は目を輝かせてお話に聞き入る。終わると握手を求めて周りに集まってくる。（筆者注：学校図書館の）本の貸出しも増えたということだ。(14)

佐藤がこれを書いたのは平成七年（一九九五）のことであり、九〇年代に入ってもまだ学校で活動をすることが困難であったことがわかる。たまたま理解のある校長や教師がいて、ようやく実現したというケースが多かった。今日、ほとんどすべて、と言いたくなるくらい多くの小学校で、朝の始業前の時間や昼休みなどの時間に、ボランティアによる子どもへの読み聞かせやお話会が実施されていることから見ると意外に思える。今では、学校側が積極的にボランティアを招き入れており、学校からの要望が多くて、一人でいくつもの学校やクラスを掛け持ちして、週に何度も小学校へ出かけている人もいるくらいである。

九〇年代から読書ボランティア活動が急速に盛んになったのは、社会全体にボランティア活動への関心が高まったこと、国の施策としてもボランティアが推進されたこと、教育機関も「開かれた学校」として、ボランティアを積極的に受け入れはじめたことによる。

七〇年代や八〇年代の前半ごろまでの文庫の記録には、ボランティアという言葉はあまり見られない。当時は、ボランティアという言葉自体、一般には用いられておらず、ボランティア活動そのものといってよい文庫活動も、それに携わる人たちには、ボランティアという言葉では認識されていなかった。

『希望への力　地球市民社会の「ボランティア学」』（光生館、二〇〇三）の著者、興梠寛は、日本において「第一次ボランティア活動の波」が始まったのは一九六〇年代だとしている。この時期には、ボランティアの普及や育成を目的とした様々な機関が設立され、「ボランティア」という語も浸透し始める。昭和四二年（一九六七）に設立された「日本青年奉仕協会」は、昭和四五年（一九七〇）に開かれた第一回の全国研究集会では、テーマとして「ボランティア」ではなく、「奉仕」という言葉を使っている。第三回目にボランティアという語が用いられ、その後これが統一された用語となった。興梠は、続く七〇年代をボランティア第二の波ととらえている。昭和四六年（一九七一）の文部省の「社会教育審議会答申」によって国や自治体がボランティア活動の普及を進めたことが大きいと言う。さらに、九〇年代には「第三次ボランティアの波」が起こり、企業がフィランソロピー活動を積極的に進めはじめた。

ボランティア活動の普及につれて、それまで子ども文庫活動に向かっていた人の層が、文庫から読書活動に移っていく。一九九〇年以降その傾向は、ますます明らかになる。それを示しているのが、読書推進運動協議会（以下、読進協）が五年毎に実施している「全国読書グループ調査」である。平成十年度（一九九八）、十五年度（二〇〇三）、二十年度（二〇〇八）の三回を比較してみると、文庫の数は、三一七八―一五一〇―一一四三と減少し、読み聞かせやお話会、また人形劇などを行う実演グループは、二〇一六―三〇八八―四五一九と飛躍的に増加していったのがわかる。

この調査は、各地域の公立図書館や類縁機関を通して情報を収集しているので、必ずしも、子ども文庫の現状をそのまま反映しているとはいえない。プライバシー保護の観点から、子ども文庫の項目について、回答されなかったケースも多かったようだ。しかし、全国的な規模で、継続して調査をおこなっているのは読進協以外にはなく、文庫から読書ボランティアへのシフトが起きている事実は、この調査結果から十分確認できる。

生涯学習振興法

ボランティアの推進に拍車をかけたのは、平成二年（一九九〇）六月に制定された、「生涯学習の振興のための施策の推進体制等の整備に関する法律」いわゆる「生涯学習振興法」である。同法の制定後、文部省の生涯学習審議会は平成四年（一九九二）七月に「今後の社会の動向に対応した生涯学習の振興方策について」という答申をまとめ、その中でボランティア活動そのものを自己開発、自己実現につながる生涯学習として推進する。大西珠枝は、『図書館ボランティア』（丸善、二〇〇〇）の中で、この答申が、文部省におけるその後のボランティア活動関連施策を方向づけたとしている。

平成十一年（一九九九）に出された生涯学習審議会の「学習の成果を幅広く生かす——生涯学習の成果を生かすための方策について」という答申では、「学校支援ボランティア」への言及があり、教員の意識改革、学校施設等の見直し、地域の人々のためのスペースの整備等の必要が説かれた。

学校支援ボランティアの先駆的な試みとして、注目を集め、右の答申でも紹介されているのは、栃木県鹿沼市「鹿沼図書館ボランティア」で、その活動は、『学校をつくる地域をつくる——鹿沼発学社融合のススメ』（草土文化、二〇〇〇）に詳しい。同市の「図書館ボランティア」は、市内の全ての小中学校で、「選書以外のほとんどの学校図書館の業務」、すなわち、教室での読み聞かせやお話、新刊本の受け入れ、本の補修、書架の整理、子どもへの図書の紹介など、本来ならば学校図書館司書が行う業務をすべて行っていた。

開かれた学校

こうした動きを受けて、学校教育の現場においても積極的にボランティアを活用するようになる。「開かれた学校」とは、昭和六二年（一九八七）四月に発表された臨時教育審議会の第三次答申で示された考えである。学校施設の開放のみならず、学校の管理や運営への地域の人々の参画、学校と他の教育・文化・スポーツ施設との連携等を意味するものとされた。平成八年（一九九六）の中央教育審議会の第一次答申「二一世紀を展望した我が国の教育の在り方について」では、学校は社会に対して閉鎖的であってはならず、地域の教育力を生かし、家庭や地域社会の支援を受けることに積極的であってほしいとしている。学校図書館についても、平成十年（一九九八）六月の中央教育審議会の答申で、「保護者が学校支援ボランティアとして学校図書館の活動に参画していくことも好ましいこと」とし、その翌年から、文部省は、新規事業として「学校図書館ボランティア活用実践研究指定校事業」を始めている。研究内容は①読み聞かせなどの児童生徒の読書に対する支援、②学校図書館のイベントの運営や広報活動、③司書教諭への支援、④その他（特殊教育諸学校における点字本の作成など）である。

朝の読書

この時期の動きのひとつとして、「朝の読書」が学校で進められていったことにも触れたい。昭和六三年（一九八八）に千葉県の船橋学園女子高校（現 東葉高校）の林公、大塚笑子によって実践された「朝の読書」は、九〇年代後半から急速に各地の学校で取り入れられた。平成八年（一九九六）には全国の小中学校、高校で実践している学校が一〇〇校であったのが、わずか三年後の平成十一年（一九九九）には二〇〇〇校、さらに翌年の平成十二年（二〇〇〇）には五〇〇〇校を超えるほどの広まりを見せた。そして、小学校では、この朝の読書の時間を使って、地域のボランティアによる読み聞かせやお話を実施するところも多く、読書ボランティアが活動する場の拡大にもつながった。

学校図書館

これまでなかなか開かなかった学校の扉が突如開き、国が急速にボランティアを活用する方向に転換したことに疑問を抱く人々もいた。それは、学校図書館へのボランティア活用が積極的に進められる一方、未だ、司書教諭や学校司書の配置がなかなか進んでいなかったからであった。また、ボランティアが安手の労働力として安易に活用されているだけなのではと危惧する人もあった。広瀬恒子は『年報こどもの図書館　1986年版』において次のように述べている。

加えて、行政側の働きとして「住民ボランティア活動の開発育成」「地域リーダー育成」「読書指導員派遣システム」など「生涯教育地域活動促進策」も目立ってきている。

この「ボランティア」活動策が、行革下の財政「合理化」にすりかえられてしまわぬよう何のための文庫活動か文庫の主体的意思と自立性が問われていくことも考えていきたい。[15]

ボランティアとして地域の人が学校に入ることは、学校図書館の現実を明らかにするという副産物をもたらした。はじめて学校へ足を踏み入れた文庫関係者たちは、鍵がかけられたまま利用されていない図書館、何十年もの間全く借りられていない全集物ばかりが並ぶ棚などを見て驚いた。広瀬は、八〇年代に学校への出前活動が広がったことに触れて、次のように述べる。

特に学校は、子どもに与える影響が大きいことから、学校図書館は一体どうなっているのか、足元の小・中学校図書館を見学してみて、あまりの本の古さ、殺風景さ、開館時間の制約などおどろくことが多く、これでは、子どもも利用する気にはならないだろうと気づきます。そこで〝無人〟に近い学校図書館に専任の専門司書を配置してほしいという声が90年代に入るといっそう高まってきます。[16]

かつて、公立図書館の設置を促した文庫の女性たちは、今度は学校図書館の整備、充実を訴えることになる。各地で「〇〇学校図書館を考える会」といった名前の会が数多く生まれ、その後、全国的な組織「学校図書館を考える全国連絡会」が結成された。各地で活動をしている人々の情報交流のための『ぱっちわーく』といった情報誌も生まれ、同誌のホームページもインターネット上で公開されはじめた（二〇一七年三月で終刊）。

ボランティアの相克

ボランティアのへの気運が社会的に高まる中、大きな社会問題とは直接に関わることなく、もう少し気軽に自らの充実や生きがいを達成するためにボランティアに参画するという考えも起こってきた。このような風潮の中、政府や自治体のボランティア活用の方針にも支えられて、子どもの読書に関わるボランティアの数は大幅に増えていく。平成十三年（二〇〇一）三月三日の日経新聞では、「やってみたいボランティア」のランキングで、「図書館ボランティア」が見事一位になっている[17]。

しかし、こうしたボランティアと、長年文庫で活動してきた人との間には、子どもの本についても、子どもに本を勧める方法についても、当然認識の違いがあり、文庫の人たちの間からは、ボランティアについての疑問が生じた。親地連の機関紙『子どもと読書』に「読み聞かせボランティアの増加について思う」と題する宇都宮の女性からの投稿が掲載されている。

子どもと本をつなぐ繋ぎ手の存在が、いまいち、曖昧な気がしてならないのです。学校図書館において、いちばん大切な繋ぎ手の司書は姿を消し、代わって配置されるべき司書教諭も、兼任とあってはその役を期待するには、あまりにも忙しすぎます。

それに代わって登場するのが、読み聞かせボランティア。公募に応じてくる人はほとんどが善意の人。しかし、読み聞かせにたいしてはずぶの素人。何の研修も受けたことがない。これで本当にいいのでしょうか？

大人なら、だれでもと言っていいほど、本を読むことはできるでしょう。［…］しかし、子どもに対する読み聞かせで重要なのは、上手に読むことではなくて、本を選ぶことなのです。子どもと人間関係を築くことなのです。［…］

そうした勉強を何もしていない人たちが、いきなり子どもの前に立つことに、何の不安もないのでしょうか？せっかくの善意を生かすためにも「子どもにとって良い読み聞かせとは？」ということを、学びあう時期が来ているのではないでしょうか？[18]

広瀬恒子は『読書ボランティア――活動ガイド』（二〇〇八）で、かつてボランティアを始めたばかりの人から受けた質問を紹介している。その人は、自分が大好きなディズニーの絵本を読み聞かせしようとしたところ、仲間からそんな本はやめた方がいいよと言われ、なぜディズニーがダメなのか？と、問う。広瀬は答えて言う。

あなたがディズニーの絵本が大好きということは一向にかまいません。わが子と楽しむことは全く自由なことですよ。［…］ただ、そこにとどまっていてはいけないと思うのです。ボランティアの仲間が「そんな絵本は……」と言ったのは、おそらく、「地域の子どもとかかわる時は〝自分が好き〟というだけでは不十分。大勢の子どもの期待に応え、本の世界のおもしろさを伝えるためには、客観的な目線が必要だよ」と、言いたかったのではないでしょうか。［…］

子どもがたくさんのすぐれた作品と出会うようにサポートするのは、大人の役割だと思います。子どもが、どの本のどこに感動するか、どんな本が人生を変える出会いとなるか、わかりませんよ。自分の好みだけではなく、多種多様な本に目を向けていることも必要ですね。[19]

平成十九年（二〇〇七）九月、国立オリンピック記念青少年総合センターにおいて親子読書・地域文庫全国連絡会の全国交流集会が開かれ、代表の広瀬恒子と東京子ども図書館理事長（当時）松岡享子、それぞれ四十年近く活動してきた二人が対談する。[20] 広瀬は、急増している読書ボランティアについて、その活動が本当に子どもと本とのよい出会いを作ることにつながっているのだろうかと疑問を呈し、ボランティアを有効に活用するためには行政関係者、ボランティア同士が協働することが今後必要となり、立場の異なる人々が、互いに良好なパートナーシップを保って活動するには、どういった関係を持つことが良いのかが課題だと述べる。

松岡は、現状を「非常にたくさんの人が関わり、多様になってきたことは事実だけれども、その多様さがよく機能・作用しているかというとそうではなく、なんだかちょっとごちゃごちゃになってきて、本当のものがどこにあるのか見分けるのが難しくなってきたというのが、正直なところではないか」と述べる。さらに、「六〇年代の後半から文庫を開いてきた方たちと、今学校や自治体からの呼びかけに応じて、よみきかせのボランティアをしようとしている人たちの間に隔たりがあるとすれば、それは前者は自発性、内発性が高く、自らの読書体験があり、本との結びつきが強いのに対して、後者はもっと軽い動機から、流行に乗るという面もあり、必ずしも本と強い結びつきをもっているわけではないという風に言えるかもしれません」と、述べ、ただ、内発的な動機や、読書経験を持たないボランティアであっても、子どもや本と接するうちに成長する可能性があることを心に留めておく必要があると指摘する。

広瀬は、それに同意しつつも、自治体が近年「安手の動員策」として安易にボランティアに頼っている点が問題だとする。「そういう使われ方に、ボランティアが囲いこまれていく危険性は、これからいろいろな場面で出てくるのではないか」との危惧を述べ、「私たちが確かめ、大切にしてきたものを大切にしていくという基本姿勢、それをどう貫いていくかといった時に、やはりそこに支えあう人と人との出会い、学びあい交流する仲間、それも大切なのではないかと思います」と結ぶ。

ボランティアである限り、どのような姿勢で活動するかは個人にゆだねられており、人によって差があるのは致し方ない。読書ボランティアの間の意見の溝を埋めるのは容易ではないだろう。

一方で、受け入れ側にも、しっかりした受け入れ態勢が求められる。担当者が常時不在の学校図書室の運営をボランティアに任せっきりにするといった例も出てきたからである。そもそもボランティアに、継続的サービスの提供を要求したり、責任の重い仕事を単独で遂行するよう期待したりするのは不当である。幼稚園や学校の図書室の整備や読書推進、また地域の読書環境の整備の責任は、まず自治体、学校、図書館の担当者が負うべきものである。この点を十分に意識していないと、ボランティアとのよい協働はできないと知るべきである。

「子ども読書年」と「子どもの読書活動の推進に関する法律」

子どもの減少により、文庫で座して待つよりはと、学校へ出かける読書ボランティアの動きが盛んになってきたこの時期、政府も様々な対策を講じ始める。平成十一年（一九九九）八月には「子ども読書年に関する決議」が全会一致で採択される。それにより、平成十二年（二〇〇〇）には「国際子ども図書館」開館を記念した「子ども読書年」が実施された。平成十三年（二〇〇一）十二月には「子どもの読書活動の推進に関する法律」制定、さらに、同法に基づき「子どもの読書活動の推進に関する基本的な計画」（以下、「推進計画」）が策定された。同法が施行されたのと同じ年の四月に「子どもゆめ基金」が創設された。この基金は、同年の政府予算として措置された出資金百億円と民間からの寄付を原資とするもので、同基金により、青少年の健全育成に関わる民間団体の活動（ボランティアによる子どもの読書活動を支援する事業もその対象に含まれる）への助成が行われることになった。

国際子ども図書館の創設や、「子どもの読書活動の推進に関する法律」制定の中心となったのは超党派の「子どもの未来を考える議員連盟」であった。選挙の「票」につながらない事業が、党派を超えた大勢の議員の関心を呼び、国会で取り上げられたのははじめてのことであった。国がこれほど子どもの読書に関心を示すのは、戦時中の国民読書運動の時以来である。

「子どもの読書活動の推進に関する法律」については、同法案が国会に提出される際に、文庫の人々だけでなく図書館界や読書関係の団体からも、様々な懸念が示された。そのひとつは、既に「図書館法」や「学校図書館法」があるのに、また、そこで示された理念さえまだ十分に達成できているとは言えないような状況の中で、なぜ新たな法律がまた必要なのかという懸念。もうひとつは、本来、個人的な活動である読書について国がどのように、どれ程関わるのかについて危惧や懸念であった。
日本図書館協会からも意見書が出された。協会は「子どもの読書活動の推進に関する法律」に基づいて国が作成中であった「子どもの読書活動の推進に関する基本的な計画（案）」について「読書は本来、自由で自主的な個人的な営為であり、行政施策はあくまでもそのための環境整備にある。子どもたちに読書を強制するようなことは排されるべきである」との見解を示した。そして、「政府として実施すべき内容」のひとつとして「図書館法第20条に基づく図書館の施設、設備に要する経費等の補助事業を実施する。これは法律に明記された補助事業であり、政府に課せられた施策である。とりわけこの事業は、図書館未設置市町村の解消には極めて有効な施策である」と述べ、その他、学校図書館の施設整備の計画の必要性なども挙げている。[21]
文庫の人々は、当初、あまりに突然大きく動き出した国家的規模の読書推進に、戸惑った。特に、七〇年代や八〇年代、図書館の設置やサービス改善を求めて何度も陳情や請願を重ね、固く閉ざされた官の扉に阻まれてきた経験を持つ文庫の人々は、何の前触れもなく、突如向こう側から開いた扉を見つめるように、全国規模の読書推進の推移を見守ったのではないだろうか。
「子ども読書年」開催年には、記念事業として「子ども読書年フェスティバル」が各地で実施された。静岡で実施された同フェスティバルの実行委員をつとめた「静岡県子どもの本研究会」の佐野節子は、当日の講演会やイベント、児童書の展示即売会等に多くの人が参加し、参加者も実行委員も大きな成果を感じたとしながらも、若干の戸惑いを含めて次のように述懐している。

普段地域で文化とか読書とか、子どもを育てる等の活動を手掛けている人たちは少ない予算で地道にホツホツと活動しています。今回の「子ども読書年フェスティバル」のようにお金の工面をすることもなくパンフレットは上質紙の写真入りの物が出来上がり、時間は次々と流れて、企画運営はプロにまかせて、いとも簡単に大型花火が〝ドッカーン〟と打ち上げられ終わってしまった一抹の淋しさが残りました。

司書を一人でも多く学校に置いて、それぞれの子どもに合った本を手渡せる状況を作ったり、地域でボランティアで開いている文庫や、読書会が流行できる環境を作っていく等の恒久的活動へ力を添えて頂けるような「子ども読書年」の位置づけであって欲しかったと思いました。(22)

広瀬恒子は平成十五年（二〇〇三）五・六月号の『日本児童文学』において「「子どもの読書活動推進法」をどううけとめたか」を発表している。広瀬は、東京の世田谷で三五年前（この文章を発表した時点）から読書運動を続け、「文庫に子どもの本がもっとほしい」「読書活動に理解を示す行政やバックアップしてくれる図書館や専門職員がいてほしい」などの要求を抱え、試行錯誤を重ねて活動を継続してきた経験について語る。そして、二一世紀に入り読書運動がかつてない大きな変換期に立ち、「とにもかくにも子どもの読書についてよくもわるくも、これほど社会的関心が広がり共有のテーマとなった時代はなかったのではないか」と述べる。

こうした状況の大きな変化として具体的にあらわれたのが二〇〇一年一二月制定された「子ども

の読書活動の推進に関する法律」（以下、子どもの読書活動推進法）である。

子どもの読書活動をさかんにしようという法律を国がつくるなどこれまでの歴史ではなかったことだし、親子読書運動にかかわってきた立場からは考えられもしないことであった。[23]

正直に言えばこの法案が国会に出された時「どうして？」という唐突感があった。

文庫の女性たちの多くは、広瀬と同じく、突如始まった国家的プロジェクトには戸惑いを隠せなかった。

広瀬は続けて言う。

では、いちばん問題として共通していた点は何かといえば、どうして読書と言う自由で人間ひとりひとりの内面にかかわるいとなみを法律で定めるのかという疑問であった。

読書環境を考えるなら図書館法、学校図書館法という法律があるのだから、むしろそこでの課題を充実していけばよいのではないかという意見である。

さらに広瀬は、推進法の第五条、「事業者は、その事業活動を行うに当たっては、基本理念にのっとり、子どもの読書活動が推進されるよう、子どもの健やかな成長に資する書籍等の提供に努めるものとする。」の、「事業者」とは誰を意味し、「子どもの健やかな成長に資する書籍」とはどういった本なのか、と疑念を呈する。そして、戦時中、内務省が「児童読物改善に関する指示要綱」に基づいて児童図書の統制・検閲を行ったこと、「公共図書館が教化の機関となった過去のにがい歴史」についても言及している。

古田足日も、推進計画に「優良な図書の普及」として、社会保障審議会が作成した推薦図書リストに掲載されている「優良な図書を家庭・地域に周知・普及していく」と記された部分について、広瀬との対談で次のように述べる。

また「基本計画」は「社会保障審議会では、福祉文化分科会を設け、児童の福祉に資する出版物を児童福祉文化財として推薦を行っている」といい、こうしたリストを配布することで優良な図書を家庭・地域に普及していく、といっています。なぜこのリストだけをあげるのか、ぼくはまったくおかしいと思います。推薦図書リストといいますか、こんな本を子どもに読んでもらいたい、今まで何年も文庫や会をやってきて心に残った本、子どもが喜んだ本のリストなどはいろいろな団体が、いろいろな立場から出していて何百もあるでしょう。その中でなぜ「社会保障審議会」のリストだけを「基本的計画」の中で取り上げるのか。〔…〕リストがいっぱいあるのにそのうちの一点だけを「計画」が取り上げるのは、どうしてなんでしょう。極端にいえば政府のお墨付きの推薦図書ということで、子どもに押し付けられるということになりかねない。それではやはり読書の楽しさという、一番根本的なことが落とされているのではないかと思います。(24)

おそらく、この時期から読書ボランティア活動を始めた二〇代や三〇代の世代の女性たちは、国が本を推薦することを戦前の内務省による検閲になぞらえることはなかっただろう。だが、広瀬や、それより上の世代の人々にとっては、過去の苦い歴史を想起させるほど、国による子どもの読書推進は、急速かつ、さしたる異議もなく国会を通ったのであった。

もうひとつ、文庫の人々が子どもの読書推進法さらに推進計画に不信感を抱いた理由があった。それは、同法や計画には様々な読書環境の改善が書かれていたにもかかわらず、地域での図書館の整備、特に学校図書館への人員の配置や施設の充実が全く進まないことであった。学校図書室への学校司書配置が十分に行われていない一方、推進計画では、外部人材（つまりボランティア）による学校図書館活動の支援がうたわれていた。先の対談で、古田は続けて言う。

文科省の「基本的計画」の大きな問題点の第一は政府がお金を出すといわない点ですね。学校図書館の人の問題ですが、人というのはお金がかかる。この計画ではボランティアが重要な存在として出てきますが、たとえば総合的な学習の資料としてあるテーマにかかわる資料をきちんとあげていくことがどこまでボランティアにできるでしょうか。普通、司書の仕事ではないかと思うことを、ボランティアに頼ってしまう。［…］職員なしにボランティアでやることは、ボランティアに非常に多くのことを押しつける結果になっている。それは子どもの読書活動推進にとってマイナスにしか働かないいんじゃないかと思います。[25]

香川県子ども文庫連絡会の代表であった松崎洋祐も、法の制定前に示された「子どもの読書活動の推進に関する法律案」には具体策が記されていないと、次のように述べている。

（基本理念）の中に「すべての子どもがあらゆる機会とあらゆる場所において自主的に読書活動を行うことができるよう積極的にその推進が図られなければならない。」としながら、子どもの読書環境の整備の具体的な提案の文言がない。［…］香川県では5市38町の内22市町、11町（筆者注：意味が少し不明）は未設置の状態にある。市単位でも分館がもっと必要な状況にある。学校図書館（小・中学校）には専任の人がほとんどいない。図書室（館）蔵書も大半の学校が不十分である［…］第六条の「保護者の役割」にいたっては、法律で定めることは余計なお世話でしかない。読書は、基本的には個人的な問題であって、家庭での読書まで法案に入れることは大問題である。[26]

国が子どもの読書問題に積極的に動くことや、読書ボランティアの普及は、本来喜ばしいことであるはずである。だが、各地の文庫で耳にしたのは、喜びよりも不安の声が多かった。それは、これらの変化が、子ども文庫の人々が自ら積極的に求めて作り出したものではなかったからであろう。七〇年代頃に各地で見られた図書館の設立運動や、それにより実現した地域の読書環境の変革は、文庫の女性たちが自らつくりあげたものだった。ただ、九〇年代から二〇〇〇年代にかけての変化は、国の施策として上から来たものであり、長年文庫活動を続けてきた人たちには、むしろ戸惑いが大きかったのではないだろうか。

児童書出版界の動き

文庫に来る子どもが大きく減少していた頃、社会全体でも「子どもの読書離れ」が大きく取り上げられるようになった。九〇年代の半ば頃を境に出版物の売上額も下降し始め、後の出版不況へと動いていく。「活字離れ」という言葉自体は七〇年代から見られる。昭和四七年（一九七二）には、出版科学研究所から「活字離れの減少をどう考えるか：問題点と施策」という題の講演記録が発行されているし、昭和五三年（一九七八）九月三〇日の「秋田魁新報」夕刊には「活字離れ防止に効果　床屋さんにミニ図書館　実を結ぶ地域文庫運動」という記事が見える。

子どもの活字離れ現象に注目が集まる一方、出版界には大きな不況の波が押し寄せていた。書籍と雑誌の売送金額は平成八年（一九九六）の約二兆六九八〇億円をピークに下降し続け、平成二二年（二〇一〇）には二兆円の大台を割った。『出版年鑑』（出版ニュース社、一九九九）では、この年の出版界の十大ニュースの一番に「未曽有の出版不況、いずれも減収減益」を挙げている。当然、こうした状況は、児童書の出版や流通の現場でも見られていた。

子どもが本から離れていく状況を改善しようと、九〇年代から二〇〇〇年になる頃、出版界、そして関連する業界において、子どもが本と親しむきっかけづくりをしようと様々な取り組みが行われた。その一つが平成五年（一九九三）三月に発足した「子どもと本の出会いの会」である。この会は、「子どもがたくさんの本と出会い、たのしく豊かな読書体験ができるように、それぞれの立場を尊重し、創意を生かして協力しあう」ことを目的として作られ、会長には作家の井上ひさし、副会長には児童図書館員として長年活躍した小河内芳子、事務局長は岩崎書店の小西正保がついた。事務局は岩崎書店におかれ、会には作家や画家や研究者、出版社、取次、書店といった出版及び出版流通、また、図書館界や子ども文庫などに関わる個人や団体など、子どもと本に関わる幅広いメンバーが加わった。同会の規約に記された活動内容には、子どもと本の楽しさをアピールするためのフォーラムや研究会等の開催、パンフレットや機関誌の発行が挙げられている。そして、「子どもが本を手に取る自由をひろげるためのアピール」として、①公共図書館の増設と児童サービスの充実、②学校図書館の充実と機能の発揮、予算の増額、司書教諭・学校司書の配置、③地域、家庭における読書の場を広げる、④子どもに本が届きやすいような出版状況の創出、が掲げられていた。その後、この会の活動をひとつの端緒に「国際子ども図書館」設立の動きが始まることになる。

出版界でも様々な活動が見られた。平成三年（一九九一）に出版関係の各種団体によって「財団法人出版文化産業振興財団（JPIC）」が設立された。同財団は、平成十一年（一九九九）から各地でボランティアを対象にした「読み聞かせサポーター講習会」を開催し、同年には取次大手の日版が「おはなしマラソン」を開始、各地の書店と共同で絵本の「読み聞かせ会」を開いた。この読み聞かせ会は、JPICの講習を受けた読書アドバイザー、地域のボランティアグループ、書店員などが行った。

また、講談社も同じ年、創業九十周年の記念事業として図書を積んだキャラバンカーを使った「全校訪問おはなし隊」をスタートさせ、全国各地の保育所、幼稚園、小学校などを巡回して、地元のボランティアが読み聞かせやお話会を実施した。

こうした動きは平成十二年（二〇〇〇）に実施された「子ども読書年」以降さらに大きなものとな

った。「子ども読書年」の実行委員会に民間の立場から関わっていた「子ども読書年推進会議」（出版界や図書館関係等の団体から構成される）は平成十三年（二〇〇一）三月末に一旦解散したが、同会議は、その後「子ども読書年」の取り組みをさらに活かすために「子どもの読書推進会議」として新たに活動を始めた。そしてその活動のひとつとして新たに生まれたのがブックスタートであった。

ブックスタート

ブックスタートは、平成四年（一九九二）にイギリスのバーミンガム市が始めた読書推進施策である。移民の増加によって、英語を読めない人が増加して社会問題となったため、図書館や保健局等が協力して赤ちゃんを持つ家庭に絵本を贈り、学齢前から本に親しませようと始まった。日本へは「子ども読書年」を機に導入された。

平成十三年（二〇〇一）四月には「ブックスタート支援センター」が発足した。乳幼児健診に参加する赤ちゃんと保護者に絵本をプレゼントするこの活動は大きく注目され、各地の自治体に拡がった。本を手渡す際に、絵本の読み聞かせやわらべうたの実演をしている自治体も多く見られるが、その際、ボランティアが活用されることが多い。

文庫を閉じる

一九九〇年代以降、子どもの読書に関する目立つ動きは、むしろ文庫の外で見られたといっていいであろうか。ボランティア活動が活発になり、法律の制定をはじめとする国の施策も次々に打ち出され、出版界も読書離れに抗して、対策を講じ始める。子どもの内面の変化を敏感に感じ取っている文庫の人たちは、こうした動きを複雑な思いで見ていたに違いない。そうした中で、長年続いてきた文庫のいくつかはその歴史を終える。大切に文庫を守り続けてきた人は、どのような気持ちで文庫を閉じるのだろうか。

アパートの一室で文庫を開いていた天野貞子は、文庫を終える時の記録を綴っている。子どもの頃病弱であった天野は、奇跡的に健康を取り戻し、二十代の頃、たまたま目にした新聞で作家の石井桃子が自宅で文庫を始めたことを知る。以来、文庫開設を夢見て、石井の『子どもの図書館』をテキストに、開設の準備をはじめた。繊維会社の経理部での勤めから得た給料一三〇〇〇円はアパートの部屋代三〇〇〇円と生活費でなくなるため、得意の英語を生かし、中学生への英語レッスンで稼いだ月謝を使って本を揃え、開設にこぎつけた。文庫を続けて三十年経ったある日、天野は決断した。

九四年、階段でひざを傷め、だんだん立ち居が不自由になって文庫の世話が苦痛になった。文庫を閉じる時がきたのだ。自分の意志で開いたのだから、自分の意志で幕を引こうと決心した。三〇〇〇冊余りの本を納得いくよう整理したい、動けなくなってからではおそいのだから、と思い、鶴舞図書館、近所の幼稚園、愛知県立がんセンターに入院しておられる患者さん用の文庫、新しく文庫を開く予定の人にそれぞれ寄贈し、文庫を惜しむ子どもたちにも好きな本を好きなだけ選ばせた。二〇〇〇冊余りの本を、殆ど廃棄処分にすることなく整理して、手許に一〇〇〇冊残し、悔いなく「あまの文庫」を閉じた。

病床時代が私の第一の人生。文庫と共に歩んだ二九年半は掛け替えのない第二の人生である。もし文庫がなければ、こんな素晴らしい世界は知らないままだった。［…］

ボランティアとは自ら進んで行動すること。決して義務や強制ではない。自分の意志でやる行動に報酬を求めないのは当り前だろう。「あまの文庫」と文庫の子どもたち、ありがとう。(27)

「自分の意志で開いたのだから、自分の意志で幕を引こうと決心した」「ボランティアとは自ら進んで行動すること」天野の言葉は、どんなボランティア論よりも明確に、そして簡潔にボランタリズムとは何かを教えてくれる。

名古屋にある天野の自宅を訪れた時、文庫として使っていた四畳半の部屋には一〇〇〇冊の蔵書、そして当時使っていた貸出カードやノートまでそのままに残されていて、今からでもすぐ文庫を始められそうであった。

かつて子どもたちでにぎわい、毎週一番乗りしてお目当ての本を三冊選び、周囲のさわぎをよそに隅でよみふける子、いつも友達二、三人と来る子、兄弟揃って来る子たち、野球練習の後ドラゴンズの帽子をかぶったままとび込んで来て「ああ、間に合った」と息を弾ませる子……そんな子どもたちがいた空間は、今でも至極心地よさそうな場所であった。

（1）『15ねんのあゆみ』、阿部雪枝発行（1982. 12）p. 53

（2）『親子読書運動』vol. 39（1982. 6. 30）p. 11
（3）三宅興子編著『日本における子ども絵本成立史』、ミネルヴァ書房（1997）p. 249-252
（4）「ふたば」編集世話人会編『家庭文庫から地域文庫、そして図書館へ　ふたば――二葉文庫17年の思い出』、「ふたば」編集世話人会発行（1993）p. 39
（5）平井冨久子「連絡会があってこそ」『子どもと読書』no. 325（2001. 1. 2）
（6）（1）前掲書、p. 76-77
（7）山本幸世編『けやきこども文庫の記録と回想――二十三年六ヶ月』、山本幸世発行（1993）p. 63
（8）広瀬恒子「風に向かって」今江祥智、上野瞭他編『児童文学アニュアル１９８３』、偕成社（1983）p. 150-151
（9）松岡享子「読書環境ととのったが本たのしめぬ子ら」「朝日新聞」朝刊（1978. 5. 1）
（10）「どんな本にも無感動」「毎日新聞」朝刊（1978. 5. 14）
（11）親子読書地域文庫全国連絡会編『歩んできた歩んでゆく二〇年のあゆみ』、親子読書地域文庫全国連絡会発行（1990）資料 p. 23-25
（12）天野貞子「「あまの文庫」と共に生きて」岩波書店編集部編『ボランティアへの招待』、岩波書店（2001）p. 353
（13）古田足日「感覚の鈍磨・家庭の文化」『親子読書』no. 102（1980. 2）
（14）『ひまわり文庫15周年記念誌』、ひまわり文庫発行（1995. 10）p. 69
（15）広瀬恒子「文庫活動の概観」児童図書館研究会編『年報こどもの図書館　１９８６年版』、日本図書館協会（1987）p. 192
（16）広瀬恒子「子ども文庫活動と戦後50年」『図書館雑誌』vol. 89, no. 8（1995. 8）
（17）「何でもランキング　やってみたいボランティア」『日本経済新聞』、ＮＩＫＫＥＩプラス１（2001. 3. 3）
（18）小川範子「読み聞かせボランティアの増加について思う」『子どもと読書』no. 335（2002. 9・10）
（19）広瀬恒子『読書ボランティア――活動ガイド』、一声社（2008）p. 14-15
（20）『これからの子ども・本・人 出会いづくり　記念対談 松岡享子・広瀬恒子』、親子読書地域文庫全国連絡会（2008）
（21）日本図書館協会「子どもの読書活動の推進に関する基本的な計画（案）について」2002. 7. 11（日本図書館協会ホームページにより確認　http://www.jla.or.jp/Portals/0/html/kenkai/dokusyo.html）

（22）佐野節子「文部省委託事業これで良かったのか?フェスティバル」『子どもと読書』vol. 327（2001. 5・6）

（23）広瀬恒子「「子どもの読書活動推進法」をどううけとめたか」『日本児童文学』49（3）（2003. 5・6）

（24）『読書運動とともに——子どもたちに読書のよろこびを——代田昇遺稿・追悼集』の編集を終えて　古田足日さんに聞く」『子どもの本棚』32（1）（2003. 1）

（25）（24）前掲書

（26）松崎洋祐「『子どもの読書活動の推進に関する法律案』について!」『香川県子ども文庫連絡会々報』no. 202（2001. 11）

（27）（12）前掲書、p. 354

おわりに

ここまで日本の子ども文庫について、歴史的にその系譜を辿り、特に戦後一九六〇年代から八〇年代にかけて爆発的ともいえる広がりを見せた子ども文庫運動について、その活動内容、活動を牽引した人物や出来事、社会的背景、及ぼした影響等を見てきた。今日BUNKOという言葉が世界で通用するに至ったのは、日本の文庫が、他にはない独自の様相を見せているからであろう。

単に私立の児童図書館というだけであれば、海外にも多くの例がある。特に公立図書館制度が整備される以前の状態においては、自ら私財を使って図書館を設立する人々は少なからず存在した。ハリエット・G・ロングの著書『アメリカを生きた子どもたち』（日本図書館協会、一九八三）には、一八〇三年に、コネチカット州在住の教員で書店員でもあったカレブ・ビンガムが開いた図書館など、子ども文庫と呼んでいい例が散見される。また、現在では、日本の文庫に触発されたのであろうか、アジアの国々で文庫が生まれている例が報告されている。

しかし、日本の子ども文庫は、その規模において、その機能において、その影響力において、海外のそれには見られない特徴がある。まず、最盛期には四四〇六あったことが確認されている文庫数。これほど多数の私立の児童図書館が存在したケースは他国では見られない。全国の津々浦々に存在する文庫は、公立図書館や、学校図書館が十分に整備されていない時代や地域において、子どもの最も身近な場所にある唯一の図書館として多大な役割を果たしてきた。ボランティアが自由な意思で開設し運営している私設の文庫が、子どもと本との仲介者《ミディエイター》となり、公立や学校の図書館よりも重要な役割を果たしているのである。これは、世界に類を見ない。

また、日本親子読書センターや親子読書・地域文庫全国連絡会のような全国的な交流組織がつくられたこと、東京子ども図書館のような法人組織の私立の児童図書館が生まれていること、それらが子どもの読書に関わるボランティアを育成し、児童文学の知識を広め、公立図書館の児童サービスの質の改善や、児童書出版の質の向上に大きな貢献を果たしていることも、わが国独自の現象であろう。さらに、戦後の文庫を担ってきた女性たちが、公立の図書館の設立や、学校図書館の充実を求めて、議会や政府に訴えていく提唱者として活動した点も、注目に値する。

こうして、明治時代から脈々と繋がってきた日本の子ども文庫は、それぞれの時代を生きた民衆の視点から、望ましい図書館像を構想し、草の根のレベルで図書館サービスを実践してきた。諸外国では、専門の教育を受けた図書館員が、整備された公立図書館で行うサービスを、文庫の人たちが、近代以降それぞれの地域や条件に合った形で行ってきたのである。それは、特筆すべきことである。

民衆教育の場としての子ども文庫——寺子屋からつながる系譜

子ども文庫がこれほど活発に広がったのには、こうした活動をはぐくむ素地がこの国にあったのだと思える。子ども文庫の規模や全国的な広がりを見てきて、筆者が何度も想起したのは江戸時代の庶民の教育機関であった寺子屋である。各地の文庫を訪ねていると、地域の教育者とも呼びたい人に多く出会い、これらの人々にかつての手習いの私塾、いわゆる寺子屋の教師を重ねずにはいられなかった。

文庫の世話人の中には、かつて保母や教員であった人が何人もいた。石川県では「もこもこ文庫」「笠舞若竹文庫」「はまなす文庫」「おあしす文庫」を訪ねたが、開設者は全員が教壇に立った経験を持つ女性であった。かつてはフォーマルな教育機関の教員であった人が、今度は、民衆が自らの手で形成したインフォーマルな文庫と言う場所での教育者——教育と言っても何かを教え込むという意味ではなく、地域の子どもたちを見守り育むといった程の意味——として活躍していたのである。

福島県の北塩原村の「ひまわり図書館」の館長である阿部國男も元小学校の教員であった。この村は、有名な五色沼や桧原湖があるあたりに広がる村で、福島駅から車で一時間ほどかけて磐梯山の山すそを登ったところにあった。訪れたのは四月の中旬であったが、まだ辺りには雪が残っていた。

阿部は、昭和三年（一九二八）に北塩原村に生まれ、その後、村の学校で教鞭をとった。阿部から「これどうぞ」と手渡された『裏磐梯』（北塩原村を考える会、二〇〇一）という郷土史を見ると、「「電波はへき地を越えて」小野川分校ラジオ国語教室／昭和三二年」と説明文がついた白黒写真があった。よく見ると、白い開襟シャツに背広姿の若き日の阿部が、教室の前に置かれたラジオの横に座っていた。阿部も生徒も裸足であった。阿部が文庫を始めたのは昭和四六年（一九七一）、まだ教員であった頃のことで、自宅に五〇〇冊の本を置いて始めた小さなものだった。同じ福島県郡山市の金森好子の影響もあった。

当時は付近に図書館も子どもの本を置いた書店もなく、本が必要なときは、十五キロも離れた猪苗代町にまで出なくてはならなかった。こうした環境の山の上で、文庫の本はよく借りられ蔵書も増えていった。阿部は、文庫活動のかたわら、子どもたちに習字なども教えていたということである。

阿部と同じぐらいの年齢で、やはり小学校の教師であった人に、秋田県大館市で家庭文庫を開いていた男性がいた。その文庫は、蔵書数が、ゆうに三〇〇〇冊を越えるほどの大きい規模であった。父親も小学校の教員だった。綴り方の教育に力をいれ、教え子の作品の多くが『赤い鳥』にも掲載されたという。曽祖父もまた教育者で、彼の下には、若き日の東洋史家、内藤湖南が漢籍の素読に通っていたという。訪問時七十代後半だったその男性は、私たちが訪ねた時、わざわざ背広を着て迎えてくれ、その実直な性格をあらわすように、何十歳も年下の私に対しても「……であります」「そうであります」と丁寧な言葉づかいで話してくれた。

石川謙の『日本庶民教育史』（玉川大学出版部、一九九八）を見ると、寺子屋経営者の身分は、武士、僧侶、神官、医者、さらに平民と実に様々で、その数も全国で一五〇〇〇以上もの数に届いていることがわかる。石川は、こうした寺子屋について「庶民の希望によって成立し、庶民の支持によって経営されたといふ意味で「庶民の教育機関」としてはどうであろうか。寺子屋が、天降りの、お上の仁恵に縋る教育機関ではないことは慥かである」と述べている。人々の日々の暮らしの中から自ずと芽生え、大きく発展したインフォーマルな教育機関という点は、文庫と通じる点があるのではないだろうか。

明治時代の学制発布以降、教育は国家が請け負うものとなり、民衆の教育機関は少しずつその姿を消していった。そして、図書館の世界でも、明治時代以降、政府により西欧の図書館制度が導入され、それまで日本で独自に発展してきた図書館文化――中世や近世に見られる様々な図書館――が、消滅したかに見える。しかし、その命脈は途切れずに流れ続けていたのである。

『日本公共図書館の形成』(日本図書館協会、一九八四)の著者、末永十四雄は、日本において幕末頃にも庶民上層を対象に公開された文庫(この文庫は大人のための図書館)があり、都市部では貸本屋が庶民にまで根を張り、広範な読者層を開拓していたことを指摘する。しかし、近代以降、官によって形成された公共図書館は、新教育制度の一環として西欧の図書館をモデルに導入されたもので、古来からある土着の図書館の継承と発展形態として出現したものではないと、末永は述べる。末永が指摘するように、近代以降の日本の公立図書館制度は国によって西欧から輸入された側面が大きい。

明治政府によって、西欧式の近代教育の導入によって、寺子屋が消滅してしまったように、図書館の世界でも、過去から存在してきた日本独自の図書館文化が途切れてしまったようにも見える。しかし、国家による近代的な図書館整備が進む一方、庶民の中に根付いていた土着の図書館文化は根こそぎにされず、地下深くを伏流水となって滾々と流れ続け、それが、子ども文庫という形で湧出したのではないかとも感じる。明治以降、アメリカ等の図書館制度を参考に形成された国立や公立図書館と異なり、西欧の影響を受けず、独自に発展した子ども文庫は、もし仮に海外の図書館制度が輸入されず、庶民にまで根を張っていた日本独自の図書館が継承発展されていたら達成できていたかもしれない図書館であるともいえる。

ある文庫の物語——地域の人々によって支えられる子ども文庫

大阪府茨木市の東太田という町に「ひまわり文庫」というバスを使って開かれている文庫がある。文庫の開設は、昭和四九年（一九七四）のことである。この文庫を始めた福山恭子に直接会って、聞かせてもらった文庫が誕生するまでの話は興味深いものだった。長年文庫を続けている人にはストーリーテリングが上手な人が多く、昔の楽しいエピソードを語る際も、実に生き生きと過去の場面を描いて見せてくれる。廃車寸前のバスが美しく模様替えされた文庫に生まれ変わるまでには、幾人もの「善き意志を持った人」とでもいった人々が登場する。その話は、まるで、ぼろぼろの服を着ていた主人公が、いくつもの幸運に恵まれ、やがて美しい王子になる昔話にも似ていた。

ひまわり文庫の話は、福山が自宅で開いていた「まつぼっくり文庫」という家庭文庫から始まる。福山の自宅で開かれていたこの文庫には、当時多くの文庫でそうであったように、かなりたくさんの子どもが訪れるようになり、部屋が手狭になった。なんとかしなくてはならないと思っていた、ちょうどその折、マイクロバスで文庫をしている人の新聞記事が目にとまり、福山をはじめ三人の母親が発起人となってバス文庫の設立運動を始める。折りよく、大阪市の市バスの廃車が見つかった。バスの価格は十一万円であったが、自治会から八万円さらに六二軒の自治会員からの各一〇〇〇円の寄付金で合計十一万円が集まり、バスを購入するめどがついた。問題はバスの設置場所であったが、ちょうどゴミ捨て場として使われていた土地があり、そこをきれいにするという条件で、土地の持ち主が一〇〇坪ほどの土地を無料で貸してくれることになった。

いよいよバスがやって来る当日は小雨が降っていた。バスは、市の交通局の運転手がわざわざ運転して来てくれた。町の人々は、雨の中をバスが来るのを待ち、いよいよ到着したとき、皆手をたたいて喜んだ。廃車になったバスのタイヤは古く、空気が抜けてしまうため、タイヤを地面から浮かせておくことが必要であった。そこで、福山は、近くの駅に行って、枕木が必要なのだが何とかならないか、と駅員に訪ねると、すぐに吹田の操車場から枕木をその駅まで運んできてくれたそうだ。そして駅に到着したその枕木を、今度はバス文庫の近くの独身寮に住む人がトラックを出してくれることになり、無事枕木も運ばれた。

バスは、地域の人によって整備され、文庫へと生まれ変わった。たまたま自治会員の中に大工さんがいて、知り合いの塗装業者を紹介してくれた。車体には立派にペンキが塗られることになり、さらに地元の人によってイラストも描かれた。描かれたイラストは、残念ながら、テレビアニメの「みなしごハッチ」であったが、この絵は、その後、塗り替えられる。

文庫が始められたとき、自治会長は「第二の川端康成を出そう」と大きな声で言ったそうである。東村山市の電車図書館がそうであったように、この文庫も、地域の人が廃品回収をして、そのお金を本や備品を購入する費用に当てた。また、この文庫にも、東太田以外の地区からも多くの子どもがやって来るようになった。その後十五年ほど経ってバスが老朽化し、新しいバスに買い変える必要が出てきた。また、無料で利用していた土地の立ち退き問題もあがってきた。

ところが、ちょうどこの頃、文庫がある地区に、日立造船の社員寮が建設され、日立では、寮の建設を許可してくれた地域に何か還元したいと考えているところであった。そこで、日立から新しいバスの購入費と土地を使用するための費用を出してもらえることになった。

今度は三重県でバス廃車を見つけることができ、再び前と同じようにバスがやって来た。そして、また同じように、文庫の設営を手伝う人が次々に現れて、新しいバス文庫が生まれることになった。日立造船には、船舶用の水に強い塗料があったので、それを使わせてもらえた。もうひとつ好運なことがあった。それは、寮の住人に、多摩美術大学出身の人がいたことである。今度は、この人によって上手にイラストが描かれた。その絵は福山を満足させるもので、人気絵本「11ぴきのねこ」の元気なねこたちであった。

こうして当初の設立から三十年近く経ったのだが、周囲には新しくマンションが建設され、新たに近くの町に転居してくる人も多いようで、文庫は今も多くの子どもで賑わっている。後年、雨の日にバスを運転してきてくれた運転手が再び文庫を訪れたそうである。

こうして多くの人が文庫を支えるのは、もちろん福山の人柄にもよるものだろうが、「ひまわり文庫」の誕生までには、なぜか分からないが幾人もの人が手を差し伸べ、そして文庫が町の中で保たれてゆくのである。文庫の人々から語られる話には、この福山の話のように、あの人がいなかったら、この文庫はなかった、と言われるような人が何人も登場する。

地域の集会所や公民館を使って活動している地域文庫の場合、公民館の一室を無料でまるまる文庫のために提供してくれる公民館の館長がいたり、文庫のために日曜大工に腕の覚えがある人がきれいな棚をわざわざ拵えたり、時には、クリスマス会のサンタクロースに扮する強面の自治会長もいた。山梨県の甲府市にある「高源寺文庫」では、イラストが入った文庫便りを長年ずっと発行し続けていたが、これは近所に住むおじさんによって手書きされたものであった。家庭文庫の場合でも、妻がつくった文庫便りを近隣の家に配る夫がいたり、机や棚を手づくりする夫がいたりした。

長い間続けられた文庫は、どれも皆その町の人の多くの人によって愛され大切にされているものが多かった。こうした文庫を支える人――例えば「ひまわり文庫」のバスの運転手――は、別に教育的な活動だと思ってやっているわけではないだろうし、読書活動の振興につながるとも考えてはいないだろう。ただ、これらの人々が少しずつ差し出すものによって、ひとつの文庫は生まれ、続けられてゆくのである。

子どもの居場所としての子ども文庫

平成二一年（二〇〇九）三・四月号の『子どもと読書』の編集後記に次のような短文が載っている。

年明けの文庫の話題は「派遣切り」。やっと決まった仕事だったのにと、成人してからも時々やってくる青年が嘆く。文庫でおなじみのお餅料理とほうじ茶で、静かに話を聞く。(1)

昔の文庫利用者が成人になっているのだから、この文庫は十年以上は活動しているのだろうか。この青年にとって、地域に文庫があったことはどんなに大きな救いだったのだろうか。派遣切りという大変な経験をした時に訪れる場所が、その青年にとって、文庫であったということは大変興味深いことである。あらためて、文庫とは、単に本を貸出すだけでなく、そこに訪れた子どもたちに、もっと大きな大切なものを残しているのだと、この文章を読んで感じさせられた。

ある文庫ではこんな話を聞いた。小さい頃からずっと文庫に通っていた女の子が高学年になってから、突然その姿をまったく見かけなくなった。その子の友達に聞くと、どうやらその子は塾に通いはじめたという。それからその子が来なくなって何年も経った。ところがある日、文庫を閉じようとすると、学生服を着た中学生に見える子が入ってきた。だいぶ大人びてはじめは良く分からなかったのだが、よく見ると、その女の子だった。しばらくしてからその子は棚の本を一冊抜き出し、本の内側に付けられている貸出カードを手に取り眺め、「あ、昔わたしこの本を借りてたんだ」と言って、その日またその本を借りていったという。文庫では、子どもが文庫に来なくなったから、また本を読まなくなったからといって、無理強いをすることはない。文庫は、ただそこに在って、来たい子どもだけが自然と足を踏み入れる場所である。文庫の看板は控えめなものが多く、よくこれで子どもが気付くものだ、と思うくらいだ。

自然に文庫から足が遠のく子どもがいる一方で、長年文庫を開いている人は、皆、来ていた子ども一人一人のことをよく覚えていた。古い貸出記録や来館者記録に記載されている、子どもの手で書かれた幼い文字の名前を見ると、すぐにその子どもがどんな子で、どんな本が好きだったかを、語ってくれる。かつての文庫に通っていた卒業生が成人して親になってから再び文庫を訪ねてきたという話も、今は東京で生活しているかつての卒業生が、里帰りをするたびに文庫に立ち寄ってくれるといった話もよく聞いた。おそらく子どもたちにとって、文庫とは自然にそこにあるもので、そこから発せられるある誘いにのって中へ入ってしまう場所なのだろう。中へ入ると、親でもなく教師でもない大人がいて、なぜかそこに足を運ぶだけでよろこぶおばさんやおじさん、あるいはおねえさんやおにいさんがおり、小さなノートとカードに名前を書いておけば、それだけで本を貸してくれる。時にはお話なども語ってくれる。親子ほどの近さでもなく、教師と生徒ほどのはっきりしたつながりでもない不思議な関係の中、子どもをありのままに受け入れながら、その子の育ちを静かに見守ってゆく場なのだ。

土屋児童文庫が閉じられると知って、中学二年生が寄せた文章がある。

私にとって土屋児童文庫は、普段の生活の中にある人と人とのわだかまりのない、たった一つの部屋です。ですから私は、文庫を「本のかしかりの場」としてでなく「ふれあいの場」として、毎週通っていました。

私は文庫が大好きでした。そして今でも大好きです。

毎週土曜、文庫に行くということを、私の気持ちだけではなく、体が常識としていたので、文庫に通えなくなってしまった今、土曜日は私の体がすこしばかりさみしそうです。(2)

近頃、子どもの居場所づくりという文字を、国の政策にも見ることができる。文庫とは、いくつもの地域に自然に生まれ、その土地の人々の子どもへの思いによって保たれてきた居場所であったと思う。

等しくこれ図書館

本書は、明治時代から平成までの子ども文庫の歴史を、それぞれの時代に子ども文庫を開いてきた人々の言葉を数多く引用して、描いてきた。最後に、明治から大正時代にかけて、山口県立図書館の初代館長として、先進的な図書館経営を行った佐野友三郎と、「せばやし子ども文庫」の瀬林杏子、高知県香我美町（現 香南市）の自宅（後に公民館に移転）で「出会い文庫」を開いていた西内巳佳子の言葉を引用して終わりたい。

佐野友三郎　「図書館の精神」より

等しくこれ図書館なり、あるいは坐ながら読衆を待ち、来る者は拒まず、去る者は追わずの態度を採り、あるいは百万、距離を短縮して読衆に接近せんことを努む。あるいは通俗図書館といい、参考図書館といい、専門図書館という、図書館もまた種類多し。然れども、図書館にして近世思想の上に立ち、苟も教化に貢献する所あらんとせば、博愛の精神を持せざるべからず、余等、常にいう、図書館の精神は同情をもって人を迎え、人のために己れを棄て、図書をもって人に仕え、人に役《ママ》わるるありと。これ、余等の標語なり、理想なり。[3]

文庫便り『子どもは本がだいすき』（昭和三五年二月号）より

瀬林杏子

・いつでも　どこでも　誰でも　短い時間で　たのしめること　それは読書です。
・一つの作品で　多くの人が　何度もくり返し　喜び　たのしみ　時には　勇気づけられるもの
　それは本です。
・そこへ行けば　色々な本があって　よく来たねと迎えてくれる所　それは「子ども文庫」です。[4]

西内巳佳子「おもいでの本」

昭和60年ごろケンちゃんという男の子がいました。幼ち《ママ》園から1年生へかけて、まいしゅうきては「はたらくじどうしゃ」[5]を1冊ずつかりていきました。かえしてはかり、かえしてはかり、ときには4冊ぜんぶ。

べつの本をすすめてもみむきもしません。少し休んできたと思ったら、またやっぱり「はたらくじどうしゃ」でした。

あるとき、そんなにすきならかってもらってもっていたらと言うと、「ここにあるきええが」と言って、やっぱりかえしてはかり、かえしてはかりしました。文庫へくるのもすきだったでしょうか。うれしいおもいでです。

かれは今、山北ミカン作りにせいだしています。[6]

「そこへ行けば　色々な本があって　よく来たねと迎えてくれる」場所。「ここにあるきええが」と言って、足しげく文庫に通ったケンちゃんは、文庫で本以上のものを得ていたに違いない。思いつく限りのあらゆる場所に開設されてきた無数の子ども文庫。そのひとつひとつは小さいながらも、それぞれの時代、子どもと本とが出会う場所として、時に公立図書館を上回る機能を果たし、日本の図書館史上に奇跡と言っていいほどの巨大な足跡を残した。

それらは、すべて、「子どもと本をつなぐ人びと」による「等しくこれ図書館」であった。

（1）「編集後記」『子どもと読書』no. 374（2009. 3・4）

（2）「「子どもたち」からの手紙　土屋児童文庫に通って」『こどもとしょかん』no. 70（1996夏）

（3）石井敦編『佐野友三郎　個人別図書館論選集』、日本図書館協会（1981）p. 103

（4）瀬林傳『母・瀬林杏子の生涯――小さな歩みせばやし子ども文庫』、瀬林傳発行（2008）p. 15

（5）『はたらくじどうしゃ』は、山本忠敬の文と絵による絵本、福音館書店刊

（6）『高知県初の「せばやし文庫」がオープンして51年がたちました』、高知こども文庫連絡協議会（2010）表紙

参考文献

主要参考文献

全国子ども文庫調査実行委員会編『子どもの豊かさを求めて——全国子ども文庫調査報告書』、日本図書館協会（1984）
全国子ども文庫調査実行委員会編『子どもの豊かさを求めて 2——全国子ども文庫連絡会等調査報告書』、日本図書館協会（1989）
全国子ども文庫調査実行委員会編『子どもの豊かさを求めて 3——全国子ども文庫調査報告書』、日本図書館協会（1995）
読書推進運動協議会編『全国読書グループ総覧』各年度版（一九七一年から五年ごとに調査を実施）、読書推進運動協議会
児童図書館研究会『年報こどもの図書館 1981年版』、日本図書館協会（1981）、年報は一九五六年版から五年ごとに発行
日本図書館協会公共図書館部会児童図書館分科会編『日本の児童図書館 1957 その貧しさの現状』、日本図書館協会（1958）
児童図書館研究会編『児童図書館のあゆみ——児童図書館研究会50年史』、教育史料出版会（2004）
永末十四雄『日本公共図書館の形成』、日本図書館協会（1984）
石井敦『日本近代公共図書館史の研究』、日本図書館協会（1971）
石井敦「児童に対するサービスの開始（1）」『ひびや』通巻一二一号〜「児童に対するサービスの開始（17）」、『ひびや』通

巻一三九号
小黒浩司編『図書及び図書館史』、日本図書館協会（2000）
是枝英子・野瀬里久子ほか『現代の公共図書館・半世紀の歩み』、日本図書館協会（1995）
日本図書館協会編『近代日本図書館の歩み 本編』、日本図書館協会（1993）
日本図書館協会編『近代日本図書館の歩み 地方編』、日本図書館協会（1992）
日本図書館協会編『日本の図書館 統計と名簿』及び『図書館年鑑』各年度版、日本図書館協会

雑誌・冊子

赤沼博志編『裏磐梯』、北塩原村を考える会（2001）
阿部雪枝『15ねんのあゆみ』、阿部雪枝発行（1983）
今村秀夫「みづほ文庫創立のころ」元 親子読書センター代表 岩井幹明氏より提供された冊子「斎藤尚吾さん関係文書昭和60年8月」
江古田ひまわり文庫編『15ねんのあゆみ』、江古田ひまわり文庫（1983）
大原寿美ほか編『本・こども・ＮＰＯ 高知こどもの図書館5周年記念』、ＮＰＯ法人高知こどもの図書館（2005）
大和田佐智子・佐藤久子等編『ねりまの文庫――40年のあゆみ』、ねりま地域文庫読書サークル連絡会（2009）
『沖縄の図書館』編集委員会『沖縄の図書館』、教育史料出版会（2000）
奥泉和久「戦時下における「読書指導」の展開」『図書館界』（vol. 46, no. 1）
奥泉和久「戦前の図書館における「読書指導」の導入について――１９３５～１９４０年」『図書館界』（vol. 44, no. 1）
親子読書地域文庫全国連絡会『歩んできた歩んでゆく 二〇年のあゆみ』、親子読書地域文庫全国連絡会（1990）
『親子読書』（1971. 9-1983. 3）岩崎書店、（1983. 4から『子どもと読書』にタイトル変更、1996. 4から親子読書地域文庫全国連絡会発行）
『親子読書の展望』第一集―第九集、日本親子読書センター（1968. 8-1976. 8）
『親子読書運動』第一号―七三号、日本親子読書センター（1972. 8-1992. 12）

『親子読書地域文庫全国連絡会ニュース』第一号（1970. 5. 30）から十二号（ガリ版刷り）十三号（1971. 9）から『親子読書』として岩崎書店から発行）、親子読書地域文庫全国連絡会
『家庭文庫研究會會報』第一号（1958. 1. 28）から第四一号、家庭文庫研究會会（1965. 2. 10）
神奈川県図書館協会編『神奈川県図書館史』、神奈川県立図書館（1966）
鹿児島県図書館協会編『親子20分読書研究報告』、鹿児島県図書館協会（1961. 2）
経済企画庁編『国民生活白書平成12年版』、大蔵省印刷局（2000）
『高知県初の「せばやし文庫」がオープンして51年がたちました』、高知こども文庫連絡協議会（2010）
「五十年の思いを新たに」『東寺尾図書館会報』vol. 50（1999. 5. 15）
再生児童図書館編『再生児童図書館拾年の歩み』、再生児童図書館（1957）
斎藤尚吾「読書指導の問題点――読書の集団化をどう進めるか」『第五次教育研究全国集会　第三目標第一分科会報告書』、日本教職員組合（1956）
児童図書館研究会編『子どもたちはこんな本を読んでいた！――クローバー子供図書館読書調査報告書 創立から10年間』、児童図書館研究会（1993）
児童図書館研究会編『年報こどもの図書館　１９８６年版』、日本図書館協会（1987）
鈴木英二『財団法人興風会図書館の五十年』、興風会発行（1991）
すずきまゆみ『わたしの語り　なこれん物語』、非売品（1990）
瀬川和雄編著『興望館セツルメントと吉見静江　その実践活動と時代背景』、興望館発行（2000）
瀬林杏子「りんごの木を植えよう」『親子読書運動』vol. 66（1990. 3. 15）
瀬林傳『小さな記録　せばやし子供文庫（１）――母の残した文章』、瀬林傳発行（2008）
瀬林傳『母・瀬林杏子の生涯――小さな歩み　せばやし子ども文庫』、瀬林傳発行（2008）
仙田正雄「興風会図書館」『図書館雑誌』vol. 35, no. 11（1941. 11）
仙田正雄『栖の落葉――図書館関係雑文集』、非売品（1968）
谷口一弘「北海道における児童図書館の歴史　1――児童図書館千代見園」『北海道武蔵女子短期大学紀要』三三（2001. 3）
地域文庫読書サークル連絡会編『三十周年記念誌――地域文庫・その広がりと深まり』、ねりま地域文庫読書サークル連絡

会（1999. 10）
地域文庫読書サークル連絡会編『文庫とともに生きて――阿部雪枝さんを偲ぶ』、ねりま地域文庫読書サークル連絡会（1985. 9）
『町会児童文庫　その運営と読書指導』、大阪市市民局文化課（1943）
「特集　ある図書館づくりの記録――都下東村山市の場合」『現代の図書館』vol. 11, no. 4（1973. 12）
「特集　文庫で結ぶ地域ネットワーク　母と子が開く大きな〝窓〟」『家の光』vol. 66（3）（1990. 2）
「特集　住民と図書館」『図書館雑誌』vol. 67, no. 6（1973. 6）
「特集　これが公共図書館だ」『図書館雑誌』vol. 61　no. 10（1967. 10）
鳥取家庭文庫連絡会編『文庫はすてきな本のくに　子どもたちと良い本の出会いを…現状報告』、鳥取家庭文庫連絡会編（2004）
『東京大空襲・戦災史』編集委員会編『東京大空襲・戦災史』第一巻、財団法人東京空襲を記録する会（1973）
栃木県鹿沼市教育委員会編『学校をつくる地域をつくる――鹿沼発　学社融合のススメ』、草土文化（2000）
古田足日・広瀬恒子「『読書運動とともに――子どもたちに読書のよろこびを――代田昇遺稿・追悼集』の編集を終えて　古田足日さんに聞く」『子どもの本棚』32（1）（2003. 1）
中川徳子「雨の日文庫――10周年を前に」『現代の図書館』vol. 17, no. 2（1979. 6）
永末十四雄『日本公共図書館の形成』、日本図書館協会（1984）p. 141
長山良子「再生児童図書館（私立）」『ひびや』vol. 3, no. 2（1960. 5）
『日本帝国文部省年報』各年度版（復刻版）各年度版、宣文堂
日本図書館協会編『市民の図書館』、日本図書館協会（1970）
日本図書館協会公共図書館部会児童図書館分科会編『日本の児童図書館　1957　その貧しさの現状』、日本図書館協会（1958）
日本図書館協会編『地域家庭文庫の現状と課題――文庫づくり運動調査委員会報告』、日本図書館協会（1972）
野村敬子編『渋谷むかし口語り　区民が紡ぐ昭和　渋谷区制施行七十周年記念』、渋谷区教育委員会（2003）
東村山市立図書館編『文庫を生きる』、東村山市・東村山市立図書館発行（1978）

ひまわり文庫編『ひまわり文庫15周年記念誌』、ひまわり文庫発行（1995. 10）
福山恭子「子ども・本・おとな　出会いのＢＵＮＫＯ」『こどもの図書館』vol. 47, no. 10（2000. 10）
婦人に関する諸問題調査会議『現代日本女性の意識と行動　婦人に関する諸問題の総合調査報告書』、大蔵省印刷局（1974）
「ふたば」編集世話人会編『家庭文庫から地域文庫、そして図書館へ　ふたば――二葉文庫17年の思い出』、「ふたば」編集世話人会発行（1993）
松岡享子「ランプシェード」『こどもとしょかん』61（1994春）―64（1995冬）
水野繁子　山本幸世さんとわたしたち編集委員会編『山本幸世さんとわたしたち』、山本平発行（1997）pp. 119–120
三鷹市文化振興事業団事務局編『三鷹市有三青少年文庫』、三鷹市文化振興事業団事務局発行（1991）
三鷹市芸術文化振興財団編『三鷹市山本有三記念館』、三鷹市芸術文化振興財団発行（1996）
東寺尾図書館『みんなで育てたみんなの図書館　創立40周年記念誌』、東寺尾図書館（1989）
山口玲子「子供達が立派に動かしているみちお文庫ライブラリー」『こどもの図書館』vol. 2, no.1（1955. 4）
「山の文庫は心の灯」『家の光』東北版（1985. 3）
山本幸世編『けやきこども文庫の記録と回想――二十三年六ヶ月』、山本幸世発行（1993）
よこはま文庫の会編『ひろがる読書の輪――横浜の文庫』（1976）
ねりま・地域文庫読書サークル連絡会『輪をひろげる地域文庫――ねりま連絡会の記録』、ねりま・地域文庫読書サークル連絡会（1973. 12）

単行本

石井敦・前川恒雄『図書館の発見』、日本放送出版協会（1973）
石井桃子『子どもの図書館』、岩波書店（1965）
石井桃子『子どもの読書の導きかた』、国土社（1972）
石川謙『日本庶民教育史』、玉川大学出版部（1998）
今江祥智・上野瞭他編『児童文学アニュアル1983』、偕成社（1983）
岩波書店編集部編『ボランティアへの招待』、岩波書店（2001）

STVラジオ編『続々ほっかいどう百年物語』、中西出版（2003）
大村はま『日本の教師に伝えたいこと』、筑摩書房（1995）p.201
奥井登美子『くずかごの唄』、北斗出版（1991）
奥井登美子『アオコに挑んだ地球市民——霞ヶ浦流域・水質調査の十年』、北斗出版（1992）
小熊英二『〈民主〉と〈愛国〉——戦後日本のナショナリズムと公共性』、新曜社（2002）
小黒浩司編著『図書及び図書館史』、日本図書館協会（2000）
菅忠道『菅忠道著作集』第4巻、あゆみ出版（1984）
金沢嘉一『ある小学校長の回想』、岩波新書（1967）
木下揚三『〈子どもたち〉は今……鉄ン子文庫二十五年の歩みを通して』、非売品（1997）
倉石忠彦『都市民俗論序説』、雄山閣（1990）
黒澤浩ほか編『新・こどもの本と読書の事典』、ポプラ社（2004）
興梠寛『希望への力　地球市民社会の「ボランティア学」』、光生館（2003）
越水利江子『あきらめないでまた明日も』、岩崎書店（2004）
子どもと本の出会いの会編『子どもと本いま・これから』、小峰書店（1994）
斎藤尚吾『點灯燈——読書運動の旅』、書肆にしかわ（1988）
志々目彰・西川至等編『タンポポの種を蒔いた人——斎藤尚吾追悼集』、書肆にしかわ（2003）
清水文吉『本は流れる』、日本エディタースクール出版部（1991）
清水達郎「親子読書運動　その理念とあゆみ」、国土社（1987）
代田昇『親子読書会のすすめ』、金の星社（1976）
代田昇『子どもの読書を見なおそう』、岩崎書店（1972）
代田昇編『手さぐりで切り開いた親子読書会』、金の星社（1973）
代田昇遺稿・追悼集編集委員会編『読書運動とともに——子どもたちに読書のよろこびを』、ポプラ社（2002）
瀬川和雄編『興望館セツルメントと吉見静江 その実践活動と時代背景』、社団法人興望館（2000）
高岡裕之編『資料集 総力戦と文化 第2巻　厚生運動・健民運動・読書運動』、大月書店（2001）

高畠通敏『高畠通敏集1　政治理論と社会運動』、岩波書店（2009）
千葉県図書館史編纂委員会編『千葉県図書館史』、千葉県立中央図書館（1968）
徳村彰、徳村杜紀子『子どもが主人公』、径書房（1982）
徳村彰、徳村杜紀子『子どもの村へ』、径書房（1982）
豊島区児童女性部女性青少年課編『風の交叉点――豊島に生きた女性たち』、ドメス出版（1992）
図書館ボランティア研究会編『図書館ボランティア』、丸善（2000）
永嶺重敏『雑誌と読者の近代』、日本エディタースクール出版部（2003）
浪江虔『図書館運動五十年――私立図書館に拠って』、日本図書館協会（1981）
滑川道夫「読書指導」西尾実等編『国語教育辞典』、朝倉書店（1957）
新沢としひこ『言葉少年』、クレヨンハウス（2004）
日本子どもの本研究会編『子どもの本と読書運動』、童心社（1971）
日本文学教育連盟編『戦後文学教育研究史』下巻、未来社（1962）
日本子どもの本研究会編『子どもの本と読書運動』、童心社（1971）
日本子どもの本研究会編『集団読書のすすめ』、金の星社（1971）
日本児童文学者協会編『子どもと本の明日――魅力ある児童文学を探る』、新日本出版社（2003）
日本社会教育学会編『婦人問題と社会教育――日本の社会教育 第26集』、東洋館出版社（1982）
日本社会教育学会編『日本の読書運動』、国土社（1962）
日本図書館研究会編『松原の市民図書館――子ども文庫から図書館システムへ』、日本図書館研究会（1984）
橋本健午『有害図書と青少年問題』、明石書店（2002）
ハリエット・G・ロング『アメリカを生きた子どもたち――図書館の果した役割』古賀節子監訳、日本図書館協会（1983）
広瀬恒子『読書ボランティア　活動ガイド』、一声社（2008）
ふきのとう文庫編『春を呼べ！ふきのとう――（財）ふきのとう文庫15年の歩み』、偕成社（1990）
福島正夫・石田哲一・清水誠編『回想の東京帝大セツルメント』、日本評論社（1984）
前川恒雄『われらの図書館』、筑摩書房（1987）

前川恒雄『移動図書館ひまわり号』、筑摩書房（1988）
増村王子・代田昇『聞く読書から読む読書へ』、国土社（1967）
増村王子『本とわたしと子どもたち』、国土社（1986）
松岡享子『こども・こころ・ことば――子どもの本との二十年』、こぐま社（1985）
松岡享子『子どもと本』、岩波新書（2015）
松葉重庸『児童文化概論』、巌松堂（1950）
間山洋八『青森県図書館運動史』、津軽書房（1967）
間山洋八『青森県読書運動明治大正史』、津軽書房（1981）
水野成夫伝記編集室編『作品水野成夫』、サンケイ新聞社出版局（1973）
水野成夫伝記編集室編『人間水野成夫』、サンケイ新聞社出版局（1973）
三宅興子編著『日本における子ども絵本成立史』、ミネルヴァ書房（1997）
椋鳩十『村々に読書の灯りを　椋鳩十の図書館論』、理論社（1997）
椋鳩十『母と子の20分間読書』、あすなろ書房（1994）
椋鳩十『椋鳩十の本　第二十五巻　読書論 心に炎を』、理論社（1983）
椋鳩十『椋鳩十の本　補巻　椋鳩十の世界』、理論社（1983）
村岡花子『改訂版　生きるということ』、赤毛のアン記念館・村岡花子文庫（2004）
村岡花子『村岡花子随筆集　をみななれば』、赤毛のアン記念館・村岡花子文庫（2004）
村岡花子『母心随想』、時代社（1940）
村岡恵理『アンのゆりかご　村岡花子の生涯』、マガジンハウス（2008）
山本文男『興風会館物語――醤油の町のロマネスク』、崙書房出版（2005）
横浜市に図書館をつくる住民運動連絡会編『真理を私たちに――横浜市民の図書館づくり』、西田書店（1983）
脇村義太郎『東西書肆街考』、岩波新書（1979）

あとがき

この本は、平成十三年（二〇〇一）から平成十六年（二〇〇四）までの四年間、公益財団法人伊藤忠記念財団と、公益財団法人東京子ども図書館が共同で行った「子どもBUNKOプロジェクト」がもとになっています。二つの法人は、同じ昭和四九年（一九七四）に発足しています。プロジェクトは、ともに長く子ども文庫に関わってきた両者が、文庫の実態と活動の意義を再確認することを目的に、設立三十周年記念事業として計画したものでした。

伊藤忠記念財団は、設立当初から現在まで、子どもの読書支援活動を行う団体等への助成を事業の柱として、子ども文庫や、お話・読み聞かせのグループなどへの助成、また、文庫活動に功績のあった方への「子ども文庫功労賞」の贈呈を継続して行っています。二〇一七年度までに、助成した文庫、読書支援グループは、海外を含めのべ二二五五件、助成総額は十億七千万円にのぼります。

東京子ども図書館は、東京都で開かれていた四つの子ども文庫を母体として生まれました。本書でも詳しく述べたように、設立以来今日まで、子ども文庫をはじめ、公立図書館の児童室で働く人たちのために、様々な活動を続けています。

プロジェクトは、当初三年計画で、初年度はアンケート調査、次いで「全国行脚」と銘打った全国各地の文庫の聞き取り調査を実施することになっていました。巻末に報告をまとめましたが、アンケートは、伊藤忠記念財団と関係のあったのべ九三二の文庫、お話・読み聞かせグループを対象に行い、「全国行脚」では、三十年、時には五十年近く活動を続けていた文庫を、各都道府県から二、三か所選び、実際に文庫を訪ねてお話をうかがいました。

私は、このプロジェクトの専任として伊藤忠記念財団の職員となり、事業全体の計画、実施の実務を担当しました。行脚では、北海道から沖縄まで、全部で九十か所の文庫を訪ねましたが、この国の本当にありとあらゆる場所で、数え切れないほど多くの人びとが、子どもと本をつなぐ活動に献身していることに、大きな感銘を受けました。

滋賀県大津市にある「じゃりんこ文庫」を訪ねたときのことです。主宰者の乾京子さんとお仲間の方々に、お話を伺っていると、どういういきさつだったか、文庫に来ていた男の子が、突然私たちに本を読んで聞かせてくれることになりました。小学二、三年生ぐらいのその子は、立ち上がって両手で本を目の前に掲げ、文字をひとつひとつゆっくり拾ってゆくように、大きな声で読み始めたのです。その間、文庫にいた大人たちはみな、ずっとその声に耳を傾けていました。きっと大勢の大人たちの前で、本を読んだことが、誇らしかったのでしょう。読み終えた男の子は、何かをなしとげた人のように、満足げな顔をしていました。

今はもう、その子が何を読んだのか覚えていませんが、その文庫の雰囲気が、私にはとても好ましいものに感じられました。ある町で小さな文庫に来ている子が本を読む。その姿を大人たちが見守っている。その光景は、とても文庫らしいと私は感じました。文庫で見たこうした大人や子どもの姿の記憶は、今は図書館で働く私にとって、大きな財産となっております。

数多くの文庫を訪ね、関係者のお話をうかがっていると、文庫活動の背景にある社会の変化を感じないではいられませんでした。ちょうどプロジェクト開始時は、子ども文庫、そして子どもをめぐる環境が大きく変化している時期でした。子ども文庫活動が、大きな飛躍を見せてから半世紀近く、少子化の影響で文庫に来る子どもが激減する、子どもが本を読まなくなる、文庫活動を続けてきた人達の高齢化が進み、活動を終える文庫も少なくない、等の状況が見えていました。今後変化は、ますます激しくなりそうです。文庫活動がこれから、どのように動いていくか、今はまだはっきりした見通しは立てられません。それには、もう少し時間が必要でしょう。

しかし、この時点で文庫の歴史を辿っておくのは、これからの文庫を考えて行く上でも、必要ではないかと考えて、私はプロジェクト完了後も、細々と調査と研究を続けました。文庫の記録は、多くの場合、散乱した断片としてしか残っていません。新聞や雑誌の片隅に小さな記事が残っているだけのことがほとんどです。記録が残っていればまだよい方で、何の記録も残さずこの世から消えていく文庫のほうがずっと多いのです。資料に残った声よりも沈黙のほうが、はるかに大きいのです。私は、各地に散らばっていた断片をひとつひとつ集め、広大な沈黙の海に散らばる小島のような記録の間にひとつひとつ橋を架けてきました。そして、その橋を渡って何とか明治から現代まで辿りつくことができました。

ただ、橋をかけたのは不完全な私であります。注意深くしたつもりではありますが、適切な橋の架け方であったのか、正しく歴史を伝えるものであったのか、未だに不安であります。十分に触れることができなかった事項も数多くあります。山本まつよ氏によって始められ、現在まで長年活動を続けている「子ども文庫の会」、石竹光江氏による「おはなしきゃらばん」、文庫と同じく六〇年代から七〇年代にかけて各地に広まった親子劇場の活動など、子ども文庫から生まれたもの、その活動に関わるものも数多くあります。私の力不足で、こうした活動に十分にふれることができなかったことを残念に思いますが、本書が手がかりになって、今後、新たな研究者が、文庫の世界に新しい橋をかけてくれるように祈っております。

ふり返るまでもなく、各地の文庫の皆様のご協力がなければ、この本は完成しませんでした。文庫活動に力を注ぎ、興味深いお話を聞かせてくださった方々の中には、既にお亡くなりになった方もいらっしゃいます。北海道「あおやぎ文庫」の青柳規子さん、栃木県「ひまわり文庫」の佐藤孝子さん、神奈川県「汐見台文庫」の唐井永津子さん、奈良県「こばと文庫」の鈴木檀さん、香川県「なかよし文庫」の松崎洋祐さん……残念でなりませんが、全員のお名前とご活動は、本書のそれぞれの章に残すことができました。とりわけ悔やまれるのは、「子どもBUNKOプロジェクト」の発案者である杜浦迪夫氏（当時伊藤忠記念財団の事務局長）が、本書の完成を待たずに亡くなられたことです。本ができたら、まず氏の墓前に持参して、ご報告したいと思っております。

アンケートや全国行脚でお世話になった文庫の方々、所属した伊藤忠記念財団の職員の皆様、また、東京子ども図書館の職員の皆様には、たいへんお世話になりました。深く感謝いたします。プロジェクト終了後、私は縁あって奈良県天理市の図書館に職を得ました。勤務が終わった後や休日に研究や執筆を続け、少し原稿がまとまると、それをもって上京し、「子どもBUNKOプロジェクト」のチームリーダーであった松岡享子先生（現東京子ども図書館名誉理事長）に読んでいただくということを、何年も続けておりました。先生が絶えず励まし、助けてくださらなかったら、本書を形にすることはできなかったでしょう。先生への感謝は、言葉には言い尽くせません。また、まとまりのなかった最初の原稿を丁寧にお読みくださり、的確で細かい助言をくださったみすず書房編集部の鈴木英果様、本当にありがとうございました。

巻末に全国行脚の訪問先文庫一覧を掲載するにあたり、お名前を掲載してよいかどうか、確認のため問い合わせの手紙を送りましたところ、返って来たお返事の中に「父は、先年他界しましたが、生前、文庫の名前を残してくれと願っておりましたので、父が文庫を行っていたという形跡が残れば、大変ありがたく存じます。どうぞよろしくお願い申し上げます」という一通がありました。私は、お会いしたときのお姿を思い浮かべつつ、一覧に「ひまわり図書館　阿部國男」と記しました。

私は、形跡を残そうと思いました。たとえ不完全であったとしても、文庫の形跡を残す義務があると感じました。そして、ようやく明治から現代までの一〇〇年余り、日本の各地に、無数の素晴らしい子ども文庫が、そして、子どもと本をつなぐ人びとが存在したという形跡を残すことができました。

最後にもう一度、各地の子ども文庫の皆様、ありがとうございました。

二〇一八年十月

髙橋樹一郎

索 引

タ

ナ

ハ

マ

ヤ

ワ

子どもBUNKO調査アンケート結果概要

このアンケートは、子どもBUNKOプロジェクトの活動のひとつとして、全国各地で活動する文庫や連絡会等を対象に実施したものです。

この調査は、全国すべての子ども文庫や連絡会等を対象とした悉皆調査ではありません。また、アンケート調査から17年が経過しています。

けれども各地から送られた約600もの調査票には、様々な意味で曲がり角を迎えていた文庫の状況が反映されており、当時の子ども文庫の実態を把握する貴重なデータです。アンケート結果が今後の子ども文庫研究の一助になればと願っています。

■調　　査：平成13年6月10日にアンケート調査票送付。7月10日締め切り。
■調査対象：昭和49年度から平成12年度までに伊藤忠記念財団の子ども文庫助成に申請、もしくは、子ども文庫功労賞を受賞した延べ932の「①子ども文庫」、「②文庫連絡会」、「③お話・読み聞かせグループ等」
※「その他のあらゆる形態のグループ」に含まれるのは、お話のグループ、読み聞かせのグループ、子どもの本の読書会・研究会、人形劇団等のグループです。

調査は、上記の各調査対象すべてに共通する質問、特定の対象のみに対する質問、合計10の質問項目を用意しました。

	①	②	③
■ 子ども文庫の開設場所について	●		
■ 子ども文庫の蔵書規模について	●		
■ 子ども文庫にやってくる子どもについて	●		
■ 子ども文庫・グループの活動に関わる人について	●		●
■ 書籍購入・選書について	●		●
■ 文庫・グループの経費について	●		●
■ 文庫・グループへの助成について	●	●	●
■ 公立図書館について	●		●
■ 文庫連絡会について	●	●	●
■ パソコンについて	●	●	●
■ NPO法人について	●	●	●

■回収状況：
アンケート回答者：594
活動を中止の連絡があった文庫等：71
住所不明のためアンケート用紙が返送された文庫等：27
未回答：240

■回答者（594件） 形態別内訳：
①子ども文庫：372 ②文庫連絡会：68 ③その他のあらゆる形態のグループ：154

※ 回答者が該当する質問すべてに回答していない場合もあるため、各質問の合計回答数が、回答者数より少ないことがあります。

※ 以下の頁において、単に「グループ」という時は、③のあらゆる形態のグループを示します。

■ 文庫の開設場所について

半数以上の文庫が、自宅以外で開かれていました。自宅以外の場所を利用する場合、賃貸料が必要だったり、突然立ち退きを求められたりと、様々な問題が生じることがあるようです。

子ども文庫を開いているところはどこですか？

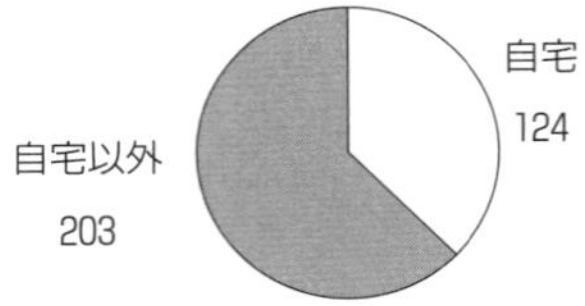

〈自宅以外の開設場所として挙げられたもの〉
公民館、自治会の集会所、幼稚園、教会、寺、子ども劇場の事務室、公園内のプレハブの建物、小児科病棟、歯科医院待合室、障害者施設、書道塾、廃車になったバス・電車、代表者が経営するパン屋の一画、所有する土地にあるアパートの一室など

■ 文庫の蔵書規模について

回答した文庫の約25％が、蔵書規模1000冊以下で、その多くが500冊以下の蔵書数でした。一般に、文庫の継続年数が長い程、蔵書規模は大きくなるようですが、それ以外にも、文庫のスペースや予算、児童書を揃えた書店が身近にあるかどうか等、蔵書規模を決定する様々な要因があります。

子ども文庫で持っている子どもの本は何冊ですか？

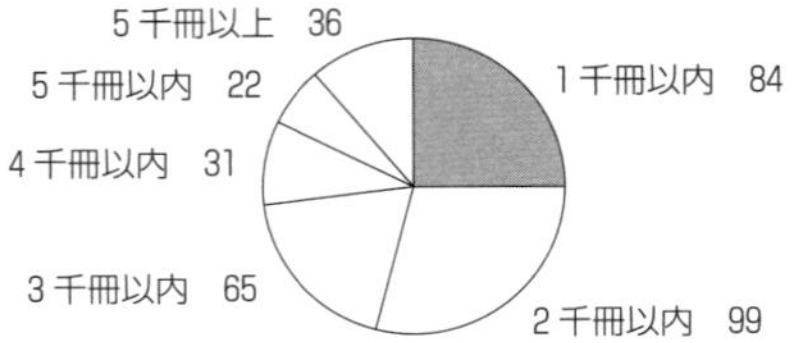

■　子ども文庫にやってくる子どもについて

すべての文庫が、来庫者数を正確に記録したり、会員登録をしているとは限りません。そのため文庫を利用する子どもの数を、正確に摑むことは難しいのですが、1日の来庫者が20人以下と回答した文庫が70％近くを占めました。また、自由回答欄には、「子どもが少なくなった」「やって来る子どもが低年齢化している」といった言葉が見られました。

一日にやってくる子どもの平均的な数は？

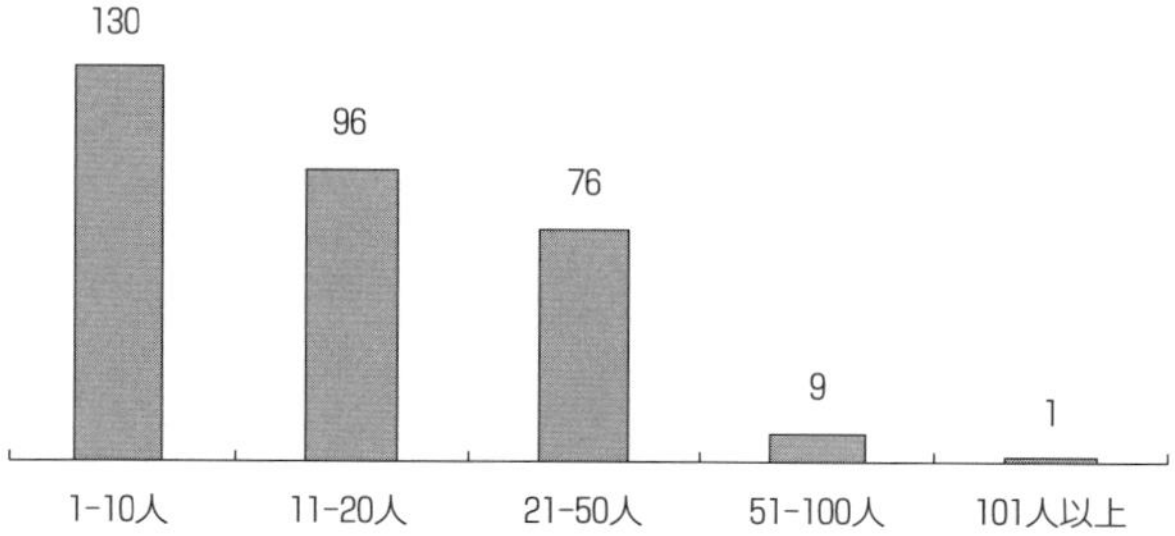

■　文庫・グループの活動に関わる人について

今回の調査では、各文庫の世話人の数、または、それぞれのグループのメンバー数、およびその年齢別内訳について質問しました。その結果、当初予測していた以上に、30代、40代の方が、文庫・グループの活動に参加していることが分かりました。

一方で、活動を手伝ってくれる新しい人がなかなか見つからず、高齢化した世話人・メンバーで何とか活動を続けているところも多いようでした。

子ども文庫の世話人　年代別延べ人数

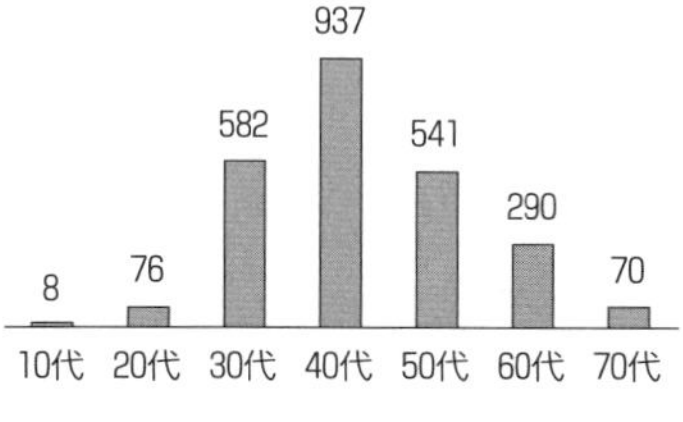

グループのメンバー　年代別延べ人数

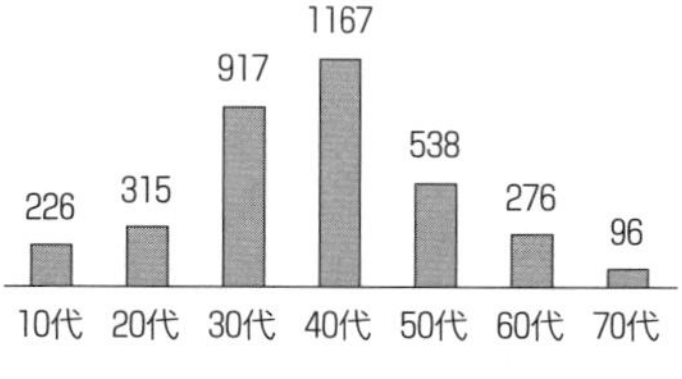

〈世代交代に関する自由回答〉

□　設立当時のメンバーと新入会員との年齢差が広がり人間関係に気づかいが必要。

□　（若い人は）貸出日の手伝いは、こころよくやってくれるが、運営委員のなり手がいない。

□　（若い人は）子どもに手がかからなくなると、すぐ働きにでる。
□　高齢化・脱会者あり。新会員が少なくさみしい。
□　（若い母親は活動の）担い手にはなりたがらない。
□　小学校に出かけることをしてきたが、会員の高齢などでできにくくなってきた。
□　設立当初からのメンバーがほとんどで新しい会員拡大ができない。
□　若い人の参加が少ない。（若い人は）昼間働いている。
□　連絡会への加入文庫の減少。連絡会運営に関わる人の高齢化。若い世代が定着せず。

■　書籍購入・選書について

児童書の購入についての質問箇所では「利用する書店について」「本を注文してから手に入るまでの日数」等について尋ねましたが、その回答には、大きな地方差が現れました。

調査時点では、まだ amazon 等のネット書店を利用している人はそれほど多くなかったようで（質問「パソコンについて」参照）、大型書店や児童書専門店が数多くある都市部と、地元に小さな書店しかなく、公立図書館も整備されていない地方とでは、事情が全く異なっていました。児童書の絶版に対する不満は、地域に関わりなく、多くの回答に見られました。

本を注文した場合、本が手に入る日数は

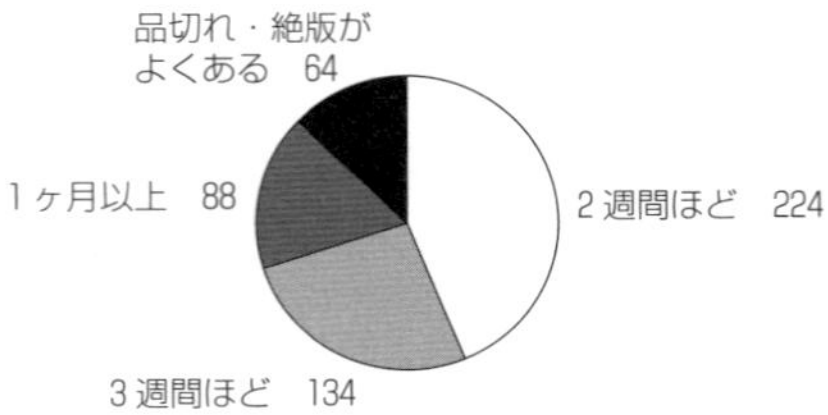

〈書籍購入に関する自由解答〉

□　新刊本を手にとってみる場所がない。
□　図書館で読んでみて、いいと思ったものを買いたいが手に入らぬ。
□　書店が、地元の文庫には５％割引してくれる。
□　本を買いかえようとすると絶版のものが多い。
□　（書籍の購入は）インターネットで注文して、コンビニで受け取る。生協の共同購入も利用。
□　絶版本復活運動でもおこらないのでしょうか？
□　（出版社の）目録をたよりに本を買うと、（実物を）手にとってがっかり失望することがある。
□　大手の書店が遠く離れた市内にある。電車で行けるものの、本数が少なく、一

日仕事になる。

□ いい本は、見つけたらすぐ買いたい。でも、すぐに絶版になる。お金がない身でそれはつらい。

□ 購入する（注文する）書店も決めています。誠実に処理してくれますので有り難いです。

〈選書に関する自由解答〉

□ （児童書についての情報が少なく）選書に頭を痛めている。

□ 選書が本屋まかせだったが、その本屋がつぶれた。

□ 近くに子どもの本の専門店があり相談に乗ってくれたり、教えてもらうことがあり恵まれている。

■ 文庫・グループの経費について

半数近くの子ども文庫・グループが、年間５万円以下の経費で運営されています。子ども文庫については、経費のほぼ全てを書籍購入に充てている文庫が多いようでした。

文庫・グループの経費は年間どれぐらいかかりますか？

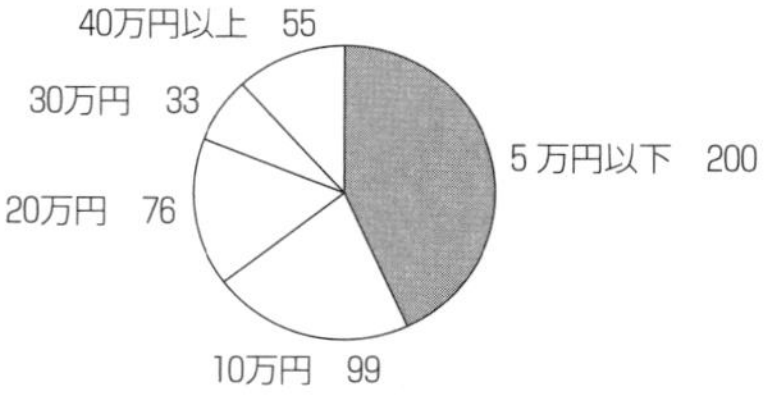

大部分の文庫・グループは、子どもから会費や参加費用を徴集していませんでした。集めたとしても、数百円程度の額であるところがほとんどです。様々な工夫をこらしたバザーの売上でも、大きな収入源となっているようです。

文庫・グループの必要経費をどのように賄っていますか？

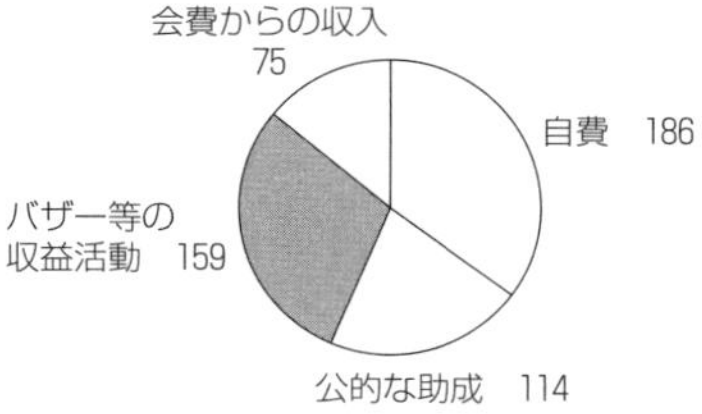

〈バザー活動の主な例〉

手袋人形を作成・販売／和紙人形の製作販売／民話の印刷販売／リサイクルバザー／ブルーベリージャム販売／古い絵本、児童書の展示販売会／古紙回収／石けん、

自然食品の販売バザー／地域のお祭りで古本市や綿あめ等販売／町内の文化祭で、うどん200円、おにぎり100円で販売／手作りのコーヒー、ジュース、ケーキ、古本、手作品などの販売／手芸品やおべんとう、クッキーなどの販売／イベント等に参加した時、ドーナツ、チョコ、バナナ、あめ等の販売

■ 公立図書館について

「公立図書館について」の質問では、自由回答欄への書き込みが大変活発に見られました。多くの調査票には、図書館への不満が述べられていましたが、図書館と良好な関係を築き、お話や読み聞かせ等について様々なアドバイスを受けている文庫やグループもあるようでした。

子ども文庫（もしくはグループの活動場所）の近くに公立図書館はありますか？

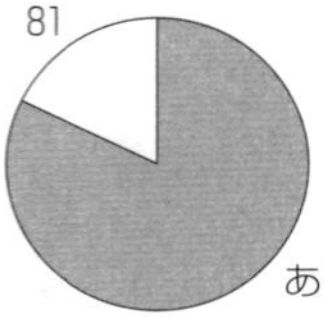

〈公立図書館に関する自由解答〉

- □ 本のことを聞いても明確に対応してくれる人が少ないように思う。
- □ レファレンスによく応じてくれる。もう少し近ければ良いが。
- □ （団体貸し出しの本は）本も古くて種類も少ない。パートのおばさんがカウンターに居られて子どもの本の話ができる状態ではない。
- □ 町立図書館の品揃えがわるい。カウンターに本に興味のない50代の人がいる。司書がいないと、公立図書館と文庫との共存が難しい。
- □ お話のグループと文庫、公立図書館、学校図書館のあいだに、常に情報の交換と交流が不可欠であると思う。
- □ 中央館の新館建築に際して、ボランティアとして共働していきながらも提言していける会でありたい。
- □ 毎年市長、教育長宛に要望書を出しています。公共図書館の充実と学校図書館に人を。
- □ 児童担当について言えば、仕事に慣れ覚えこれから親や子どもたちと本を通しての関係を育てていこうという時にポストが変わります。
- □ 専門性を持った人がいない。
- □ 児童室の職員の方と、もっと連携して、子どもの読書のことを考えたいのに、職員の方は、あまりそれをのぞんでいない様。
- □ 団体貸し出しの本は、かたよりがあって問題。
- □ 街の図書館までは遠いこともあり、この地域に公立図書館を作るのが目標。活

動・運動をしたいが、手順がわからない。

□ （図書館の施設を使用してイベントなどを行うとき）参加費を取ってはいけない、本の販売をしてはいけない等、制約があります。

□ （児童書の）分類方法が、題名のあいうえお順であるので、ナルニア物語が離れて並んでしまう。

□ 図書館の建物が閉架式で建てられていて、古くて暗いですが、図書館の館員の方は応対がとても良く、本の探索にすぐ応じてくれます。

■ 文庫連絡会について

アンケートに回答した文庫・グループの方々の半数以上が連絡会に入っていました。文庫連絡会は、定期的な会合、会報の発行、学習会の開催等を通じて、各地での文庫・グループ間の相互交流の場となっているようです。

地元の文庫連絡会に入会していますか？

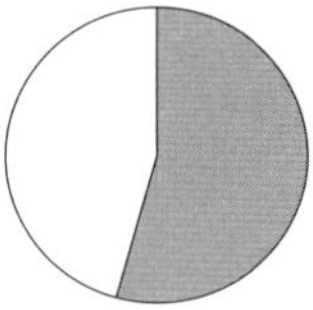

連絡会の多くが、行政に対して、公立図書館の設置・サービス改善の要求、文庫への援助の要請など、様々な働きかけを行っています。

過去10年以内に、行政に対して陳情などを行ったことはありますか？

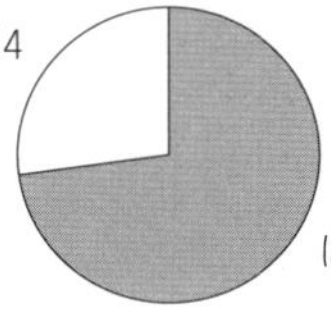

〈過去10年以内に行った行政への陳情内容〉

□ 図書館の運営、建築段階での要望（トイレ、配架、採光、スロープ、わかりやすいサインの設置、郷土資料の配架方法、障害者の利用に配慮した設備）。

□ 館長には専門職（司書）の方を。

□ 学校図書館に関する要望、移動図書館廃止に対する要望。

□ 学校図書館との関連で、公共図書館の学校図書館に対する支援、学校図書館の担当者に対する研修など。講演会などの後援など。

□　市立図書館に対して、文庫連絡協議会の主催するセミナー、定例会、文庫まつり等の際の夜間の集会での施設利用を要望（セミナー・定例会は夜が多い）。
□　設置に際して広く図書館振興策を明らかにした上で、利用者の声を十分にきき反映して建てて下さいということを要望しつづけました。
□　市民病院、患者図書室への司書配置。

■　パソコンについて

調査を実施した時期、一般家庭にパソコンは普及していましたが、それを蔵書管理に活用したり、amazon 等のネット書店での書籍購入に利用する文庫の方は少ないようでした。絵本を購入する場合は、実際に手に取ってから購入したいので、ネット書店は利用しない、という意見も見られました。

ご自宅にパソコンはありますか？

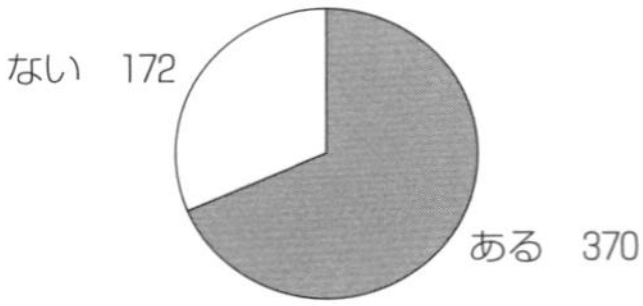

ネット書店を利用したことは？

■　NPO 法人について

調査対象のうち、既に NPO 法人としての認可を受けて活動しているところが 7 件ありました。また、NPO 法人化を考えていると回答をしたところも51件ありました。

しかし、認可の手続きが複雑であったり、資金の確保への不安から、なかなか法人化に踏み切れないところも多いようでした。

NPO 法人化を考えたことはありますか？

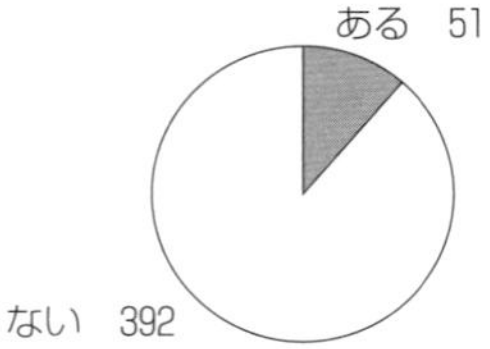

〈NPO 法人についての自由回答〉
□　（申請を考えたが）外的条件が許さなくなって、考えることをよした。
□　（NPO 法人化により）市民や行政の注目度がアップした。責任が増し仕事も増えた。

子どもBUNKOプロジェクト 訪問先文庫一覧 1

＊ 子どもBUNKOプロジェクトの全国行脚で訪問させて頂いた子ども文庫一覧です。その後、代表者が変更、または、活動を中止した文庫もあります。運営者の方のご都合また連絡がとれなかった等の理由により、一部、掲載していない文庫もあります。

北海道		
親子文庫		北広島市
どらねこ文庫		旭川市
あおやぎ文庫	青柳規子	帯広市
青森県		
こひつじ児童図書館	中村實枝子	青森市
杉の子図書館	田口康雄、昭子	碇ヶ関村
岩手県		
からまつ文庫	沼田純子	滝沢市
NPO法人 うれし野こども図書室	高橋美知子	盛岡市
宮城県		
のぞみ文庫	川端英子	仙台市
まつお文庫	松尾福子	仙台市
秋田県		
アカシヤ文庫	進藤八重子	秋田市
山形県		
えっちゃん文庫	山口由美	山形市
おひさま文庫	海和三枝子	山形市
福島県		
蓬莱こども文庫の会	新田琴子	福島市
ひまわり図書館	阿部國男	北塩原村
茨城県		
いなみ文庫	奥井登美子	土浦市
栃木県		
ひまわり文庫	佐藤孝子	宇都宮市
群馬県		
かたぐるま文庫	小此木京子	太田市
埼玉県		
てんとうむし文庫	落合美知子	川口市
千葉県		
ふじい文庫	藤井早苗	船橋市
みどり文庫	細谷みどり	千葉市

東京都		
すずらん文庫	渡辺順子	練馬区
絹の道文庫	片倉幸子	八王子市
喜多見なかよし文庫	藤本和子	世田谷区
神奈川県		
汐見台文庫	唐井永津子	横浜市
新潟県		
なかよし文庫	河野涼子	上越市
富山県		
いずみ文庫	江藤裕子	富山市
石川県		
もこもこ文庫	椎間美津子	七尾市
はまなす文庫	細川律子	かほく市
おあしす文庫	上田裕美子	羽咋市
福井県		
子ども図書館 どらごんぶっくす	田中仁美	福井市
まじょ文庫	小林悦子	福井市
蓮の実文庫	岸本陽子	勝山市
山梨県		
高源寺文庫	齋藤洋子	甲府市
やまばと文庫	浅川玲子	甲府市
長野県		
そのおき子ども文庫	吉澤博子	安茂里小市
岐阜県		
今渡ライン文庫		可児市
タウン文庫	瀬口瑞穂	多治見市
静岡県		
松籟文庫	佐野節子	富士市
わかくさ文庫	若林エミ	富士宮市
ちいさいおうち	近藤俊子	富士宮市
愛知県		
あまの文庫	天野貞子	名古屋市
日東子どもライブラリー	成田ゆき江	日進市
まどか文庫	渡辺則子	豊橋市

子どもBUNKOプロジェクト訪問先文庫一覧　2

三重県		
コアラ文庫	長尾寿美子	桑名市
滋賀県		
カンガルーぶんこ	山口祥子	彦根市
じゃりんこ文庫	乾京子	大津市
京都府		
雨の日文庫 きょうと	中川徳子	京都市
西陣子ども文庫	山本優子	京都市
大阪府		
わんぱく文庫	福山恭子	東大阪市
てんやく絵本 ふれあい文庫	岩田美津子	大阪市
兵庫県		
せばやし子ども文庫	瀬林杏子	神戸市
奈良県		
子どもの城 らぴゅた		東吉野村
かしの木文庫	平井冨久子	生駒市
和歌山県		
かいがら文庫	宮永操	和歌山市
鳥取県		
みつばち文庫	常田黎子	鳥取市
島根県		
嵩見文庫	藤岡清美	松江市
社日子ども文庫		安来市
安来市 JC 児童図書館		安来市
ゆめの子文庫	勝部良子	大田市
岡山県		
プーさん文庫	浅沼和子	岡山市
広島県		
ひかりの子文庫		福山市
千代田子ども文庫	大倉運恵	北広島町
山口県		
とんとん文庫	木原豊美	下関市
しおかぜ文庫		下関市

＊　子どもBUNKOプロジェクトの全国行脚で訪問させて頂いた子ども文庫一覧です。その後、代表者が変更、または、活動を中止した文庫もあります。運営者の方のご都合また連絡がとれなかった等の理由により、一部、掲載していない文庫もあります。

子どもの城らぴゅた（奈良県）では、鈴木壇様、おじいさんのもり（大分県）では、高橋伸子様にそれぞれお話を伺いました。ともに、その代表者ではありませんが、設立に深くかかわられた方です。

徳島県		
やよい文庫	石井弥生	三好市
よっといで文庫	中洋子	吉野川市
香川県		
なかよし文庫	松崎洋祐	高松市
うさぎ文庫	大成加津代	丸亀市
愛媛県		
湯の山おはなし文庫	光藤由美子	松山市
ひさき文庫		松山市
高知県		
ホキ文庫	穂岐山禮	高知市
出会い文庫	西内巳佳子	香南市
ひかり文庫	西川和子	南国市
福岡県		
きりん文庫	徳永明子	春日市
わかば文庫	徳永明子	福岡市
ブルーベリーライブラリー		福岡市
佐賀県		
はなのき文庫	権藤千秋	佐賀市
長崎県		
福江こども図書館	虎島英子	福江市
いきのしま・おやこ文庫	濱裕子	壱岐市
熊本県		
びわの木文庫	横田幸子	熊本市
たかもとの家	高本梢	大津町
大分県		
おじいさんのもり	福島親比古	別府市
どんぐり文庫	橋本五十鈴	大分市
宮崎県		
子うさぎ文庫	坂下実千代	小林市
鹿児島県		
てんとうむし文庫	柿木ひさえ	鹿児島市
星ヶ峯ちいき文庫	鳥羽啓子	鹿児島市
沖縄県		
みやとり文庫	潮平俊	石垣市
こぼし文庫		竹富町

著者略歴

（たかはし・きいちろう）

1969年生まれ．慶應義塾大学図書館情報学科卒，マクギル大学大学院図書館情報学科修士課程修了．現在，奈良県天理市立図書館館長補佐．

高橋樹一郎

子ども文庫の100年

子どもと本をつなぐ人びと

2018年11月1日　第1刷発行

発行所　株式会社 みすず書房
〒113-0033 東京都文京区本郷2丁目20-7
電話 03-3814-0131(営業) 03-3815-9181(編集)
www.msz.co.jp

本文印刷所　精文堂印刷
扉・表紙・カバー印刷所　リヒトプランニング
製本所　松岳社

Printed in Japan
ISBN 987-4-622-08746-5
[こどもぶんこのひゃくねん]
落丁・乱丁本はお取替えいたします